中传学者文库编委会

主　任： 廖祥忠　张树庭
副主任： 蔺海波　李　众　刘守训　李新军　王　晖
　　　　　杨　懿　柴剑平

成　员（按姓氏笔画排序）：
　　　　王廷信　王栋晗　王晓红　王　雷　文春英
　　　　龙小农　付　龙　叶　龙　刘东建　刘剑波
　　　　任孟山　李怀亮　李　舒　张绍华　张　晶
　　　　张根兴　张毓强　林卫国　郑　月　金　炜
　　　　金雪涛　周建新　庞　亮　赵新利　徐红梅
　　　　贾秀清　高晓虹　隋　岩　喻　梅　熊澄宇

中传学者文库

主编／柴剑平　执行主编／龙小农　副主编／张毓强　周建新

新知笃行录
高晓虹自选集

高晓虹 著

中国传媒大学出版社

·北京·

图书在版编目（CIP）数据

新知笃行录：高晓虹自选集 / 高晓虹著 . -- 北京：中国传媒大学出版社，2024.8.

（中传学者文库 / 柴剑平主编）.

ISBN 978-7-5657-3726-8

Ⅰ . G210-53

中国国家版本馆 CIP 数据核字第 20240DL030 号

新知笃行录：高晓虹自选集
XINZHI DUXING LU：GAO XIAOHONG ZIXUANJI

著　　者	高晓虹
责任编辑	于水莲
封面设计	锋尚设计
责任印制	李志鹏

出版发行	中国传媒大学出版社			
社　　址	北京市朝阳区定福庄东街 1 号	邮　　编	100024	
电　　话	86-10-65450528　65450532	传　　真	65779405	
网　　址	http://cucp.cuc.edu.cn			
经　　销	全国新华书店			
印　　刷	北京中科印刷有限公司			
开　　本	710mm×1000mm　1/16			
印　　张	16.5			
字　　数	252 千字			
版　　次	2024 年 8 月第 1 版			
印　　次	2024 年 8 月第 1 次印刷			
书　　号	ISBN 978-7-5657-3726-8/G・3726	定　　价	81.00 元	

本社法律顾问：北京嘉润律师事务所　郭建平

总 序

媒介是人类社会交流和传播的基本工具。从口语时代到印刷时代，再经电子时代至今天的数智时代，媒介形态加速演变、融合程度深入发展，媒介已然成为现代社会运行的基础设施和操作系统。今天，人类已经迈入媒介社会，万物皆媒、人人皆媒，无媒介不社会、无传播不治理。今天，无论我们怎么用力于信息传播的研究、怎么重视信息传播人才的培养都不为过。

中国传媒大学（其前身为北京广播学院）作为新中国第一所信息传播类院校，自1954年创建伊始，即与媒介形态演变合律同拍、与国家发展同频共振，努力探索中国特色信息传播人才培养模式、构建中国信息传播类学科自主知识体系，执信息传播人才培养之牛耳、发信息传播研究之先声，被誉为"中国广播电视及传媒人才摇篮""信息传播领域知名学府"。

追溯中传肇始发轫之起源、瞩望中传砥砺跨越之未来，可谓创业维艰而其命维新。昔日中传因广播而起，因电视而兴，因网络而盛，今天和未来必乘风破浪、蓄势而上，因人工智能而强。在这期间，每一种媒介兴起，中传均吸引一批志于学、问于道、勤于术的

学者汇聚于此，切磋学术、传道授业，立时代之潮头，回应社会需求，成为学界翘楚、行业中坚，遂有今日中传学术研究之森然气象，已历七秩而弦歌不断，将传百世亦风华正茂。

自新时代以来，中传坚守为党育人、为国育才初心，励精图治、勠力前行，秉承"系统治理、创新图强、交叉融合、特色发展"的办学理念，牢牢把握高等教育发展大势、传媒业态发展趋势，瞄准"智能传媒"和"国际一流"两大主攻方向，以世界为坐标、以未来为向度，完成了全面布局和系统升级，正在蹄疾步稳、高质量推动学校从传统高等教育向未来高等教育跨越、从传统传媒教育向智能传媒教育跨越、从国内一流向世界一流跨越，全力建设中国特色、世界一流传媒大学。

中国特色、世界一流，在于有大先生扎根中国大地，汇聚古今、融通中外；在于有大先生执教黉门，学高为师、身正为范；在于有大先生躬耕杏坛，敦品积学、启智润心。习近平总书记更强调，高校教师要立志成为大先生，在教书育人和科研创新上不断创造新业绩。中传广大教师素来以做大先生为毕生职志，努力成为新时代"经师"与"人师"的统一者，做真学问、立高品行，践履"立德树人"使命。

2024 岁在甲辰，欣逢中传建校 70 华诞，学校特邀约部分学者钩玄勒要、增删批阅，遴选已公开刊发的论文汇编成集，出版"中传学者文库"，意在呈现学校在学科建设、科学研究、服务行业实践等方面的最新成果，赓续中传文脉，谱写时代新声。

文库汇聚老中青三代学者，资深学者渊渟岳峙、阐幽抉微；中年学者沉潜蓄势、厚积薄发；青年学者踌躇满志、未来可期。文库与五十周年校庆所出版的"北广学者文库"相承接，大致可勾勒中传知识生产薪火相传、三代辉映之概貌，反映中传在构建中国特色新闻传播类、传媒艺术类、传媒技术类学科体系、学术体系和话语体系方面的耕耘与收获，窥见中国特色信息传播类学科知识体系构建的发展脉络与轨迹。

这一构建过程，虽筚路蓝缕，却步履铿锵；虽垦荒拓野，亦四方辐辏。一批肇始于中传、交叉融合、具有中国特色的学科，如播音主持艺术学、广播电视艺术学、传媒艺术学、数字媒体艺术学、政治传播学等，从涓涓细流汇入滔滔江河，从中传走向全国，展现了中传学者构建中国自主知识体系的学术想象力和创新力。文库展示的虽然是历史，实则是呈现今天；看似是总结过去，实则是召唤未来。与其说这套文库的出版，是对既有学术成果的展示，毋宁说是对未来学术创新的邀约。

回首过往，七秩芳华。我们深知，唯有将马克思主义基本原理与中华优秀传统文化相结合，才能推动中华学术创造性转化和创新性发展，推动中国自主知识体系的构建。我们深知，唯有准确把握媒介形态演变的脉动、深刻认知媒介形态变革所产生的影响，才能推动中国信息传播类学科自主知识体系的构建与时俱进。

展望未来，星辰大海。我们深知，以人工智能为代表的产业和科技革命正迅疾而来，媒介生态正在加速重构，教育形态正在全面重塑，大学之使命与价值正在被重新定义；我们深知，唯有"胸怀国之大者"、面向世界科技前沿、面向经济主战场、面向国家重大需求，才能确保中传始终屹立于中国乃至世界传媒教育发展之潮头。

如何应对人工智能带来的深刻变革，对中传而言是一场要么"冲顶"、要么"灭顶"的"兴亡之战"。我们坚信，不管前方是雄关漫道，还是荆棘满途，唯有勇敢直面"教育强国，中传何为？"这一核

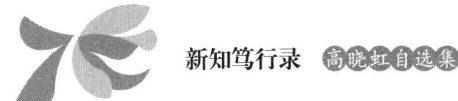

心命题，奋力书写"智能传媒教育，中传师生有为！"的精彩答卷，才能化危为机，奋力开创人工智能时代中传智能传媒教育新纪元。

功不唐捐，芳华七秩；风帆正举，赓续创新。

是为序。

第十四届全国政协委员，中国传媒大学党委书记、教授、博士生导师

目 录

新闻传播学自主知识体系构建

建构中国新闻传播学知识体系的思想方法与基本路径 ……………… 003
当代中国新闻传播学研究的范式创新与理论追求 …………………… 007
在实践基础上推进中国新闻学理论创新 ………………………………… 015

铸牢中华民族共同体意识

以融合传播铸牢中华民族共同体意识 …………………………………… 025
为建设中华民族现代文明注入传播动能 ………………………………… 030
以文化传播构筑中华民族共有精神家园 ………………………………… 038
赓续传统　刻印未来
　　——中华优秀传统文化出版模式建构 ……………………………… 046

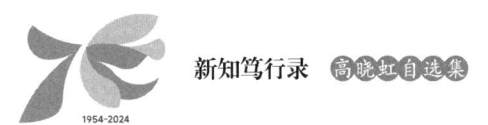

党的新闻舆论工作前沿

从党的百年新闻实践中汲取理论自信 ········· 063
中心环节与五个使命
　　——新形势下把握好新闻舆论工作的基点 ········· 068
新时代新闻舆论工作的价值坚守与路径创新 ········· 080

国际传播与文明互鉴

加强对外文化交流和多层次文明对话 ········· 093
新时期国际传播能力建设的理念拓展与路径创新 ········· 096
新时代国际传播的任务与思考 ········· 109

媒体融合与主流媒体创新

以媒体融合发展助力社会治理 ········· 119
新闻传播必须紧跟时代发展大势 ········· 124
媒体融合新常态下传统媒体舆论引导面临的困境与出路 ········· 137
适应融合传播新环境　开创品牌构建新时代 ········· 151
新格局、新路径：媒体融合中的新型主流媒体舆论引导 ········· 158

无障碍信息传播与公益实践

"光明影院":无障碍视听传播的研究与实践 ················· 167
无障碍电影的社会价值与审美取向 ····················· 174
障碍与突破:中国无障碍电影事业的现状探析 ··············· 187

新时代新闻传播教育与人才培养

"实践赋能"视野下中国新闻传播教育的理念与模式创新 ········· 203
守正创新:中国特色国际新闻传播人才培养研究 ·············· 212
增强"四力",培养卓越新闻传播人才 ··················· 223
改革开放 40 周年:中国新闻传播教育的坚守与创新 ············ 228
马克思主义新闻观与新时期新闻传播高等教育 ··············· 242

后　记 ·· 250

新闻传播学自主知识体系构建

建构中国新闻传播学知识体系的思想方法与基本路径[*]

在中华民族伟大复兴战略全局和世界百年未有之大变局交织激荡的背景下，如何建构具有自主性、系统性、原创性、时代性的中国新闻传播学知识体系，推进新闻传播学知识创新、理论创新、方法创新，更好为全面建设社会主义现代化国家服务，是我国新闻传播学领域面临的重大课题。

一、把握好自主知识体系建构的时代方位

坚持以马克思主义为指导，是当代中国哲学社会科学区别于其他哲学社会科学的根本标志。马克思主义新闻观是中国新闻传播学的根本遵循。建构具有中国特色、中国风格、中国气派的新闻传播学知识体系，应坚持马克思主义指导地位，以习近平新时代中国特色社会主义思想为引领，将马克思主义的立场观点方法贯穿知识体系建设全过程。

立足中国实际、解决中国问题，是建构中国新闻传播学知识体系的基本要求。新闻传播学是一门以实践为导向的学科，其学科知识来源于实践又作用于实践。建构中国新闻传播学知识体系，应在对中国新闻传播实践经验进行深刻总结和提炼的基础上，将知识运用于实践中，在不断创新升华学科理

---

[*] 本文原载于《光明日报》2022 年 11 月 4 日第 11 版，被《新华文摘》2023 年第 2 期全文转载，与涂凌波、郑石合作，收入本书时略有删改。

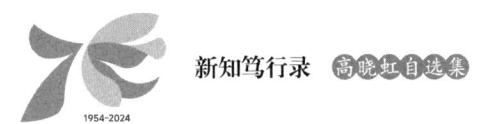

论的同时，解决新闻传播实践中的重大现实问题。

让世界更好读懂中国，为推动构建人类命运共同体作出积极贡献，是建构中国新闻传播学知识体系的时代使命。中国新闻传播学知识体系，应既具有自主性、中国性，又融通中外，具有世界意义，能够为解决全球范围内的重大问题提供中国原创性理论贡献。

二、以中国式现代化道路为观照

自主性体现为对中国实际问题的观照。当代中国的社会变革和实践，是中国特色哲学社会科学的核心研究对象，也是建构自主知识体系的起点。

建构新闻传播学自主知识体系，需要以中国式现代化道路为基本观照。近代以来，西方新闻学、传播学知识体系的形成与发展，与欧美现代新闻业的发展同步，主要是基于西方现代化实践的产物。20世纪初中国新闻学的兴起，一开始受到了西方新闻学的影响，但在后来的具体历史实践中，尤其是在中国共产党领导下的党媒新闻实践中，逐渐形成了具有中国特色、中国风格的新闻传播学。中国新闻事业是中国现代化事业的重要组成部分，中国的新闻传播学走出一条与西方知识体系不同的新路，是实践的必然、历史的必然。

当前，在人类社会形态变革与文明秩序重塑的背景下，哲学社会科学正经历百年来最深刻的变化，孕育着一场新的知识革命。中国式现代化的成就、经验、路径、智慧，能够为人类知识创新作出重要贡献。从新闻传播学的角度看，只有在中国式现代化实践及其新闻传播实践中发现新问题、研究真问题，总结中国经验、提炼中国概念，才能更好地形成一套真正反映中国新闻传播思想与实践、历史与现实，对未来中国新闻事业的发展具有重要意义的新闻传播学知识体系，也才能为全球新闻学、传播学发展提供知识贡献。

三、以学科体系建设为重点

知识的创新往往从问题和实践开始，而知识体系的形成与完善，则主要通过体系化的、学科化的建制来实现。建构中国新闻传播学知识体系的一个主要路径在于，对新闻传播学科发展历史、学科建设现状、学科分类和边界、学科知识范畴、学科前沿发展等进行系统研究和分析，并在此基础上探索构建自主性学科体系。

当前，我国新闻传播学科建设取得了长足发展，学科体系较为完善。建设自主性、时代性的学科体系，一是要做好基础工作，对学科发展史展开系统研究，将学科史上的重要文献资料、口述史料、大事记等做好整理；二是要致力于解决当下学科体系建设中的重点难点问题，如新闻传播专业设置与国家发展战略、社会实际需要不太匹配的问题，国际传播专业、数字出版专业等学科布局问题；三是要在学科评估体系、交叉学科建设、教材体系建设、课程体系建设等方面突出自主性，逐步探索中国自主的学科评价和建设体系，构建适应国家需求、以服务国家发展为导向的学科体系。

四、以学术体系建设为支撑

学术体系是学科体系、话语体系建设的基础，也是自主知识体系建设的支撑。当前新闻传播学知识体系中，基于中华文明和中国文化、中国式现代化的原创性理论还不多，学术成果比较分散，学术体系的系统性、原创性不足。建构新闻传播学自主知识体系，需要加强原创性学术体系建设，回应好新闻传播领域的重大理论和现实问题。

一方面，无论从历史还是现实看，中国丰富的新闻传播实践经验和思想积淀，都为原创性理论阐释提供了广阔空间。中国共产党人把马克思主义基本原理同中国具体实际相结合、同中华优秀传统文化相结合，在新闻实践中不断丰富和发展马克思主义新闻理论。建构新闻传播学知识体系，要进一步

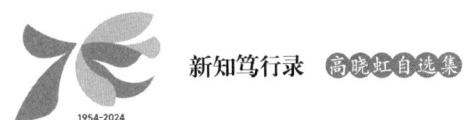

推动学理化阐释、学术化表达、系统化建设。另一方面，建设新闻传播学原创性学术体系，需要进一步建构原创性的学术框架、概念体系、理论体系，确立新闻传播学的中国范式。

五、以话语体系建设为突破

新闻传播学不是绝对抽象的、形而上的知识系统，而是与现实世界紧密联系的、与大众有着直接关联的领域。从自主知识体系建构的具体路径看，需要加强话语体系建设，扩大知识的传播力、影响力。

发挥新闻传播学知识体系的育人功能，加强教材体系建设、课程体系建设，通过思想价值、专业知识、综合能力等各个方面的塑造，培养党和人民放心的卓越新闻传播人才。打造中国新闻传播学系列教材，在教材建设上突出自主性、体系性、时代性，既注重知识表达的学理性，也注重话语体系的吸引力、亲和力、感染力。除了专业教育和人才培养外，还应加强新闻传播学大众化、通俗化知识普及，提升全民媒介素养。

新闻传播学是一门在文明交流互鉴中发挥独特作用的学科。建构中国新闻传播学知识体系，能够为开展国际传播工作提供学理支撑。应加快中国话语和中国叙事体系建设，打造融通中外的新概念、新范畴、新表述，更好推动中华文化走出去，向世界阐释和彰显中华文明多元、开放、尊重、包容、对话、互鉴等思想精髓，在推动形成同我国综合国力和国际地位相匹配的国际话语权的历史进程中发挥更大作用。

当代中国新闻传播学研究的范式创新与理论追求*

作为哲学社会科学体系的重要分支，新闻传播学是对人类的新闻活动、传播活动以及更广义上的人类交往活动进行阐释的系统性学科，在国家建设与社会发展进程中具有重要作用，在数字媒介技术变革带来的网络社会语境下，其价值和意义则更为凸显。与政治学、经济学、社会学、法学等学科相似的是，新闻传播学的发展与社会变革紧密相关，与社会实践尤其是媒介实践的变化更是不可分割。"当代中国正经历着我国历史上最为广泛而深刻的社会变革，也正在进行着人类历史上最为宏大而独特的实践创新。这种前无古人的伟大实践，必将给理论创造、学术繁荣提供强大动力和广阔空间。"新的实践呼唤理论创新，传统的新闻传播学理论范式亟待转换升级。新闻传播学研究如何"再出发"？怎样处理好传承经典与回应时代变革、植根中国大地与融通中外知识的关系？如何加快建设具有中国特色、中国风格、中国气派的新闻传播学？围绕这些问题，本文从三个方面展开简要论述与思考。

一、构建融通中外的中国新闻传播学知识体系

加快构建中国新闻传播学的学科体系、学术体系、话语体系是摆在所有新闻传播研究者面前的重大学术问题，也是中国学者所肩负的学术责任与使

---

* 本文原载于《新闻记者》2022年第5期，与涂凌波合作，收入本书时略有删改。

命。当前新闻传播学的发展位于新的历史节点，这是理论范式创新的主要动因：从党和国家建设来看，我国已经迈入现代化强国建设新征程；从社会发展来看，我国已经进入"新发展阶段"，正大力推动共同富裕、促进人的全面发展和社会全面进步；从国内外形势来看，在百年未有之大变局下，我国面对更加复杂多变的国际环境，国际舆论斗争成为突出的全球现象，挑战与机遇并存；从媒介技术发展来看，互联网已经成为社会结构和日常生活的基础设施，数字社会形态正在加速到来。

在这一宏观背景下，新闻传播学的主要研究对象与研究问题也发生了变化，这构成了理论范式创新的逻辑起点。首先是新闻业形态的数字化和社会化，以职业新闻为主导的新闻传播活动朝向更为广阔的社会活动演变；其次是新闻传播实践主体的变化，从以人为主体迈向"人机共生"的多元主体图景；再次是传播方式、形态与关系的变化，从以精神交往方式为主转向全域形态的交往关系；最后是新闻传播活动角色与功能的变化，新闻传播活动与国家和社会治理之间形成了新的结构性关系。总的来看，人与新闻传播之关系、新闻传播与技术之关系、新闻传播与社会之关系、新闻传播与文明之关系都已发生并仍在发生着巨大的变迁。正如《中国社会科学》杂志编辑部所呼吁的，"理论是问题之树盛开的花朵"[1]，应该构建一套真正反映、概括中国式现代化发展进程及实践创新、制度创新的中国式现代化知识体系。

我们在讨论关于新闻学理论范式创新、传播学本土化的问题时，常常沿用传统的知识分类，其包含了两个层面的逻辑：一是在学科归属上将新闻学与传播学整合起来，新闻传播学作为哲学社会科学体系中的一部分，以一个统一的学科面貌出现；二是在具体的学术研究层面将新闻学与传播学分割开来，尽管也强调两者的交叉与互鉴，但更突出两者的研究差异。这种分类自然有历史的原因，但也形成了思维惯性，因而过去一般认为，传播学主要是改革开放以后的舶来品，是西方现代社会科学知识的一部分，而新闻学则在

---

[1] 本刊编辑部，方军.理论是问题之树盛开的花朵：《中国社会科学》2021年重点选题构想[J].中国社会科学，2021（1）：4-11.

发展过程中更具有鲜明的中国特色和本土特征。因此一般会强调"中国新闻学",而不谈"中国传播学",甚至将新闻学当作特殊性的知识体系来对待,而将传播学当作一般性、普遍性的知识体系来对待,似乎传播学的知识层级更高,理论的解释力也更强。

然而,这其实是把新闻学与传播学的知识关系扭曲或者简化为特殊与普遍、个别与一般的二元对立关系。我们先不论新闻学研究的起源、新闻学研究对象与传播学研究对象存在重合等具体问题,仅从知识的普遍性与特殊性关系来看,就能发现这种分类逻辑的深层次问题。正如哲学家赵汀阳[①]所分析的,关于普遍性与特殊性的理解,中西方哲学有着鲜明的差异:西方形而上学假定普遍性和特殊性都是事物的性质,普遍性是存在的结构性本质,而特殊性是存在的偶然现象;中国形而上学假定特殊性是事物的性质,而普遍性是方法的性质,因此,普遍性和特殊性并无高下之分,是同级别的性质,具有同样的真实性,对于任何一个事实而言,两者都不可或缺。这一观点给予我们的启示在于,不能简单地将传播学当作普遍性知识(本质)、将新闻学当作特殊性知识(偶然现象)来处理,认为普遍性高于特殊性,传播学知识是重要的而新闻学知识是次要的。应当看到,新闻学知识和传播学知识不存在特殊与普遍之分,也不存在高下之判,所有的具体研究、具体理论或具体知识都是特殊的,只有方法才是普遍的,而即便是这种普遍意义的方法,也需要通过事物(研究)的特殊性质来体现。

不管是从历史的向度还是从当下的实践来看,恐怕都不能简单地将新闻学研究与传播学研究截然分开。作为一门学科的传播学研究,尽管起源于西方,但并不意味着是西方独有,也不是一种所谓的普遍性知识。中国的传播现象和传播活动的历史十分悠久,所积累的传播观念、传播制度、传播文化等思想文化资源也十分丰富,这些都可以成为传播学研究的重要对象,也完全可以由此产生中国传播研究的理论贡献。在媒介技术快速发展的当代,中国已经成为全球互联网大国,在新媒体技术、新媒体实践、新媒体创新等方

---

① 赵汀阳. 关于普遍性与特殊性的一个注解 [J]. 东方学刊, 2021 (1): 34-35.

面拥有丰硕的成果。这些新的传播实践,既是中国本土的经验与探索,也是全球性传播活动的重要组成部分,通过研究中国的传播实践,可以为全球的传播研究提供理论贡献。换言之,如果能够解释并分析清楚全球最大的发展中国家的传播实践,这种"地方性"的理论贡献本身就是全球性的。从这个意义上看,所谓地方性、特殊性的事物/知识,才符合实际的研究状况。

再谈谈新闻学研究与传播学研究的融合问题。在中国的历史文化传统与当代社会结构中,信息传播对于国家的稳定和发展、国家和社会的建设、凝聚社会共识等方面来说都至关重要,新闻舆论工作是治国理政、定国安邦的大事。随着从传统媒体到数字媒介时代的演进,新闻的功能与作用不但没有被削弱反而大大强化了,新闻突破了传统的形态与边界,成为嵌入人们日常生活以及社会运作中的关键"中介",是人与社会、世界不可或缺的连接方式。从现实图景来看,新闻与传播可以说是"你中有我""我中有你",无法划分得泾渭分明。我们不能"刻舟求剑",被过去的知识分类所束缚,而要根据数字媒介实践的真实情况,打通传统的知识分类、打通中西方知识的差异,将新闻学研究与传播学研究更好地结合起来,将中西方的理论、知识和实践更好地融合起来,构建融通中外的中国新闻传播学"三大体系"。"新时代加快构建中国特色哲学社会科学学术体系,要坚持马克思主义的指导地位,善于融通古今中外各种学术资源,坚持问题导向,着力提升原创能力和水平。"①

二、全面反映马克思主义新闻观中国化的最新理论成果

哲学社会科学一般具有鲜明的本土性、时代性和实践性特征,中国的新闻传播学研究同样离不开当代中国的新闻传播实践。理论创新需要建立在一个稳固的支点上,否则就会脱离现实,成为空中楼阁。"坚持以马克思主义为指导,是当代中国哲学社会科学区别于其他哲学社会科学的根本标志,必须

---

① 谢伏瞻. 加快构建中国特色哲学社会科学学科体系、学术体系、话语体系[J]. 中国社会科学,2019(5):4-22,204.

旗帜鲜明加以坚持。"中国新闻传播学研究的理论创新支点正是马克思主义新闻观，这是我们应当坚持的基本立场、观点与方法论，是指导理论创新的"元观念"和深层逻辑。

我们谈"当代中国新闻传播学""当代中国新闻传播学研究"，重点在于"当代"和"中国"这两个关键词，前者体现了理论研究、理论创新的时代性，后者反映了哲学社会科学研究的主体性或民族性。近年来，在加快构建具有中国特色哲学社会科学体系的道路上，各大学科均呈现出鲜明的中国主体意识，如"中国政治学""中国社会学""中国经济学"等已逐渐成为学界共识。例如，有政治学者谈道，"当代中国政治学的使命之一就是对当代中国是如何来的、如何组织起来的，作出概念化解释"①。我国的社会学者同样认为中国社会学发展应该增强实践自觉，科学分析和总结中国式现代化新道路，创造兼具中国特色和普遍意义的知识体系。②

作为对哲学社会科学具有支撑作用的学科之一，新闻传播学的"三大体系"建设是在中国的新闻传播实践基础上的学科、学术和话语体系创新。当代中国的新闻实践、传播实践、媒介实践十分丰富，也积淀了许多创新的思想成果。新闻传播学研究应当全面反映马克思主义新闻观的最新理论成果，全面梳理、分析、总结中国新闻传播活动的历史经验和现实实践，凸显中国概念、中国立场、中国视角。马克思主义新闻观的理论来源是马克思、恩格斯、列宁关于新闻宣传舆论等方面的论述和思想，一百多年来，一代代中国共产党人经过不懈努力，将马克思主义新闻观的基本立场、观点、方法同中国的实际相结合，推进了马克思主义新闻观的中国化进程，产生了与中国的新闻传播实践紧密结合的创新思想和理论体系。

概括起来讲，马克思主义新闻观中国化的理论成果体现在新闻传播的本体论、认识论、价值论和方法论等方面，包括党管媒体、党性原则、党性与人民性相统一、政治家办报、全党办报群众办报、新闻传播规律、舆论导向、

---

① 杨光斌. 以中国为方法的政治学 [J]. 中国社会科学，2019（10）：77-97，204-205.
② 洪大用. 实践自觉与中国式现代化的社会学研究 [J]. 中国社会科学，2021（12）：22-36，199.

正面宣传、媒体融合、国际传播等核心概念与理论架构。党的十八大以来，以习近平同志为核心的党中央高度重视新闻舆论宣传工作，倡导"大宣传"工作理念，推动网信事业发展、媒体融合发展、国际传播能力建设等工作，形成了马克思主义新闻观中国化的最新理论成果。这些理论成果既是我国宣传思想和新闻舆论工作的指导思想，也是对当代中国新闻传播实践的最新理论总结，体现了中国话语、中国风格、中国气派。

当代中国新闻传播学研究的基本立场与姿态是，遵循马克思主义的基本立场、观点和方法，以习近平新时代中国特色社会主义思想为指导，全面反映马克思主义新闻观中国化的最新发展和理论成果，充分吸收和阐释习近平总书记关于党的宣传思想工作、新闻舆论工作的重要论述精神，追求建立具有中国主体性的新闻传播学概念体系、理论体系、话语体系。新闻传播学学术体系建设是重点，"学术体系是加快构建中国特色哲学社会科学的核心，是学科体系、话语体系的内核和支撑"①。在此基础上，当代中国新闻传播学研究的范式创新还应致力于从更宏观、整体和历史的维度，从人类文明交流和文明互鉴的视野出发，审视中国与世界的关系，"通过中国认识世界""在世界中发现中国""为世界的发展贡献中国理论智慧"。通过全面地、系统地、整体地分析中国实践与全球实践的关系，在坚持意识形态可控性、传播自主性、文化主体性的前提下，与西方的传播政治经济学、传播学批判研究、文化研究等形成平等的对话、交流、合作、互鉴，"以我为主""求同存异""美美与共"。

三、当代中国新闻传播学研究的理论追求

在哲学社会科学的理论创新中，理论旨趣、理论风格与理论追求直接影响了范式创新的方向。我们认为，可以将当代中国新闻传播学研究的基本理

---

① 谢伏瞻.加快构建中国特色哲学社会科学学科体系、学术体系、话语体系[J].中国社会科学，2019（5）：4-22，204.

论姿态风格与追求概括为：以"中国发展"为研究坐标，以"中国实践"为研究起点，以"中国经验"为论证中心，以"中国概念"为分析工具，以"中国范式"为理论追求。

第一，以"中国发展"为研究坐标。中国式现代化道路和发展进程，与西方国家相比有着巨大的差异，具有中国独特的路径和优势。中国不仅在较短时间内解决了全球约五分之一人口的生存和发展问题，而且从一个贫穷落后的农业国转变为世界第二大经济体的现代国家，国家现代化进程大大加快，工业体系、产业结构、基础设施、科技创新等多方面位于全球前列。这是当代中国新闻传播学研究的物质和社会基础条件，是基本的时代坐标。中国的新闻传播学研究需要回应中国现代化进程中的关键命题，从新闻传播学的角度对中国发展展开科学研究，理论创新成果的首要目标是服务于国家发展，助力中国的现代化强国建设。

第二，以"中国实践"为研究起点。实践观是马克思主义哲学的基本立场，体现了唯物主义历史观的本质，即从物质生产实践出发来观察和认识人类社会与历史。马克思和恩格斯谈道，"不是从观念出发解释实践，而是从物质实践出发来解释各种观念形态"。在中国新闻传播学研究中，我们不仅要把媒介技术发展、新闻传播活动、新闻传播交往关系等当作客观对象加以把握，而且要将其作为人的实践活动加以解释与分析，这才是研究的真正逻辑起点，只有这样才能够有效把握中国新闻传播实践活动的本质特征。

第三，以"中国经验"为论证中心。在以往的研究中，有的将西方的知识、理论与概念当作研究准则，在一套固定的理论框架下对经验现象展开分析。尽管这在一定程度上符合社会科学的研究规范，但是过度强调理论框架"先行"，将不可避免地导致经验现象的"边缘化"，客观上也会陷入用中国经验来验证西方理论或削足适履地套用西方理论等误区。在中国新闻传播学研究的创新之路上，我们应转变理论与经验之间的关系，超越西方理论框架，将中国经验作为论证、分析的中心，回到经验现象、回到真实的中国新闻传播实践中展开理论创新。

第四，以"中国概念"为分析工具。话语体系是一个学科的标记和符号，

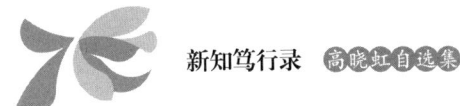

既是研究主体性、本土性的体现,也是与其他学科以及国际学术界交流对话的"媒介"。在中国特色哲学社会科学建设中,"要善于提炼标识性概念,打造易于为国际社会所理解和接受的新概念、新范畴、新表述,引导国际学术界展开研究和讨论"。中国的新闻传播学研究在本土性、原创性概念和话语方面还比较滞后,"中国概念"的发掘与运用还相对较少。在此问题上,我们可以参考历史学、哲学、社会学、人类学等学科打造原创性概念的经验与做法,用中国概念解释新闻传播实践,并加强同国际学界的交流与合作,让中国概念产生国际学术影响。

第五,以"中国范式"为理论追求。从新闻传播学的视角看,当前人类社会已经进入以互联网为基础设施的媒介化社会阶段,媒介深度嵌入社会生活的方方面面,成为国家治理、经济建设、社会发展、国际交流等各领域的支撑性力量。当代中国的新闻传播研究,既立足于中国本土的媒介实践、新闻传播活动,也关注全球范围内的媒介化实践。在全球网络社会这一背景下,我们倡导"以中国为方法"的理论范式创新路径,当代中国新闻传播研究的理论追求是打造新闻传播研究的"中国范式",贡献中国的理论智慧,为世界范围内的新闻研究、传播研究、媒介研究等作出贡献,对此我们应该具有理论创新的热忱和信心。

研究中国悠久的历史和文明,研究当代中国伟大的社会变革,研究当代中国的新闻传播实践活动,有助于新闻传播学的研究者们在共同努力下,建设具有新时代特征、具有中国本土特色与全球视野、具有中国理论贡献的"当代中国新闻传播学"。

在实践基础上推进中国新闻学理论创新[*]

党的二十大的胜利召开为全面建设社会主义现代化国家、全面推进中华民族伟大复兴指明了方向，也为包括新闻传播学在内的哲学社会科学的发展注入了新动能。党的二十大报告指出，实践没有止境，理论创新也没有止境，要继续推进实践基础上的理论创新。[①]新闻学是一门应用性强、实践指向清晰的学科，当代中国丰富的新闻传播实践构成了新闻学理论创新与发展的基石。只有深深扎根中国大地与中国实践，中国新闻学才能实现不断创新与发展，形成更为完善的自主知识体系。

一、实践是新闻学理论创新与发展的根本动力

实践观点是马克思主义哲学的基本观点。马克思主义认为，人的社会实践构成了一切抽象理论活动的前提和基础。中国共产党在革命、建设和改革的发展进程中，逐步深化关于理论与实践辩证关系的认知，主张实践决定认识，是认识的源泉和动力，也是认识的目的和归宿。因此，"要根据时代变化和实践发展，不断深化认识，不断总结经验，不断进行理论创新，坚持理论指导和实践探索辩证统一，实现理论创新和实践创新良性互动"[②]。

---

[*] 本文原载于《中国广播电视学刊》2023年第2期，与李泓江合作，收入本书时略有删改。
[①] 习近平.高举中国特色社会主义伟大旗帜 为全面建设社会主义现代化国家而团结奋斗——在中国共产党第二十次全国代表大会上的报告[N].人民日报，2022-10-26（01）.
[②] 习近平.论党的宣传思想工作[M].北京：中央文献出版社，2020：131.

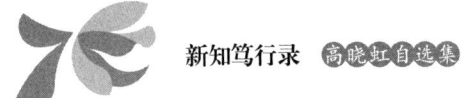

实践是马克思主义新闻观的鲜明品格。习近平总书记在党的二十大报告中强调，坚持和发展马克思主义，必须同中国具体实际相结合。① 以毛泽东、邓小平、江泽民、胡锦涛为代表的几代共产党人，在领导中国革命、建设、改革的历史进程中，立足中国本土的新闻宣传工作实践，不断丰富和发展马克思主义新闻观的理论内涵，推动马克思主义新闻观中国化。党的十八大以来，习近平对党的新闻舆论工作作出全面科学总结，形成了习近平新闻舆论工作重要论述。这一理论成果是习近平总书记从党和国家事业发展全局的高度，结合新闻舆论工作的实践经验而形成的理论创新，深刻体现了党的理论创新从实践中来、到实践中去的优秀品质，是中国具体实际与马克思主义科学方法相结合的思想结晶，是马克思主义新闻观中国化与时代化的最新理论成果，是新时代党的新闻舆论工作与中国新闻传播实践的根本遵循。

实践是当代中国新闻学形成与发展的动力源泉。迄今为止，中国新闻学已有百余年历史。一百多年来，中国新闻学的发展深深根植于中国社会发展的历史进程，处处体现着中国经济、政治、文化、社会的烙印。从新民主主义革命时期开始，到中国特色社会主义进入新时代，一代代新闻学研究者以中国新闻传播实践为基础，以中国特色社会主义新闻事业为观照，孜孜矻矻，披荆斩棘，不断推动中国新闻学理论进步与发展。可以说，中国深厚的历史文化底蕴是中国新闻学理论的鲜明底色，中国独特的新闻传播实践构成了中国新闻学知识体系发展完善的不竭动力。

实践是新闻学理论创新的目的和归宿。党的二十大报告指出，理论创新要坚持一切从实际出发，着眼解决新时代改革开放和社会主义现代化建设的实际问题，形成与时俱进的理论成果，更好指导中国实践。② 作为对哲学社会科学具有支撑作用的学科之一，新闻学是人们认识新闻传播规律进而改造世界的重要工具，是推动新闻事业发展和社会历史进步的重要思想力量。新

---

① 习近平.高举中国特色社会主义伟大旗帜 为全面建设社会主义现代化国家而团结奋斗——在中国共产党第二十次全国代表大会上的报告［N］.人民日报，2022-10-26（01）.
② 习近平.高举中国特色社会主义伟大旗帜 为全面建设社会主义现代化国家而团结奋斗——在中国共产党第二十次全国代表大会上的报告［N］.人民日报，2022-10-26（01）.

闻舆论工作是党的一项重要工作，是治国理政、定国安邦的大事。新闻学理论创新与发展的根本目的在于促进社会主义新闻事业健康发展，推动新闻媒体更好地传达党的政策主张、满足人民群众的精神需要，更好地承担在全面建设社会主义现代化国家、全面推进中华民族伟大复兴进程中的历史使命。

二、中国新闻学研究要回应重大实践问题

党的二十大报告强调，要聚焦实践遇到的新问题，改革发展稳定存在的深层次问题，不断提出真正解决问题的新理念新思路新办法，为前瞻性思考、全局性谋划、整体性推进党和国家各项事业提供科学思想方法。[①] 实践是当代中国新闻学的基本特征，回应并指导解决实践问题是新闻学理论的根本任务。中国新闻学应当坚持问题导向，以中国为观照、以时代为观照，回答重大时代命题和实践问题，在探讨媒体融合传播实践、中国式现代化道路、人类文明新形态等问题的过程中不断推动新闻学知识创新、理论创新、方法创新。

其一，深入研究媒体融合传播实践。加强全媒体传播体系建设，塑造主流舆论新格局[②]，是党的二十大报告中的重要内容。数字技术变革语境下，推动媒体融合发展、建设全媒体传播体系是新闻传播领域亟待解决的紧迫课题，推动互联网这个最大变量成为事业发展的最大增量是党和国家当前的重要工作任务。

数字信息技术的发展推动了人类生产力的变革，也深刻地改变了新闻传播活动的基本面貌和内在逻辑。人工智能、5G、云计算、大数据、物联网等新兴技术与新闻传播活动深度融合，使新闻传播在采集、生产、分发、接收、

---

① 习近平.高举中国特色社会主义伟大旗帜 为全面建设社会主义现代化国家而团结奋斗——在中国共产党第二十次全国代表大会上的报告［N］.人民日报，2022-10-26（01）.
② 习近平.高举中国特色社会主义伟大旗帜 为全面建设社会主义现代化国家而团结奋斗——在中国共产党第二十次全国代表大会上的报告［N］.人民日报，2022-10-26（01）.

反馈等方面呈现新的特征。党和国家不断提高对于新兴传播规律的认识，推动媒体深度融合，实施全媒体传播工程，做强新型主流媒体，建强用好县级融媒体中心。这符合新闻舆论工作发展的内在要求，也是因应时代发展与技术变革的创新性举措。

中国新闻学研究应当深入分析媒体融合传播实践的内在特征、规律，探讨全媒体传播体系建构的组织架构、体制机制、内容建设、产品形态、生产流程、传播方式、管理模式、人才队伍建设等相关问题，不断提出真正破解媒体融合发展难题的新理念新思路新方法，走出一条中国特色、国际一流、全球引领的全媒体发展之路，从而为塑造主流舆论新格局和筑牢意识形态阵地注入思想动力，为前瞻性思考、全局性谋划、整体性推进社会主义文化强国建设事业提供理论动能与科学方法。与此同时，在对媒体融合传播实践这一重大问题进行回应的过程中，应当不断进行概念提炼、方法总结与理论创新，推动中国新闻学理论实现"弯道超车"，引领数字时代新闻学的创新与发展。

其二，深刻阐释中国式现代化道路。党的二十大报告提出，中国式现代化，是中国共产党领导的社会主义现代化，既有各国现代化的共同特征，更有基于自己国情的中国特色。① 与西方不同的中国式现代化道路是中国新闻学与西方新闻学之间的根本区别，构成了中国新闻学创新与发展的坚实根基。因此，观照中国式现代化道路，是中国新闻学理论创新与发展的应有之义。

中国式现代化是一种整体的现代化，全面建成社会主义现代化强国是一个系统性工程，需要不同社会领域之间有机协同、共同发展。新闻传播领域是中国社会的有机组成部分和重要结构性力量，与政治领域、经济领域、文化领域、生态领域等社会各个子领域有着千丝万缕的联系。中国新闻媒体以自己的方式不断推动着社会的发展进步和中国式现代化的历史进程，《中国反

---

① 习近平.高举中国特色社会主义伟大旗帜 为全面建设社会主义现代化国家而团结奋斗——在中国共产党第二十次全国代表大会上的报告［N］.人民日报，2022-10-26（01）.

贫困斗争的伟大实践》《从一棵树到一片"海"——塞罕坝生态文明建设范例启示录》《坐着高铁看中国》《中国人首次进入自己的空间站》《冬奥场上的科技力量》……一幕幕真实客观的记录，一篇篇振奋人心的报道，铺陈出国家民族砥砺奋进的壮丽史诗，在凝聚社会意识形态、弘扬社会主义核心价值观等方面发挥着重要作用。

中国新闻学研究应当在坚持本学科知识自主性的基础上，主动介入中国式现代化这一重大时代命题的探讨，研究中国新闻传播实践与中国式现代化进程的内在关联。具体来讲，要尝试从新闻学自身独特的学科视角出发，思考如何使社会主义新闻事业的发展更好地服务于物质文明、政治文明、精神文明、社会文明、生态文明的协调发展；讨论如何通过媒体融合与全媒体传播体系建设，形成现代化经济体系与新发展格局，实现国家治理体系和治理能力现代化；研究如何通过宣传方式的创新，举旗帜、聚民心、育新人、兴文化、展形象，激发全民族文化创新创造活力，推动社会主义文化强国建设。对中国式现代化进程中重大理论与实践问题的回应，不仅有助于从新闻学角度赋予"中国式现代化"更为坚实和充满活力的思想内涵、时代内涵和文明内涵[①]，而且能够不断深化新闻学研究的理论内涵，更好地发挥新闻学对于我国哲学社会科学的重要支撑作用，更好地服务新时代改革开放和社会主义现代化建设的实际需要。

其三，深度关切人类文明新形态。党的二十大报告强调，创造人类文明新形态是中国式现代化的本质要求。[②]当代中国社会经历了巨大的历史变迁，在党的领导下创造了经济快速发展与社会长期稳定两大奇迹，走出了中国式现代化道路，创造了人类文明新形态，这是在中华悠久的历史文化影响下形成的，也是在马克思主义科学理论指导下形成的，其根植于中国特色社会主义伟大实践，并指向了崭新的社会形态和人类生活方式，为更多国家向现代化迈进、形成崭新文明成果提供了路径选择。这一全新的提法，从文明的原

[①] 孙正聿.理论思维：学术研究的"普照光"[J].学术月刊，2022，54（3）：5-17.
[②] 习近平.高举中国特色社会主义伟大旗帜 为全面建设社会主义现代化国家而团结奋斗——在中国共产党第二十次全国代表大会上的报告[N].人民日报，2022-10-26（01）.

则高度重新定义和诠释了中国发展道路,对中国特色社会主义伟大成就作出了最新概括。

在人类文明新形态的开创过程中,中国新闻媒体发挥了重要的建设性作用。《人民日报》、新华社、中央广播电视总台等中央主流媒体对中国在脱贫攻坚、生态文明建设、经济改革与创新发展、全过程人民民主以及国家战略科技成就等领域进行了深入报道。新华社创作的纪录片《共同的追求》通过讲述6个普通中国人的故事,以小见大,展现中国特色社会主义民主、自由、人权探索实践之路;中央广播电视总台记者冒着生命危险在悬崖上跟踪拍摄,报道"悬崖村"的脱贫历程,成为全世界关注的中国扶贫焦点。这些重要的新闻作品显示出,中国新闻媒体不仅是人类文明新形态开创历程的记录者,而且是这一崭新文明形态的参与者和建设者。

中国新闻学研究应当高度关注人类文明新形态的研究工作,深入揭示中国新闻媒体在人类文明新形态开创过程中的意义、贡献与价值,从本学科的角度深入阐释人类文明新形态的形成逻辑和丰富内涵,解读这一文明形态的历史源流、理论逻辑、实践根基与价值意蕴,提炼其中的精神标识与文化精髓。与此同时,要着重关注人类文明新形态的国际传播研究。党的二十大报告明确指出,要增强中华文明传播力影响力。[①] 人类文明新形态是中华文明的时代延续,是社会主义文明在中国的最新发展,向世界阐释人类文明新形态是我国国际传播工作的重要内容,也是增强中华文明传播力影响力的应有之义。要通过加强国际传播能力建设,加快构建中国话语和中国叙事体系,全面提高国际传播效能,不断深化文明交流互鉴,向世界宣介"人类文明新形态"的历史意义与世界贡献,更好地讲好中国故事、传播好中国声音,展示可信、可爱、可敬的中国形象,形成同我国综合国力和国际地位相匹配的国际话语权,推动中华文化更好地走向世界。

---

① 习近平.高举中国特色社会主义伟大旗帜 为全面建设社会主义现代化国家而团结奋斗——在中国共产党第二十次全国代表大会上的报告[N].人民日报,2022-10-26(01).

三、在实践基础上构建中国新闻学自主知识体系

习近平总书记在党的二十大报告中提出，要深入实施马克思主义理论研究和建设工程，加快构建中国特色哲学社会科学学科体系、学术体系、话语体系。[①]加快中国新闻学理论创新与发展，形成中国特色新闻学自主知识体系，是新闻学领域面临的重大研究课题。

世界上并不存在定于一尊的发展模式，也不存在放之四海而皆准的发展标准。中国共产党开辟出来的中国特色社会主义道路，是一条独立自主、不同于西方国家、具有鲜明中国特征的发展道路，为广大发展中国家选择适合本国国情的发展道路提供了中国模式与中国方案。中国式现代化道路的开辟与人类文明新形态的开创，要求中国新闻学推出与之相适应的、具有思想穿透力的原创性理论成果，构建并完善具有中国特色的新闻学自主知识体系。

就现实情况来看，中国新闻学自主知识体系构建与完善仍然面临着一些痛点。长期以来，新闻传播学受西方影响较深，在西方文化语境、社会生活以及西方现代化进程中形成的新闻传播学理论、话语、概念、命题等，在很多情况下未经批判与分析就被引入和运用到中国新闻传播学科之中。因此，中国新闻学应当不断增强反思精神、中国意识与实践自觉，准确把握自主知识体系建构的着力点，高度重视中国悠久的历史传统和独特的文化精髓、中国式现代化进程中的新闻传播实践，以及中国鲜活的社会生活经验，以我国正在做的事情为中心，从我国改革发展的实践中挖掘新材料、发现新问题、提出新观点、构建新理论，坦诚与西方新闻学理论展开对话，不断提高中国新闻学的自主性。

当代中国正在经历我国历史上最为广泛而深刻的社会变革，这种前无古人的伟大实践，必将给中国新闻学的理论构建和学术繁荣提供强大的驱动力。

---

① 习近平.高举中国特色社会主义伟大旗帜 为全面建设社会主义现代化国家而团结奋斗——在中国共产党第二十次全国代表大会上的报告［N］.人民日报，2022-10-26（01）.

中国新闻学完全可以从中华悠久的文明脉络和灿烂的历史文化出发，从中国大地上涌现出的波澜壮阔的现代化实践出发，提出中国问题、挖掘中国材料、提炼中国概念、总结中国经验、推出中国理论、建构中国范式，以实践赋能理论创新，在回答中国之问、世界之问、人民之问、时代之问中，在借鉴与吸收人类优秀思想成果的基础上，形成中国特色、中国风格、中国气派的新闻学理论体系，构建出兼具中国特征与世界意义的中国新闻学自主知识体系。

铸牢中华民族共同体意识

以融合传播铸牢中华民族共同体意识*

习近平总书记在中共中央政治局第九次集体学习时指出，"要讲好中华民族故事，大力宣介中华民族共同体意识"，"创新涉民族宣传的传播方式，丰富传播内容，拓宽传播渠道，讲好中华民族共同体故事，讲清楚中国共产党领导和社会主义制度是我国各民族共同发展进步的可靠保障，讲清楚中华民族是具有强大认同度和凝聚力的命运共同体，讲清楚中国特色解决民族问题的正确道路所具有的明显优越性"。中华民族共同体意识是中华民族的精神支撑、情感寄托和价值认同的总和。当前，信息技术深刻改变着人类社会的交往方式，思想文化的交流场景发生了前所未有的变化。如何适应数字化、智能化的全新传播环境，挖掘和展示中华民族文化的内涵和魅力，以融合传播强化思想认同，成为铸牢中华民族共同体意识的重要议题。

一、弘扬中华优秀传统文化，构筑中华民族共有精神家园

中华优秀传统文化源远流长、博大精深，是中华文明的智慧结晶，集中体现了中国人民在长期生产生活中积累的宇宙观、天下观、社会观、道德观。自古以来，中华优秀传统文化就具有包容各民族文化的精神内核，是中华民族共通性的核心组成部分。弘扬中华优秀传统文化，有助于进一步夯实中华

---

* 本文原载于《光明日报》2023年11月24日第6版，与崔林、赵希婧合作，收入本书时略有删改。

民族共同体意识的思想文化基础。在当前的媒体融合发展进程中，应进一步推动中华优秀传统文化的创造性转化和创新性发展，用新方法、新手段，将天下为公、民为邦本、讲信修睦、亲仁善邻等中华优秀传统文化表达好、阐释好，将其转化为铸牢中华民族共同体意识的思想文化底座，为构筑中华民族共有精神家园提供强大支撑。

以共性文化符号巩固中华民族集体记忆。共性文化符号是中华文化认同的纽带，是中华民族共同体意识生成和存续的载体。推广和传播中华优秀传统文化，要充分利用中国历史文化中象征共同体意识的符号，如地理空间中的长城、长江、黄河，历史名人中的孔子、孟子、庄子，传统节日中的春节、清明、中秋等。通过深挖这些符号的内涵价值和意义表征，深刻阐释中华文化的历史逻辑和文化脉络，深化中华民族的集体记忆。

发挥融合传播优势，推动多民族文化交流交融。互联网提供了丰富多元的交流场景，要善于运用融合传播手段，在内容上精耕细作，发挥中华优秀传统文化对各民族的价值引导与文化涵化作用。在这一过程中，不仅要传播、表现各民族的文化魅力，更要将多姿多彩的民族文化纳入中华民族文化的话语体系，不断拉近不同民族群众的心理距离，在"民心相通"的基础上助力各民族群体实现思想认同、文化认同、身份认同。

提升中华优秀传统文化对各民族青少年的影响力。青少年是国家和民族的未来，是中华优秀传统文化的传承者、中华民族共同体意识的传播者。要顺应融合趋势、创新传播手段，用"Z世代"喜闻乐见的融合传播方式，弘扬中华优秀传统文化，呈现中华民族在思想观念、精神旨趣、生活方式上的活跃景象，把爱我中华的种子植入青少年的心灵深处，帮助青少年建立正确的国家观、民族观、文化观，激发青少年群体对中华民族共有精神家园的心理认同。

二、创新红色文化传播方式，讲好中华民族共同体故事

红色文化承载着中国共产党波澜壮阔的革命史、艰苦卓绝的奋斗史、可

歌可泣的英雄史，是我们党在革命、建设和改革中形成的宝贵精神财富。其中的"一不怕苦、二不怕死，顽强拼搏、甘当路石，军民一家、民族团结"的"两路"精神，"特别能吃苦、特别能战斗、特别能忍耐、特别能团结、特别能奉献"的"老西藏精神"，"艰苦奋斗、自强不息、扎根边疆、甘于奉献"的胡杨精神以及"热爱祖国、无私奉献、艰苦创业、开拓进取"的兵团精神等，都是对各民族休戚与共、荣辱与共、生死与共、命运与共的共同体理念的生动阐释。从铸牢中华民族共同体意识的全局高度认识传播红色文化的意义和价值，就要思考如何用好红色资源，使其成为铸牢中华民族共同体意识的精神力量和生动载体，融合传播的手段、路径、方法为解决这一问题提供了新思路。

传承红色文化基因，强化中华民族共同认知。红色文化不仅承接过去，也启迪当下、昭示未来，是新时代铸牢中华民族共同体意识的重要基础。在互联网时代，传播红色文化、传承红色基因，要转换叙事逻辑，注重从"小切口"引入，用故事化手法、细节化叙事，讲好具体而生动的红色故事，润物无声地强化各族人民对中华民族的历史认知和对中华民族共同体的坚定信仰。

丰富中华民族共同体意识的传播主体。置身网络时代，人人都有麦克风，发挥网络传播的特性和优势，让更多传播主体积极传承红色基因、传播红色文化，对于铸牢中华民族共同体意识具有重要意义。在融合传播实践中，要用好社交媒体等个性化传播平台，鼓励社会各界成为红色基因的传承者、中华民族共同体故事的讲述者。例如，在庆祝中国共产党成立100周年之际，百集视频微党课《红色文物青年说》上线，中国传媒大学联合全国百所高校，以高校大学生为主体，讲述了"川藏公路"等一系列共绘民族团结进步"同心圆"的红色故事，成为创新红色文化传播的生动实践，探索了铸牢中华民族共同体意识教育常态化发展的新路径。

拓展红色传播场景，让中华民族共同体意识入脑入心。由各族人民共同创造的红色文化是中华民族的集体历史记忆，是中华民族共同体建设的重要文化动力。应充分运用视听新媒体等传播手段，讲好中华民族共同体的故事，

在此基础上打造网络"云展厅",将红色故事汇聚云端,将推动中华民族共同体意识融入更多传播场景,实现入眼入脑入心。

三、展现中国式现代化文明成果,凝聚共同奋斗的磅礴伟力

中国式现代化是中国共产党领导的社会主义现代化,既有各国现代化的共同特征,更有基于自身国情的"中国特色"。作为地域广阔的统一的多民族国家,民族地区的现代化是中国式现代化总体进程的重要组成部分。中国特色社会主义文化是激励全党全国各族人民奋勇前进的强大精神力量,推动民族地区社会发展稳定有序、各民族优秀文化充分绽放,是铸牢中华民族共同体意识的应有之义。同时,民族地区的政治稳定、经济发展、社会进步、文化繁荣,有助于铸牢中华民族共同体意识,推动中国式现代化的历史进程。

铸牢中华民族共同体意识、建设中华民族共有精神家园,要充分展现中国式现代化的文明成果,尤其是将中国式现代化的壮阔图景有效纳入中华民族共有的精神空间。当前,数字传播技术带来的传播渠道、叙事逻辑、话语体系、交往方式的深度变革,为更好地展现各民族地区的发展成果和文化精髓提供了新的契机。

用精品力作全面宣介中华民族共同体意识。将中国式现代化的壮阔图景纳入中华民族共有的精神文化空间,其根本目的在于实现中华民族精神、理念、文化的共享。在融合传播实践中,要通过讲述民族地区发展、人民生活变化和国家社会进步,将以人为本、美好生活、民族团结等价值理念融入精品力作,全面深入地呈现中国式现代化与民族地区发展、人民福祉增进之间的内在关联,提升中华民族的凝聚力和向心力。

运用视听传播元素,跨越民族语言文字障碍。随着数字技术和网络技术的兴起,视听传播正在成为更加主流的表达手段。在铸牢中华民族共同体意识的过程中,视听作品具有形象生动、细节丰富、感染力强等优势。通过视听传播作品反映民族地区的发展变化以及中国式现代化的伟大成就,有助于跨越不同民族之间的语言文字障碍,在各民族地区广泛传播,引发各族人民

的共鸣、共情。

　　加强国际传播能力建设，推动中华文明走向世界。民族地区的繁荣发展是中国式现代化的组成部分，也是人类文明新形态的重要体现。应当运用融合传播手段创作出更多以民族发展为主题的国际传播作品，更好地讲述中国大地"56个民族一家亲"的生动故事，更加深入地发掘中国式现代化和人类文明新形态在民族工作方面的历史意义与世界贡献，从而展示可信、可爱、可敬的中国形象，提升中华文明的传播力、影响力，推动中华文明走向世界。

　　铸牢中华民族共同体意识是一项系统性工程，需要久久为功，持续发力。在新时代民族工作实践中，要充分发挥融合传播优势，用新理念、新方法传播好中华优秀传统文化、传承好红色基因、展示好中国式现代化成果，用新技术、新作品讲好中华民族共同体故事，唤起中华民族共同的文化记忆、红色记忆、时代记忆，不断夯实铸牢中华民族共同体意识的思想基础、文化基础、情感基础。

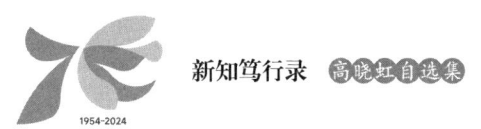

为建设中华民族现代文明注入传播动能*

　　文化是一个国家、一个民族的灵魂。文化自信是国家社会发展进程中更基本、更深沉、更持久的力量。经过长期探索实践，我们党成功推进和拓展了中国式现代化，创造了人类文明新形态。在世界百年未有之大变局的背景下，我们迈入了崭新的历史阶段，开启了全面建设社会主义现代化国家的新征程。这一伟大事业的成功推进，离不开丰沃的文明滋养、厚重的文化支撑。习近平总书记在文化传承发展座谈会上强调，在新的起点上继续推动文化繁荣、建设文化强国、建设中华民族现代文明，是我们在新时代新的文化使命。主流媒体是党和国家宣传思想工作的重要阵地，也是推动文明交流互鉴、文化传承发展的载体，更是推动文化繁荣、建设文化强国、建设中华民族现代文明的支撑力量。面对新的文化使命，主流媒体责无旁贷。本文运用习近平新时代中国特色社会主义思想的世界观和方法论，讨论主流媒体助力建设中华民族现代文明的基本要求、主要任务和方法路径。

一、守正创新：主流媒体践行新的文化使命的基本要求

　　守正才能不迷失方向，创新才能把握和引领时代。在文化传承发展座谈会上，习近平总书记指出，新时代的文化工作者必须以守正创新的正气和锐

---

* 本文原载于《中国编辑》2023 年第 10 期，被《新华文摘》2024 年第 2 期全文转载，与李泓江合作，收入本书时略有删改。

气,赓续历史文脉、谱写当代华章。面对党和国家赋予的新的文化使命,主流媒体应以习近平新时代中国特色社会主义思想为指导,在守正创新的基础上实现新作为,不断推出反映中华文明辉煌成就的优秀作品,发挥举旗帜、聚民心、育新人、兴文化、展形象的重要作用。

第一,弘扬中华优秀传统文化。中华优秀传统文化源远流长、博大精深,不同时代、不同地域、不同形态的中华文化,绘就了绚烂多彩的中华文明。这些文化记载了中华民族在长期奋斗中开展的精神活动、进行的理性思维、创造的文化成果,反映了中华民族的精神追求,其中的核心内容构成了中华民族最基本的文化基因。中华优秀传统文化是中华民族的文化根脉,是我们国家最深厚的文化软实力,也是中国特色社会主义植根的文化沃土。在建设中华民族现代文明的过程中,主流媒体要结合时代要求,深入挖掘中华优秀传统文化蕴含的思想观念、人文精神、道德规范,让中华文化展现出时代风采。

近几年来,主流媒体推出了一大批优秀的文化作品,有力地弘扬了中华优秀传统文化。例如,古代典籍是中华文明历经沧桑沉淀下来的智慧结晶,也是中华优秀传统文化的重要载体,对于古代典籍的展示与解读有助于人们更好地了解中华优秀传统文化。中央广播电视总台推出的《典籍里的中国》每期选取一部流传千古、享誉中外的经典名篇,对其中蕴含的思想精华和传奇故事进行情景化再现和通俗化解读,以戏剧、影视和访谈相结合的方式打开古代典籍,使典籍焕发出新的活力,呈现出中华文明的生生不息与源远流长。这样的文化作品与主流价值观念相得益彰、和谐共生,不仅推动了中华优秀传统文化的创造性转化、创新性发展,而且弘扬了主旋律,有效传递了社会主流价值观。

第二,传承红色基因,传播红色文化。红色文化是我们党在不断开辟马克思主义中国化时代化新境界的过程中形成的精神文化结晶,包括井冈山精神、长征精神、遵义会议精神、延安精神、抗战精神、西柏坡精神等,这些精神文化承载了中国共产党波澜壮阔的革命史、艰苦卓绝的奋斗史、可歌可泣的英雄史,是蕴含着丰富红色资源和厚重文化内涵的先进文化形态,是我们在全面建设社会主义现代化国家道路上战胜各种困难和挑战、不断夺取新胜利的伟大精神力量。在建设中华民族现代文明的过程中，主流媒体要充分发挥自身的传播优势，更好地开发红色资源、传播红色文化、弘扬革命精神，自觉肩负起红色基因传承的使命①。

新时代以来，习近平总书记高度重视红色基因传承工作。主流媒体近年来以红色文化为主题，推出了《长征之歌》《红色故乡》《百年先锋》《红色文物青年说》等精品视听作品。这些节目激发了人们爱党、爱国、爱社会主义的热情，增强了人们坚定中国特色社会主义道路自信、理论自信、制度自信、文化自信的底气。中央广播电视总台文艺之声、阅读之声推出的《追寻——红色家书背后的故事》，以不同时代中国共产党人的红色家书为切入点，运用多种表现形式，讴歌中国共产党人以革命豪情、奋斗激情书写的百年历史，以受众喜闻乐见的方式推动了红色文化的广泛传播。这些经典的红色文化视听作品，是主流媒体用创新传播实践壮大主流思想舆论、用红色文化引领良好社会风尚的切实举措，也是建设中华民族现代文明的重要环节。面对新的文化使命，主流媒体可以推出更多优质的红色文化作品，讲好党的故事、革命的故事、英雄的故事，让正能量更强劲，让主旋律更高昂。

第三，展现中国式现代化的文明成果。当代中国社会发生了巨大的历史变迁，中国特色社会主义在物质文明和精神文明方面均取得了举世瞩目的伟大成就，这些成就是中国式现代化进程的有力反映，也是人类文明新形态的生动体现。可以说，中国式现代化的伟大成就本身就是中华民族现代文明的组成部分，是悠久的中华文明在当代中国社会的最新发展，是既超越中国古代文明又超越西方近代文明的伟大创造。②阐释、宣传中国式现代化的成就，坚定人们对中国道路、中国理论、中国制度、中国文化的自信，是党和国家赋予主流媒体的重要职责，也是在建设中华民族现代文明的过程中主流媒体必然要担负的光荣使命。

主流媒体推出了不少具有创新性的传播作品，用以反映中国式现代化的

---

① 谢清果.红色文化与中华文明的共生传播研究［J］.厦门大学学报（哲学社会科学版），2022，73（4）：142-152.
② 罗文东.中华民族现代文明的历史与理论逻辑［N］.中国社会科学报，2023-06-12（3）.

伟大成就。中国新闻网和中国传媒大学联合出品的《十年百变》，以新时代十年为时间跨度，以发展变化为叙事线索，将改革与发展过程中的一个个横截面和小故事作为时代的缩影，用"小切口"讲述"大时代"，充分诠释了中国式现代化和人类文明新形态的丰富内涵。这样的传播作品勾勒出中华民族蓬勃向上的发展态势，有助于凝聚共识、坚定信心，增进人民对中华文明的认同、对党和国家的认同，汇聚起实现中华民族伟大复兴的中国梦的磅礴力量。

二、实践导向：主流媒体践行新的文化使命的主要任务

党的二十大报告指出，我们必须坚持解放思想、实事求是、与时俱进、求真务实，一切从实际出发，着眼解决新时代改革开放和社会主义现代化建设的实际问题。只有聆听时代的声音，回应现实的呼唤，才能真正把握历史脉络、找到发展规律，也才能真正掌握历史的主动权。在践行新的文化使命的过程中，主流媒体需要从现实问题、现实需要、现实条件出发，牢牢抓住文化发展的关键问题和主要矛盾，扎实推进中华民族现代文明和社会主义文化强国建设。

第一，推动马克思主义基本原理同中华优秀传统文化相结合。习近平总书记在文化传承发展座谈会上指出，在五千多年中华文明深厚基础上开辟和发展中国特色社会主义，把马克思主义基本原理同中国具体实际、同中华优秀传统文化相结合是必由之路。其中，"第二个结合"是又一次的思想解放，让我们能够在更广阔的文化空间中，充分运用中华优秀传统文化的宝贵资源，探索面向未来的理论和制度创新。这一论述，是习近平总书记基于我们党传承和弘扬中华优秀传统文化的成功实践进行的理论升华，是对中华文明发展规律的深刻把握，也是对马克思主义基本原理同中华优秀传统文化相结合的可能性、现实性的真理性阐释。[1] 如何推动两者更好地结合，并充分释放这一结合的历史效应，是建设中华民族现代文明的关键问题，也是主流媒

---

[1] 洪晓楠.马克思主义基本原理同中华优秀传统文化相结合的系统分析[J].人民论坛·学术前沿，2023，(10)：4-15.

体必须积极探索的现实问题。

尽管马克思主义和中华优秀传统文化来源不同,但两者在价值层面高度契合。例如,天下为公、民为邦本、为政以德、天人合一等观念均与马克思主义所提倡的现代社会价值观存在内在的一致性。主流媒体应通过创新性的实践探索,解读中华优秀传统文化的价值意蕴,引导人们感悟马克思主义基本原理同中华优秀传统文化相结合的内在逻辑,彰显中国智慧独有的生命力。相关媒体实践表明,我们可以把中华优秀传统文化从其原有的观念体系中解析出来,实现与马克思主义的深度结合,为社会主义现代化建设提供精神滋养和文化支撑。

第二,增进文明认同,构建中华民族共有精神家园。统一性、包容性是中华文明的突出特性。中华优秀传统文化具有包容各民族文化的精神内核,这种包容性是中华民族几千年不间断的历史基因和文化密码,决定了中华民族交往、交流、交融的历史取向。经过几千年的文化交融,各个民族的文化共同汇聚成多元一体、璀璨耀眼的中华文明,为中华民族共同体的形成提供了文化底蕴、历史根基和精神支柱。[①] 从中华民族的形成过程和今天所处的时代方位来看,铸牢中华民族共同体意识、构建中华民族共有精神家园,既是一项历史任务,也是新的文化使命的重要组成部分。如何增进华夏儿女的文明认同,更好地铸牢中华民族共同体意识、构建中华民族共有精神家园,是摆在主流媒体面前的一项重要命题。

由国家民族事务委员会创新建设的国际传播品牌"道中华",围绕文化符号、民族交融、文学艺术、考古实证、文明互鉴等板块,推出了一系列图文视听内容,有力地推动了中华民族共有精神家园的建设。其他主流媒体也纷纷推出了展现中华文明辉煌成就的视听作品,相关作品通过前沿数字信息技术营造沉浸感和趣味性,展现中华文明五千多年从未断流和多元一体的形成过程,使人们深切感受中华文明的博大精深与深刻厚重。文化强国建设是一项系统工程,要以系统观念作为方法论武器,推动文化事业繁荣发展和中华

---

① 纳日碧力戈,陶染春.构筑新时代中华民族共有精神家园[J].中央民族大学学报(哲学社会科学版),2023,50(2):5-12.

民族现代文明建设。在践行新的文化使命过程中，主流媒体同样需要坚持系统观念，大胆探索，锐意进取，在媒体融合与全媒体传播体系构建上发力，在拓展题材、内容、形式、方法上下功夫，推动观念和手段相结合、内容与形式相结合，使得各种文化要素、艺术要素、技术要素交相辉映，让文化作品更加精彩纷呈、引人入胜。

第三，深化文明交流互鉴，增强中华文明传播力影响力。文明交流互鉴是推动人类文明进步的重要动力，只有交流互鉴，人类文明才能充满生命力。中华文明是在中国大地上产生的文明，也是同其他文明不断交流互鉴而形成的文明。相较于过去，我国的国际话语权和影响力显著提升，但在国际舞台上"西强我弱"的局面尚未得到根本改变，甚至在一些关键议题上我国仍然存在着"细声细语"乃至"失声失语"的情形。在这种情况下，加强和改进国际传播工作，不断增强中华文明传播力影响力，是党和国家当前面临的重要任务。主流媒体需要主动作为，紧紧围绕国际传播中亟待解决的现实问题，以创新的方式深化文明交流互鉴，推动中华文化更好地走向世界，助力形成同我国综合国力和国际地位相匹配的国际话语权。[①]

新时代以来，我国主流媒体高度重视国际传播工作，在讲好中国故事，传播好中国声音，展现真实、立体、全面的中国方面下足了功夫，有效增强了中华文明传播力影响力。中国传媒大学联合《中国日报》制作播出的"行走中国"系列融视频，以具有中国特色、体现中国精神、蕴藏中国智慧的优秀文化和伟大成就为主题，彰显中华文明的独特魅力，在海内外取得了良好的传播效果。与此同时，一些国内的传统文化节目纷纷出圈，展现了中国优秀视听文化作品的"溢出效应"，充分显示出中华文明的独特魅力。

三、系统观念：主流媒体践行新的文化使命的方法路径

系统观念是认识和改造世界的重要思想工具。只有用普遍联系、全面系

---

① 蔡斐，张波. 中国式现代化背景下新闻舆论工作的时代进路[J]. 中国编辑，2023（4）：11-16.

统、发展变化的观点观察事物，才能把握事物发展规律。在践行新的文化使命的过程中，主流媒体同样需要坚持系统观念，大胆探索，锐意进取，在媒体融合与全媒体传播体系构建上发力，在拓展题材、内容、形式、方法上下功夫，推动观念和手段相结合、内容与形式相结合，使得各种文化要素、艺术要素、技术要素交相辉映，让文化作品更加精彩纷呈、引人入胜。

第一，挖掘文化精髓，提炼精神标识。文明是多彩的，人类在漫长的历史长河中创造了多姿多彩的文明。在世界多元文明体系中，中华文明有着自身的独特性，挖掘中华优秀传统文化中的文化精髓、提炼中华文明的精神标识，是担负新的文化使命的应有之义。中华文化的精髓体现在多个层次、多个方面，中华文明也会在不同的精神标识中体现出来。[①]主流媒体可以尝试以系统化的思维，推出规模化、系列化的文化作品，充分发挥主流媒体传播的规模效应。

近年来，主流媒体上涌现出较多的系列文化作品，每个系列往往围绕特定领域，挖掘、提炼这一领域的文化标识，从而更好地体现中华文化和中华文明的丰富多彩、博大精深。中国新闻网和中国传媒大学联合推出的"解码中华文化基因"系列视频，以中国篆刻、龙舞、京绣、昆曲、皮影戏等中国非物质文化遗产为主要内容，用规模化、系列化的方式，讲述非遗背后的故事，让人们感受中华文化的丰富多彩和博大精深。

第二，运用前沿技术，创新传播方式。提高文化作品的传播效果，需要创作理念、传播内容、叙事方式、传播渠道和传播技术等不同传播要素之间的有效协同。其中，前沿技术的运用发挥着重要作用。[②]在数字时代，各种新兴技术层出不穷，主流媒体应当主动寻求突破，拥抱新技术、善用新技术，通过创新传播手段，提供高质量、高水平的文化作品，探索中华文化与数字技术的有机融合路径。

实践证明，推动数字技术与中华文化的融合，是文化传播的重要趋势。

---

① 景向辉.认识和把握中华文明精神标识的三重维度[J].世界社会科学，2023（2）：75-87，244.
② 高晓虹，赵希婧.新时代新闻舆论工作的价值坚守与路径创新[J].中国编辑，2017（12）：12-17.

新华社精心打造的微电影《红色气质》是红色文化与数字技术结合的典范。该作品通过3D技术的还原，让历史人物和历史场景"动"了起来，让照片背后的故事"活"了起来，数字技术制造出来的特效，以创新的方式展现出中国共产党人特有的"红色气质"，体现了一代代中国共产党人的信仰与追求、责任与担当。近年来，前沿技术与中华优秀传统文化相结合的文化作品不断涌现。例如，河南卫视推出的《唐宫夜宴》，通过虚拟影像技术、全景高清模拟等先进技术，创造出虚实相生、古今相融的视觉效果，将大唐盛世的图景完美地呈现在舞台上，给观众带来了精彩纷呈的文化盛宴，彰显了中华优秀传统文化经典与新兴数字技术结合的无限可能。

第三，转换叙事逻辑，创新话语方式。叙事是人们组织经验、呈现世界的方式，话语是人们言说、叙事的具体言语，人们通过叙事和话语讲述世界，也通过叙事和话语理解世界。叙事和话语在人们的交往实践活动中发挥着基础作用。对于媒体而言，叙事逻辑与话语方式的不同，往往直接关系到作品的传播效果。在践行新的文化使命的过程中，主流媒体可以改变传统叙事逻辑，结合网络传播规律，创新话语方式，增强文化作品的传播效果，扩大中华文明的影响力。①

以往有关中华文明、中华文化以及国家社会发展成就的传播作品采用的叙事方式有的流于宏大，有的稍显单一。近年来，在互联网思维的影响下，灵活、多元的叙事方式越来越多地出现在主流媒体的文化作品中，一些视听作品不再采用大开大合的宏大叙事逻辑，而是从细节入手，将镜头聚焦在普通老百姓的日常生活故事上，通过日常叙事和微观叙事，反映出中国式现代化的伟大成就，通过可亲、可敬、可爱的平凡人的话语，展现人类文明新形态的辉煌图景。这样的叙事逻辑和话语方式，不仅拉近了内容与观众的距离，更打开了观众的第一视角，让中国式现代化的成果变得可知可感。

---

① 周敏，赵晨雨. 叙事构建与技术共生：中华数字文化出海新逻辑［J］. 现代传播（中国传媒大学学报），2022，44（12）：48-55.

以文化传播构筑中华民族共有精神家园*

文化关乎国本、国运，文化建设事关中华民族的思想根基和精神力量。践行新时代新的文化使命，构筑中华民族共有精神家园，对于铸牢中华民族共同体意识、巩固全国各族人民团结奋斗的共同思想基础、全面推进中华民族伟大复兴，具有重要意义。2023年10月，在中共中央政治局第九次集体学习时，习近平总书记指出，要着眼建设中华民族现代文明，不断构筑中华民族共有精神家园。中华民族共有精神家园的构筑，离不开文化传播的作用和力量。本文拟结合习近平文化思想和习近平总书记关于加强和改进民族工作的重要思想，讨论文化传播在中华民族共有精神家园构筑中的重要作用、中华民族共有精神家园构筑的内在逻辑，以及如何通过文化传播更好地建设中华民族共有精神家园。

一、中华民族共有精神家园构筑的基本动力

从历史的角度来看，中华民族共有精神家园的构筑与文化传播有着内在的关联。"文明是在交往中形成的，没有交往就不会有文明。"[①] 不同民族之间的传播活动和交往活动，尤其是在文化层面的交往交流交融，是中华文明赖以生成的重要动力。文化传播对于中华民族共有精神家园的形塑作用至少体

---

* 本文原载于《中国编辑》2024年第1期，与李泓江合作，收入本书时略有删改。
① 钱乘旦. 多样的文明，创造世界共同的未来[J]. 求是，2019（10）：9.

现在以下方面。

其一，构建共同的历史记忆。在中华民族共同体中，共同的历史记忆对于各民族形成中华民族认同具有重要作用，是凝聚彼此、相互团结的内在根源。共同历史记忆的形成，离不开文化传播。中华民族的历史上存在着大量广为流传的神话故事、发生于不同民族之间的历史事件，以及关于民族英雄人物的事迹和传说等。人们通过传播与媒介了解历史，这些神话故事、历史事件、人物事迹经由自发性的人际传播、口口相传的代际传播、宣化教育等组织化传播，以及新闻媒体的媒介化传播，形成了中华民族共同的集体记忆。文化传播是建构共同历史记忆的内在机制，正是在各民族的交往交流以及文化传播活动中，共同历史记忆得以深入人心，持续地建构着各民族人民对中华民族的认同感。

其二，形成共有的文明标识。各族人民共同认可的中华文化符号和形象，是中华民族的共享映像，也是在历史演进中形成的中华儿女普遍认同的文明标识。中华民族的文化符号与文明标识，包括国旗、国歌、国徽等国家象征符号，儒学、道家等思想文化符号，长江、黄河、长城、故宫等国家地理符号，以及筷子、鞭炮、丝绸、中医等文化生活符号。当人们看到上述符号时，首先联想到的便是中国人、中国文化与中华文明。这些符号和标识是中华民族的象征，其与中华民族之间存在着稳定的意义关联机制。按照符号学的观点，符号的深层次内涵、意义，往往是在长期的、具体的交往与传播中形成的。[①] 中华民族独特的文化符号和精神标识，之所以能够稳定地将意义指向中华民族，离不开传播的塑造作用。在文化交往和传播中，这些符号和标识被每一位华夏儿女所认识、了解、内化于心，并成为与其他文明相区别的独特标志。

其三，传播共享的精神理念。在长期的发展过程中，中华民族产生了为各族人民所共享的思想观念、道德规范，形成了中华民族独特的宇宙观、天

---

① 隋岩.从能指与所指关系的演变解析符号的社会化［J］.现代传播（中国传媒大学学报），2009（6）：21-23.

下观、社会观、道德观,诸如天下为公、民为邦本、为政以德、革故鼎新、任人唯贤、天人合一、自强不息、厚德载物、讲信修睦、亲仁善邻等,都是中华文明的智慧结晶。文化传播活动在这些思想观念和道德规范的形成与传承过程中发挥着重要作用。一方面,这些思想观念本身就是在文化交流、思想争鸣中形成的,古代不同思想家相互对话、观念碰撞,在交流与传播中,中国思想的内涵得到了丰富和拓展,形成了用于规范政治生活、社会生活、家庭生活的思想体系和价值规范体系。另一方面,无形的思想文化要通过媒介才能扩大影响范围、延续生命周期。中华民族优秀的思想文化要通过文化传播活动才能代代相传、历久弥新。中华民族优秀思想文化的精髓,既氤氲在中国人民的日常生活和交往交流之中,影响着中国人的行为方式,又凝结在大量古代的文化典籍中,跨越历史长河而得以保存,长久浸润华夏儿女的心田。日常的人际交流活动和出版等制度性的文化传播活动,共同推动了文化的传承与发展,"为跨越几千年的不同历史时期的思想者提供了传承与对话的桥梁,使得精神命脉得以不断延续,始终能够适应中华民族的发展需求"[1]。

其四,催生丰富的共同文化。中华民族历经演变与发展,形成了灿烂的文化。不同地域、不同民族文化的形成,既根植于本地域、本民族的风俗特色,又源于不同文化之间的交往交流交融。习近平总书记在全国民族团结进步表彰大会上指出:"从赵武灵王胡服骑射,到北魏孝文帝汉化改革;从'洛阳家家学胡乐'到'万里羌人尽汉歌';从边疆民族习用'上衣下裳'、'雅歌儒服',到中原盛行'上衣下裤'、胡衣胡帽,以及今天随处可见的舞狮、胡琴、旗袍等,展现了各民族文化的互鉴融通。"不同民族之间的文化交流与传播,既造就了各民族灿烂的本民族文化,也共同塑造了璀璨夺目的中华文明。正是在文化传播中,在各民族之间的交往交流交融中,中华文化构成了开放包容的有机整体,中华文明也展现出"多元一体"的面貌特征。

---

[1] 高晓虹,李尽沙.赓续传统刻印未来:中华优秀传统文化出版模式建构[J].现代出版,2023(4):1-10.

二、中华民族共有精神家园构筑的内在逻辑

构筑中华民族共有精神家园,就是要顺应中华民族交往交流交融的历史,充分汲取各民族文化中的营养,引导各民族将中华文化内化为共建、共有、共享的精神家园。① 构筑中华民族共有精神家园,既是新的文化使命的内在要求,也是加强和改进党的民族工作的现实需要。开展相应的文化传播实践,必须把握好中华民族共有精神家园构筑的内在逻辑。

一个根本目的。中华民族共有精神家园是中华民族文化精神、价值理念和情感态度的总和,这一精神家园是中华民族赖以生存和发展的精神财富,也是中华民族生生不息、团结奋进的精神动力。② 文化认同关乎人心走向,是民族团结之根、民族和睦之魂。从逻辑上讲,中华民族共有精神家园与中华民族共同体意识是"一体两面"的关系。中华民族共有精神家园是中华民族共同体意识的文化基础,关系到各族人民对于中华民族的文化认同和精神依归;中华民族共同体意识的形成,是中华民族共有精神家园对个体进行浸润、影响的结果。因此,构筑中华民族共有精神家园的根本目的在于强化各族人民的中华民族认同,为铸牢中华民族共同体意识奠定坚实的精神和文化基础。这一根本目的为开展文化传播实践提供了根本遵循,意味着构筑中华民族共有精神家园的文化传播实践,必须要以铸牢中华民族共同体意识为主线,以服务党和国家的民族工作为旨归。

两大核心范畴。中华民族的"多元一体"鲜明地体现在精神文化领域。在构筑中华民族共有精神家园的过程中,必须要处理好共同性与差异性这两个核心范畴之间的关系,以增进共同性为方向不断改进民族工作,做到共同性和差异性的辩证统一。文化只有具备主体性,才能立得住、行得远,才能具备引领力、凝聚力、塑造力、辐射力。增进共同性,是构筑中华民族共有

---

① 潘岳. 不断构筑中华民族共有精神家园 [J]. 中国民族, 2023 (12): 11–13.
② 纳日碧力戈, 陶染春. 构筑新时代中华民族共有精神家园 [J]. 中央民族大学学报(哲学社会科学版), 2023, 50 (2): 5–12.

精神家园的基本要求,也是彰显中华民族文化主体性的现实需要。只有不断增进共同性,才能够更好地发挥中华民族共有精神家园的凝聚力量和精神纽带作用,巩固各族人民团结奋斗的共同思想基础,使各族人民群众更好地形成普遍的文化认同和坚定的文化自信,为全面推进中华民族伟大复兴提供坚强思想保障、强大精神力量和有利文化条件。与此同时,要尊重差异性,这是因为中华文化是各民族文化的集大成者,统一性与包容性是中华文明的突出特性。习近平总书记在文化传承发展座谈会上强调,中华文明从来不用单一文化代替多元文化,而是由多元文化汇聚成共同文化,化解冲突,凝聚共识。差异性与多元性从根本上决定了中华民族交往交流交融的历史取向,决定了中华民族由多元文化汇聚成共同文化的文化格局。因此,构筑中华民族共有精神家园,既要以增进共同性为目的,又要尊重文化的多元性与差异性,在创新性的文化传播实践中,推动各民族人心归聚、精神相依,形成人心凝聚、团结奋进的强大精神纽带。

三项主要内容。在中共中央政治局第九次集体学习时,习近平总书记强调要深入实施"中华优秀传统文化传承发展工程"和"红色基因传承工程"。构筑中华民族共有精神家园,在文化内容的传播上,主要涵括三个方面:中华优秀传统文化、革命文化以及社会主义先进文化。首先,中华优秀传统文化是中华民族凝聚力的重要来源,也是中华民族的"根"与"魂",是我们最深厚的文化软实力。[①] 构筑中华民族共有精神家园,必须要广泛传播、弘扬中华优秀传统文化,把一切可以团结、凝聚的力量调动起来,不断拓展中华民族共有精神家园的广度与深度。其次,革命文化是我们党领导人民在艰苦卓绝的革命斗争中形成的精神文化结晶,是新中国建设的重要基石,是革命基因和民族复兴的精神坐标,也是推动中国式现代化的不竭动力。[②] 革命文化是中华民族共有精神家园的重要组成部分,其中蕴藏着中华民族独有的精神标识,反映着中华民族最深层的精神追求。知来路、明去路,对革命文化的广

---

① 周蔚华.着力推动中华优秀传统文化创造性转化和创新性发展[J].中国编辑,2023(12):15-17.
② 王伟光.让红色文化在新征程上焕发时代光芒[N].人民日报,2023-01-18(09).

泛深入传播，有助于激发各族人民的中华民族身份认同、情感认同和价值认同，从而更好地铸牢中华民族共同体意识。最后，在构筑中华民族共有精神家园的过程中，还需要传播社会主义先进文化。社会主义先进文化是社会主义制度优越性的重要体现，是增强文化自信、凝聚和激励全国各族人民群众的重要力量。新时代以来，我们党成功推进和拓展了中国式现代化，创造了人类文明新形态。中国式现代化的文明成果是社会主义先进文化的重要内容，是中华文明在现代化语境下的生动体现，也是能够有效凝聚全体华夏儿女的现实基础，这些全新的文明成果，为构筑中华民族共有精神家园提供了源源不断的鲜活素材，也构成了铸牢中华民族共同体意识的有利条件。

三、中华民族共有精神家园建设的重要路径

习近平总书记对宣传思想文化工作作出的重要指示强调，要着力赓续中华文脉、推动中华优秀传统文化创造性转化和创新性发展。宣传思想文化工作者必须深入学习贯彻习近平文化思想，坚持守正创新和实践导向，自觉践行新时代新的文化使命，以系统思维、创新思维开展文化传播实践，在拓展题材、内容、形式、方法上下功夫，推动观念和手段相结合、内容与形式相结合，不断创作出高质量的文化传播作品[①]，推动文明交流互鉴和文化传承发展，为构筑中华民族共有精神家园作出应有的贡献。

第一，挖掘中华优秀传统文化基因，增强中华民族认同感。研究和挖掘传统文化的优秀基因和时代价值，构建运用中华文化特征、中华民族精神、中国国家形象的表达体系，是增强各民族群众中华文化认同、构筑中华民族共有精神家园的重要路径。因此，在建设中华民族共有精神家园的过程中，要以创新思维推动中华优秀传统文化的传播。例如，诗词是中华优秀传统文化的代表，是中华民族共有精神家园的宝贵财富，也是经历千百年岁月洗礼而流传下来的文化瑰宝，体现着中华文化的思想精华和道德精髓。

---

① 高晓虹，李泓江. 为建设中华民族现代文明注入传播动能[J]. 中国编辑，2023（10）：4-8.

"中华诗词文化鉴赏"系列微课程,将人教版小学语文教材中的古诗词以短视频的方式加以呈现,运用图文声像等多种艺术元素让中华诗词"活起来",生动讲解中华诗词知识,阐释中华文化之美。这一系列微课程被推向少数民族地区,通过文化传播的融合创新,不仅在少数民族地区推广了普通话,而且增强了中华优秀传统文化的传播力、影响力,引导少数民族少年儿童深入了解中华文化,在树立正确的历史观、民族观、国家观和文化观的同时,切实增强文化自信和文化自觉。

第二,传播红色文化,用共同理想信念凝心铸魂。红色文化是中华民族共有精神家园的重要内容,是蕴含着丰富红色资源与厚重文化内涵的文化形态,是汇聚全党全国各族人民磅礴精神力量、实现中华民族伟大复兴的重要力量。面向各族群众加强党史、新中国史、改革开放史、社会主义发展史的宣传教育,是各族人民不断增强对中华民族的认同感和自豪感、铸牢中华民族共同体意识的有效方式。红色文化包含大量讴歌民族团结的故事,如彝海结盟的故事、军民一家修筑川藏青藏公路的故事等。

央视网播出的"红色文物青年说",让象征民族团结的红色文物从纪念馆中"走出来",生动形象地传播了红色文化,以创新方式讲述了中华民族共同体故事,促进了各民族在理想、信念、情感、文化上的团结统一。

第三,开展优秀现代文化传播,丰富中华民族共有精神家园内涵。在中共中央政治局第九次集体学习中,习近平总书记强调,"要促进各民族广泛交往交流交融""不断提高公共服务保障能力和水平,促进发展成果公平惠及各族群众"。中国式现代化是人口规模巨大的现代化,也是包括少数民族地区在内的共同现代化和整体现代化,"一个民族也不能少""一家人都要过上好日子"是中国式现代化的应有之义。这种共同性不仅表现在物质层面,也体现在精神层面。因此,要在少数民族地区深入开展公益文化传播服务,构建互嵌式的社会文化环境,促进发展成果公平惠及各族群众。以服务视障人士为宗旨的"光明影院"无障碍信息传播工程,坚持深入少数民族地区,为少数民族视障人士开展无障碍电影公益放映活动,以创新性的文化传播构筑中华民族共有精神家园,在思想文化层面凝聚各民族、发展各民族、繁荣各民族。

"光明影院"无障碍信息传播工程专门推出了"石榴籽"系列无障碍电影，包含以民族团结进步为主题的 16 部主旋律电影，如彝族题材电影《阿诗玛》、白族题材电影《五朵金花》，以及反映新时代青年扎根民族地区、服务民族工作的《甘南曼巴》《甘南情歌》等，通过向视障人士讲述休戚与共、荣辱与共、生死与共、命运与共的中华民族共同体故事，增强他们对于中华民族的历史认知，以及对中华民族的认同感和自豪感。

四、结语

在文化传承发展座谈会上，习近平总书记指出，新时代的文化工作者必须以守正创新的正气和锐气，赓续历史文脉、谱写当代华章。对于宣传思想文化工作者而言，构筑中华民族共有精神家园是必须肩负的历史使命。我们应当深入学习贯彻习近平文化思想，全面贯彻落实习近平总书记关于加强和改进民族工作的重要思想，着眼建设中华民族现代文明，推出精彩纷呈、引人入胜的文化传播作品，不断构筑中华民族共有精神家园，为铸牢中华民族共同体意识、实现中华民族伟大复兴奠定坚实的精神和文化基础。

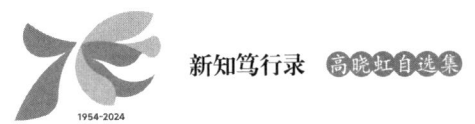

赓续传统 刻印未来[*]
——中华优秀传统文化出版模式建构

出版见证了人类文明的悠久历史，在思想文化的存续中发挥着无可替代的基础性作用。对于几千年源远流长、灿烂辉煌的中华文明，出版更是深刻地熔铸其中，肩负着存续文化火种的重要使命。正因为这份特殊的使命与责任，在新时代推动社会主义文化强国建设、增强实现中华民族伟大复兴的精神力量的过程中，以出版推动中华优秀传统文化的创造性转化和创新性发展必不可少。

2022年5月，《关于推进实施国家文化数字化战略的意见》明确了"十四五"期间的国家文化数字化建设目标，对于出版业的数字化建设具有重要的指导意义，建设出版物数字资源总库、升级出版生产呈现方式与创新数字内容消费场景等已经成为当前出版深度融合发展的核心关切。面对世界百年未有之大变局，面对数字技术与实体经济深度融合、新产业新业态新模式不断涌现的时代语境，出版必须审视自身、开拓创新，明确文化传承的初心与方向，把握面向未来的创新形态，探索形成更好地传承中华优秀传统文化的发展模式。

一、使命自觉：文化传承作为出版的本质功能

出版活动几乎存在于中华文明几千年的全过程之中，但是"出版"这一

---

[*] 本文原载于《现代出版》2023年第4期，与李尽沙合作，收入本书时略有删改。

名词在我国出现与使用是在 19 世纪末。也就是说，出版行业的实践自觉要远远早于理论自觉，出版作为一种学科门类更是近年来才逐步确立的。因此，长期以来对于出版的探讨，更多的是在行业实践层面而非学术研究层面。但随着近年来出版，特别是新形态出版在社会文化发展方面的重要性日益凸显，专门聚焦于出版研究的"出版学"得到了逐步发展。

2022 年 9 月，由国务院学位委员会和教育部共同印发的《研究生教育学科专业目录（2022 年）》将出版与新闻传播学等并列在文学大类下，作为单独的一级学科专业学位类别。这不仅意味着出版业获得的关注日益增加，也意味着对于出版的研究探讨不能仅仅停留在满足行业发展的现实需求上，更要上升到理论的高度，实现出版学基本规律研究的关键突破。①其中首要的问题，就是明确出版的本质功能和重要价值。

纵观各类对于"出版"的定义，尽管在产业环节、产品形态等方面存在争论，但基本都会体现出这样一种共识——出版使文化得以保存和传播，是文化的源头和依托。②这种对于文化传承的基础性承载与推动作用，是出版区别于新闻、传播等产业行为的本质所在，也是推动出版创新发展模式的方向所在。今天，出版对于文化传承，特别是中华优秀传统文化的传承，其价值主要体现在两个方面。

（一）出版为中华优秀传统文化的繁荣与延续提供基础载体

无形的思想文化需要依靠物质载体才能得以延续，出版通过各类媒介载体的编辑、制作和传播，凝结了形式丰富、内容多样的传统文化，不仅为中华文明每一个历史时期提供了文化繁荣的保障，也使得不同历史时期之间文明火种的传递成为可能。

出版推动了社会文化的繁荣发展，催生出了中华优秀传统文化。早在印

---

① 田胜立，蔡子怡. 出版学作为"行业之学"还是学科之学？——关于编辑与出版学名词审定中一个结构性问题的思考［J］. 现代出版，2022（4）：72-82.

② 郝振省，宋嘉庚. 从文化强国的远景目标看"十四五"时期出版业的发展指向［J］. 现代出版，2021（5）：5-10.

刷术还没有被发明之前,通过手抄复制的形式记录思想文化、供少数读者阅读,出版就已经具备了初步形态,但是效率较低、成本较高,无法满足社会文化进一步繁荣发展的需要。唐宋时期印刷术等技术手段的发明,使得真正意义上的出版活动与出版产业逐渐形成,极大地提高了思想文化传播的效率,真正实现了知识的普及与文化的积累,推动中华文明的发展繁荣迈上了新的台阶。出版活动的存在,使得人们能够接触到丰富多元的思想文化,并且在思想的碰撞中产生新的智慧。也正是在不同社会文化的思想争鸣中,真正代表时代的思想文化内涵、代表时代精神价值追求的优秀文化,从众多的社会文化中脱颖而出,得到人们的广泛认可,成为中华文明重要的精神标识和中华民族精神气质的重要组成部分。

出版延长了优秀文化的生命周期,使得优秀传统文化能够代代相传、历久弥新。这种作用一方面体现在出版物,特别是书籍的客观物质属性上,能够使其中承载的思想文化内容更好地保存下去;另一方面则体现在出版活动不是一味地保存与传播,还包含着编辑选择的过程。越是在社会中得到人们共同认可的思想文化作品,越可能成为在不同出版物中反复出现的重要内容,以更好地留存给后世。在代代相传的过程中,人们结合自身社会发展的现实需求,对于原本的价值观念进行不断地取舍完善,使得优秀传统文化不断产生新的内涵。出版为跨越几千年的不同历史时期的思想者提供了传承与对话的桥梁,使得精神命脉得以不断延续,始终能够适应中华民族的发展需求。

(二)出版为马克思主义出版观与中华优秀传统文化的结合筑牢思想阵地

习近平总书记在党的二十大报告中指出:"中国共产党人深刻认识到,只有把马克思主义基本原理同中国具体实际相结合、同中华优秀传统文化相结合,坚持运用辩证唯物主义和历史唯物主义,才能正确回答时代和实践提出的重大问题,才能始终保持马克思主义的蓬勃生机和旺盛活力。"出版与马克思主义中国化的历史和马克思主义出版观的实践现实密不可分,是出版承担中华优秀传统文化传承发展的另一根基。

从历史的角度来看,出版对于马克思主义进入中国发挥了巨大作用。从

1899 年相关出版机构在报刊上引用《共产党宣言》的一段文字，到俄国十月革命中以李大钊、陈独秀为代表的学者将马克思主义相关内容融入大学课堂，并通过《法俄革命之比较观》《我的马克思主义观》《庶民的胜利》《布尔什维主义的胜利》等系列文章和《新青年》《每周评论》等期刊介绍和宣传马克思主义学说，出版活动将马克思主义带到了中国。可以说从那时起，马克思主义出版观的萌生、探索与中国式演进的历史征程，就与中国知识分子自中华优秀传统文化中传承的大同理想、民本思想等产生了强烈的共鸣。在五四运动传播新思想新文化新知识的过程中，秉持不同观点的学者展开了激烈争鸣，马克思主义能否解决中国实际问题、能否指引中国发展等问题更是越辩越明，逐渐成为人们的共识，进一步开启民智、汇聚民心。后来，马克思、恩格斯、列宁等人的著作陆续被翻译为中文，对中国的共产主义革命者产生了深远影响。可见，出版见证并推动了马克思主义与中国具体实际和中华优秀传统文化不断结合的历史进程。

　　从现实的角度来看，马克思主义出版观与中华优秀传统文化相结合的新探索，需要继续发挥出版的重要作用。习近平总书记指出，建设具有强大凝聚力和引领力的社会主义意识形态，需要"牢牢掌握党对意识形态工作领导权，全面落实意识形态工作责任制，巩固壮大奋进新时代的主流思想舆论"。在马克思主义中国化的伟大探索和马克思主义出版观的建设过程中，出版工作长期发挥着重要的作用。随着数字技术的不断发展，传统的传播手段和媒体格局被深刻重构，互联网空间正在逐步取代传统媒体成为重要的传播场域，在思想文化特别是主流意识形态的传播中发挥关键作用。[1]出版工作必须适应最新的技术手段，不断以创新的数字内容形态占据主流发声地位，并且要加强对于主流思想意识形态的研究、阐释与传播。十几年来，出版界专家学者提出的主题出版概念，就是强调出版要服务于党和国家的工作大局，在出版领域体现党和国家的意志。从现实成效来看，主题出版业务已经成为出版单位的首要工作任务，通过将马克思主义与社会发展中的不同主题相结合、与

---

[1] 段鹏. 5G 时代互联网主流意识形态传播经验与内涵重释[J]. 现代出版，2020（6）：5-9.

中华传统优秀文化相结合，打造出了一批质量水准高、读者反馈好的主题出版精品，获得了读者群体的广泛喜爱，并且在国际传播的过程中展示了中国实践、构建了中国理论。这些良好反响，凸显了出版工作在总结提炼中国式现代化发展经验、在互联网时代筑牢思想阵地、壮大主流思想舆论中的重要职责与关键作用。

二、时代机遇：融合出版作为出版面向未来的创新形态

出版的发展有着悠久的历史，但前沿技术手段带来的巨大理念变革却是近年才发生的事情。在出版的发展历程中，纸质媒介长期扮演着重要的角色，传统出版也形成了清晰的流程规范。通过观察学术研究动态可以发现，2006年以前，我国出版领域的理论探讨基本上集中在传统出版的产业化发展上；2006年，《中华人民共和国国民经济和社会发展第十一个五年规划纲要》提出"积极发展数字出版"，对于数字出版的研究探讨开始增多；2010年，《关于加快我国数字出版产业发展的若干意见》颁布，对于数字出版进行了全面的界定阐释，此后数字出版的学术研究一直维持着较高的热度。

随着数字技术和互联网生态的不断发展，以大数据、物联网、人工智能等为代表的数字技术引发了出版业态的第三次革命。① 出版的载体形态、核心内涵与前沿热点都发生了变化，推动传统出版与数字出版的融合发展也逐渐引起了人们的关注。2021年12月，国家新闻出版署印发《出版业"十四五"时期发展规划》，强调要大力发展数字出版新业态，进一步催生传统出版与数字业务相融合的新兴出版业态；2022年4月，中宣部印发《关于推动出版深度融合发展的实施意见》，进一步突出了融合出版这一发展理念。

习近平总书记指出，面向未来，我们要站在统筹中华民族伟大复兴战略全局和世界百年未有之大变局的高度，统筹国内国际两个大局、发展安全两件大事，充分发挥海量数据和丰富应用场景优势，促进数字技术和实体经济

---

① 魏玉山. 抓住技术赋能机遇推进出版业态创新［J］. 传媒，2020（6）：1.

深度融合，赋能传统产业转型升级，催生新产业新业态新模式，不断做强做优做大我国数字经济。融合出版通过运用数字与智能技术，以融媒体为载体，以跨平台的方式促使传统出版和数字出版在生产、流通、消费等方面实现深度融合[①]，其内容形态是文字、图片、音频、视频乃至线上线下服务等多形式、多要素、多介质融通的资源聚合体[②]。因此，融合出版是在数字出版基础上更具有创新性和生命力的出版活动形态，是今后推动中华优秀传统文化传承发展的中坚力量。

媒介技术的不断进步，既为融合出版带来了机遇，也带来了挑战。机遇在于融合出版可以通过全新的数字化手段扩展内容呈现的方式，丰富出版物所承载的思想文化内容，能够更好地满足人民日益增长的精神文化需求，也能够实现文化意义上的主流意识形态阵地的建构[③]；挑战在于社交媒体、动漫游戏等多样化的文化数字化业态已经能够灵活地运用最新技术手段提供文化娱乐内容，不断占据人们有限的时间和精力，挤占融合出版物的生存空间。在此情况下，出版既要保持传统形态的基础作用，也要顺应时代发展变化的潮流，开展形式多样的融合出版创新活动。这是新时代更好地履行文化传承使命的必然要求，也是满足人民日益增长的精神文化需求的必经之路。

从传统出版到数字出版，再到多形式、多要素、多介质的融合出版，出版发展的初心与使命不变，但是所面对的价值生产方式、文化消费体验、产品交互需求等已经发生日新月异的变化。融合出版传承中华优秀传统文化必须关注这些变化，并结合自身的优势抓住机遇、实现良好发展。

（一）价值传播方式上，内容呈现手段与知识体系延展的变化

在传统出版中，出版物所承载的内容会受到载体的物理限制，因此内容呈现基本局限在文字与图像两种元素上，内容总量有限，对于动态的人类文

---

① 段鹏. 融合出版背景下编辑面临的挑战及其应对 [J]. 现代出版，2021（5）：51-55.
② 王晓红. 短视频助力深度融合的关键机制：以融合出版为视角 [J]. 现代出版，2020（1）：54-58.
③ 胡正荣，李涵舒. 智媒时代舆论的特征、实质及对策 [J]. 青年记者，2022（18）：12-15.

化艺术活动的记录效果也有限。因此，作为传统出版物的书刊对于读者的阅读能力和理解能力也有较高的要求，限制了出版物的传播效果。[①]融合出版则利用多样化的展现手段和线上线下的资源联通，真正改变了这些情况，是在未来发展中必须坚持的优势特征。

首先，融合出版借助多种媒介形态的综合利用，使得文化内容的呈现更加真实、丰富、多样。静态的纸质出版物很多时候需要人们发挥想象力，在自己的脑海中还原出版物所描绘的景象，这对于文学艺术作品也许有独特的价值，但是不利于其他中华优秀传统文化的具象表达与有效传承。而融合出版物通过视频、VR、AR等最新的技术手段，能够将出版物承载的内容动态化，让读者直接看到各类文化艺术活动的本来样貌，从而获得更准确的认知。

其次，融合出版借助数字空间的海量资源，能够扩展出更加系统而全面的文化体系。中华优秀传统文化体系庞大、内容精深，彼此之间有着千丝万缕的联系，传统出版物受到篇幅的限制，往往只能呈现出一部分内容，并且对于一些文化内涵的详细阐释只能标注相关的参考文献，寄希望于读者自行购买或借阅其他书籍。而借助线上线下空间的快速切换，融合出版物所承载的内容得到了前所未有的增加，能够将浩如烟海的中华优秀传统文化进行全景式的呈现，引导读者扩展对于相关历史文化的了解。

最后，融合出版借助数字内容的实时更新，能够不断给予中华优秀传统文化最新的时代解读。传统出版物所保存与凝固的是某一个时间节点上人们对于中华优秀传统文化的认识，并且由于出版周期的存在，当出版物真正与读者见面时，所传递的内容可能已经不是最前沿的思想认识。优秀传统文化的价值内涵，可能已经随着新的考古发现、新的现实需求等产生了变化。而融合出版物既能够记录下特定时刻的思想观点，又能够借助数字内容的实时性，将中华优秀传统文化的最新研究动态呈现给读者，极大地提升了传播效率，助力中华优秀传统文化更好地服务于当今社会的文化发展。

---

① 田胜立.电子出版与出版教育［J］.出版与印刷，1994（2）：9-11.

（二）文化消费体验上，用户消费观念与产品选择依据的变化

现代社会中文化产品生产方式的快速变革，引发了人们文化消费诉求的不断变化。[①] 对于中华优秀传统文化而言，人们既保留着对于传统文化精髓的认同感与憧憬向往，又追求更加个性化、潮流化的产品形态。这种追求传统与追求潮流并重的文化消费心态，是融合出版必须认真考虑的客观现实。

一方面，在日常文化消费的过程中，尽管人们对于充满感官刺激、标新立异的文化产品会有浓厚的兴趣，但也始终保持着对于中华优秀传统文化的自觉追求，这是几千年来中华民族的内在文化基因所决定的。中国人民在中国特定的社会文化环境中成长，受到经济、政治、文化传统、风俗习惯等多方面的影响，产生了独属于中国人的审美趣味和思想文化追求。[②] 因此，无论其他文化产品能够带来怎样多元化的消费体验，人们始终会对与中华优秀传统文化相关的内容保持浓厚的兴趣，并希望通过学习了解中华优秀传统文化的精髓，丰富自己的精神世界、提升自己的精神境界。特别是对于在学校教育和日常生活中有所涉猎但未曾深入了解的文化瑰宝，人们在日常文化消费的过程中，会愿意投入时间精力去发掘其中的深刻内涵。人们在接触各类中华优秀传统文化的内容产品时，往往对以出版社为代表的各类官方机构更加信赖，对于专家学者的权威解读有着更加浓厚的兴趣，这是在当前新媒体语境下出版机构能够留住忠实用户群体的一大优势。

但另一方面，社会文化思潮的改变使得人们不再喜欢说教的方式，而是喜欢更加平等的对话，喜欢更具潮流感，更符合当今轻量化、碎片化趋势的文化表达。长期以来，我国各类文化机构承担着文化传播与文化科普的重要使命，但是过去往往更习惯用说教的方式去进行思想文化的传递。随着互联网时代文化内容供给的极大丰富，人们对于相关文化内容的获取有了更多的渠道，如果出版机构仅仅依循原本的方式去进行文化内容的展现，就会逐渐丧失人们原本对于出版机构的信赖与兴趣。因此，融合出版必须紧密结合各

[①] 周宪.边界的消解与审美文化的变迁［J］.浙江学刊，1998（4）：78-82，87.
[②] 叶朗.美在意象［M］.北京：北京大学出版社，2010：155，346.

种当下最新的技术手段,创造多形态的呈现方式以贴合人们的现实需求。具体而言,首先要贴合文化消费中的最新潮流,将中华优秀传统文化与粒子特效、MG动画、三维建模、数码手绘等人们喜闻乐见的呈现手段相结合,并且与社会热点话题相契合;其次要贴合文化消费的日常场景,通过有声读物、短视频等方式,增添碎片化与轻量化的产品形态,以满足人们在不同时间、地点进行阅读欣赏的诉求。

(三)产业运作管理上,用户互动关系与内容付费观念的变化

在互联网时代,用户导向思维正在影响各行各业的发展,在传统出版和新兴出版的融合发展中,要坚持读者本位,将用户导向贯穿从出版物设计生产到消费服务的全过程。融合出版在今后的产业运作中,所面对的群体是读者,更是用户,需要注意到互动关系所发生的多方面变化,根据其产品体验诉求的变化对产品进行及时调整。

首先是从单向信息传递到多向信息交流的变化。传统出版物往往只有单向度的内容传递,很难提供出版社与读者、读者与读者的交流渠道与平台。而融合出版物可以通过数字空间的建设,实现读者与内容创作者、相关研究者以及其他读者等不同主体之间多向度的交流对话,不仅可以针对出版物中的中华优秀传统文化的价值内涵进行深入探讨,还可以针对出版物的内容呈现方式等建言献策。这种变化能够为出版物带来更加丰富的文化内容呈现空间,使读者进一步增强对于中华优秀传统文化的理解,也能够帮助出版机构更及时地了解读者对于出版物各方面的反馈建议,及时改进产品。同时,融合出版物提供的线上交流空间能够使读者更具有归属感,类似于传统意义上读者自发组织的书友会、读书小组等,使得出版机构有参与讨论、推荐新产品、培养忠实用户群体的商业机遇。

其次是从一般产品到个性定制产品的变化。传统出版物借助印刷复制技术实现了大范围的文化传播,但完全趋同的产品在今天已经很难得到人们的青睐。尽管传统出版也可以通过对同样的内容推出不同的版本来加强读者针对性,但是最终只能定型为某一种特定的面向,付出的成本较高,最终对读

者的触达效果也不甚理想。而融合出版物借助实体产品与数字内容的配合，可以极大地满足读者的个性需求，尽管在纸面上呈现的内容是相同的，但是数字空间的操作界面样式、内容呈现方式、扩展延伸空间等，都可以根据读者的特点和偏好进行智能切换。例如，同样是对非物质文化遗产的内容展示，针对儿童就可以用更加可爱的互动界面和更加温柔、缓慢的视频解说，针对青年就可以提供更加现代化的互动界面。对于出版机构而言，数字内容的定制成本更低，更容易获得读者的青睐。

最后是从一次性买断付费到多次扩展付费的变化。在传统的出版产业运作中，利润来源主要是读者购买出版物的一次性买断付费，针对同一内容的二次购买意愿相对较小，并且出版物进行二次流通并不会为出版机构带来新的收入。但在融合出版物的语境下，对用户身份的识别与绑定既可以为读者提供更具针对性的产品，通过不同端口、设备的配合实现阅读消费的无缝切换，又可以在出版物二次流通后激发新读者的购买需求；对线上数字内容的不断更新与拓展，可以生成新的精品付费内容，实现同一读者的多次付费。这种产业运作模式的改变为出版机构提供了更大的收入空间，也能够激励出版机构针对中华优秀传统文化的价值内涵不断进行新的研究，并将其凝结成优质数字内容，更好地推动中华优秀传统文化的创造性转化与创新性发展。

三、多维并举：中华优秀传统文化的出版模式建构

在坚持中国特色社会主义文化发展道路、建设社会主义文化强国的过程中，建设出版强国是重要的组成部分。《出版业"十四五"时期发展规划》以及《关于推动出版深度融合发展的实施意见》对于推进融合出版提出了详细的量化指标，给出了战略谋划、内容建设、技术支撑、重点项目、人才队伍、保障体系等多方面的指导建议，充分反映出构建新时期融合出版创新体系的紧迫性、重要性与复杂性。作为当前出版发展的重要命题之一，面向未来的中华优秀传统文化出版必然是一项庞大的系统工程，牵涉传统出版机构

和新兴互联网平台，关系到社会文化生产中众多主体的利益。立足于文化传承的本质功能，把握数字时代的价值传播方式、文化消费体验、产业运作管理等多方面的机遇与挑战，是进行中华优秀传统文化出版模式系统性建构的前提。在此基础上，构建中华优秀传统文化出版模式需要从以下层面展开工作。

（一）核心原则：坚持主流价值的有效引领

习近平总书记指出："媒体融合发展不仅仅是新闻单位的事，要把我们掌握的社会思想文化公共资源、社会治理大数据、政策制定权的制度优势转化为巩固壮大主流思想舆论的综合优势。要抓紧做好顶层设计，打造新型传播平台，建成新型主流媒体，扩大主流价值影响力版图，让党的声音传得更开、传得更广、传得更深入。"在社会快速发展变革的新时期，社会思想和价值观念日益多元，媒体的深度融合发展需要坚持主流价值的引领作用[1]，对于出版业而言更是如此。

坚持主流价值的有效引领，是构建中华优秀传统文化出版模式的起点。具体而言，就是在出版业发展的各个环节都要自觉贯彻主流价值，"将主流价值观具体而生动地体现在信息采集、生产、分发、接收、反馈的各个环节中"[2]。在出版运营的过程中，要坚持马克思主义出版观、坚持社会主义核心价值观，辩证分析出版内容能否准确反映中华优秀传统文化的本质内涵、是否符合绝大多数人民群众的根本利益、是否符合当今社会发展的客观规律与必然要求。在出版团队的建设过程中，要坚持主流价值的思想引领，以积极向上的心态和严肃认真的工作态度对待出版工作，积极思考服务于国家重大战略、助力社会发展的出版选题。

坚持主流价值的有效引领，也是构建中华优秀传统文化出版模式的落点。面对社会中多种多样的文化现象与价值观念，出版不是"一言堂"，而是要审

---

[1] 王晓红，倪天昌.论媒体深度融合背景下主流价值传播的守正与创新[J].电视研究，2021（12）：10-13.
[2] 宋建武.全媒体传播格局中的主流价值引领[J].新闻与写作，2019（11）：1.

慎观察并选取其中具有进步意义的现象和观点，吸取人民群众喜闻乐见的文化潮流元素，积极思考如何将其结合中华优秀传统文化进行深入解读，揭示其中的思想文化价值。在利用最新技术手段实现出版传播的过程中，要坚持用主流价值导向驾驭"算法"[1]，既要有能力融入现代社会的文化消费语境，又要坚守中华优秀传统文化的根本价值立场，有底气、有实力地引导社会文化的发展走向。

（二）双向促进：科技创新与文化创意的良性循环

为了真正实现主流价值有效引领的核心目标，在出版物的创作过程中，要兼顾形式与内容两方面的重要作用。形式层面的关键是科技创新，内容层面的关键是文化创意，前者是打开文化市场、吸引读者群体的关键，后者是留住读者群体、实现长远发展的关键，二者各有侧重又相互促进，共同决定了中华优秀传统文化出版在当今文化消费社会中的竞争力与生命力。

在科技创新方面，出版业要深刻认识到融合发展的紧迫性。数字技术已经渗透到社会生产的方方面面，出版产业链的各个环节和上下游对接的各类主体也都已经全面适应互联网数字环境，如果出版依然遵循传统出版的生产规律与运营逻辑，就会被读者放弃、被时代淘汰。可以说，融合发展已经成了决定出版业兴衰存亡的关键。在此背景下，出版业要积极思考如何将元宇宙、大数据、人工智能、云计算、5G通信、VR/AR等一切最先进的数字技术与概念应用到出版业的数字生态当中；要推动元宇宙出版、云出版、语义出版、大数据出版、融合出版、智能出版等创新业态的积极发展，思考出版业创新的新方法；[2] 推动多种媒介形态的融合发展，研发线上线下无缝切换、不同场景智能衔接的最新方法，充分发挥智能算法的个性定制作用，为人们带来更好的产品体验。特别是对于人们可能在各种媒介渠道有所接触的中华优秀传统文化，要通过形式的创新增强出版内容的新奇感。

---

[1] 崔士鑫.用主流价值导向驾驭"算法"全面提高舆论引导能力[J].传媒，2019（18）：13-16.

[2] 魏玉山.关于出版新业态的回顾与思考[J].现代出版，2022（6）：5-9.

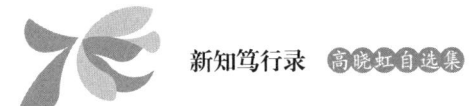

在文化创意方面，出版业要牢牢把握住内容生产的核心地位。随着我国社会生产力的不断发展，人们对美好生活的需求日益增加，对于优质文化内容的需求越发强烈。融合发展的科技创新手段本质上都是为了实现优质内容更好的传播，只有具备了创新的文化内容，才能获得读者的真正肯定。尤其是对于中华优秀传统文化的出版而言，描述性、科普性的知识介绍早已成为互联网上开源共享的一般性资源，人们可以通过搜索引擎或者社交平台轻松获取相关信息，只有积极进行内容创新，才能使得出版物在互联网环境下仍然具有不可替代的价值。中华优秀传统文化的创新方法多种多样，既可以发挥出版机构的传统优势，整合相关文化内容建立内在关联，邀请专家学者分享研究成果，结合时代主题引导经典重读；也可以结合融合出版的最新探索成果，多方位优化出版作品的呈现效果，利用线上空间呈现系统的知识体系，组织探讨交流的高质量社群，根据社会热点推荐相关内容。

（三）三元互动：传统出版社、新型互联网平台和高等院校的通力合作

面对快速的数字技术迭代与激烈的文化市场竞争，无论是科技创新还是文化创意，都对出版机构提出了极高的要求。因此，融合出版实现传统文化的有效传承，不能依靠单一主体的孤军奋战，而是要充分综合并协调各方力量，特别是要发掘传统出版社、新型互联网平台和高等院校各自的优势。

传统出版社的优势主要在于其长期以来发展形成的雄厚基础。这些基础首先体现在独立知识产权的文化资源积累和联络紧密的专家学者网络等资源上，这些资源能够帮助传统出版社创造出内容质量相对较高的产品。其次体现在规范完善的审核校对制度、成熟发达的线下宣发体系以及更适应专业化内容出版的产业运作等能力上，这些使得传统出版社能够高质量地完成产品生产，并且始终占据线下销售渠道的主动位置。最后体现在过往优质出版物积累而来的品牌上，这使得人们能够保持对于传统出版社的信赖与支持，在权衡购买与中华优秀传统文化等深刻主题相关的产品时，愿意首先关注传统出版社的最新作品，并且有着更高的付费意愿。

新型互联网平台拥有对于互联网生态极强的驾驭能力。尽管学界对于新型互联网平台能否算作数字出版、融合出版的行为主体等问题存在争议，但是各大互联网平台已经纷纷加入融合出版的发展探索中。其优势首先体现为能够准确把握互联网用户的最新潮流和需求，通过大数据、人工智能等方法及时掌握甚至预测社会文化的前沿热点，在思考这些热点如何与中华优秀传统文化的有机结合时占据先机，并使得融合出版物更切中互联网用户的现实关注点。其次体现为能够熟练掌握前沿的技术手段，让中华优秀传统文化出版物拥有更前沿的呈现方式，并且在核心内容确定后，能够快速处理成人们所熟悉的各类互联网产品形态，更好地适应人们多样化的阅读需求。最后体现为掌握互联网信息传播的主动优势，能够借助推送提醒、热搜榜单、个性化推荐等方式，为广大用户第一时间精准推送相关内容，对于实体出版物和数字出版物都有极好的引流效果。

高等院校，特别是以出版学科、新闻传播学科为专业优势的院校拥有独特的智力支持作用。首先是出版活动作为商业行为，可能会在创新探索的过程中出现一些问题，高等院校能够通过对于行业现象的客观观察，及时指出其错误。其次是促进实践探索与理论研究的循环上升，各类出版机构取得的发展成果需要通过高等院校的科学研究进行理论抽象，才能更好地为其他机构的发展提供有益参考，而改进后的产业行为又促进了理论的再创新，形成良性循环。最后是为行业的发展输送优质人才，面向未来的融合出版需要一专多能的复合型人才，只有借助高等院校在人才培养上的强大力量，建设起涵盖各学历层次的人才培养体系和产教研协同体，才能培养出真正能够满足科技创新和文化创意双重要求的优质人才。

传统出版社、新型互联网平台和高等院校三方各有所长，而面向未来的中华优秀传统文化出版，对于整个出版行业而言可谓重任在肩。在今后的发展中，只有三方通力合作，通过积极的资源共享、信息共享、技术共享、品牌共享，才能真正实现对于中华优秀传统文化的守正创新，助推出版业真正的高质量发展。

四、结语

习近平总书记指出:"中华优秀传统文化是中华民族的精神命脉,是涵养社会主义核心价值观的重要源泉,也是我们在世界文化激荡中站稳脚跟的坚实根基。"在建设文化强国的时代命题中,出版必须发挥其为中华优秀传统文化繁荣与延续提供基础载体、为马克思主义出版观与中华优秀传统文化结合筑牢思想阵地的本质作用。面对文化数字化战略指引下的关键要求,出版需要依托融合出版把握时代机遇,坚持主流价值有效引领的核心原则,坚持科技创新与文化创意的双向促进,推动传统出版社、新型互联网平台和高等院校的通力合作,构建中华优秀传统文化出版的知识体系与实践模式,为增进文化自信自强、铸就社会主义文化新辉煌作出独特贡献。

党的新闻舆论工作前沿

从党的百年新闻实践中汲取理论自信*

在党的百年奋斗历程中,新闻事业是极为重要、极具特色的组成部分。从宣传党的纲领路线到联系组织发动群众,从弘扬主流价值观念到立体传播中国形象,经过百年探索,党领导的新闻事业在艰苦卓绝的实践中积累了丰富经验,逐步建立了切合中国实际、适应中国国情的中国特色社会主义新闻学理论体系。我们要立足百年经验成就,历史性地看待、把握和解释党的百年新闻实践,深刻理解和清晰阐释中国新闻事业的制度特征和优势所在,并从中汲取着眼未来长远发展的理论自信。

一、在发展新闻事业中坚守人民立场

"政治家办报"是马克思主义新闻观的一项基本原则。无论是马克思主义经典作家,还是历代中国共产党主要领导人,都将其作为指导新闻实践的核心理念。恩格斯曾提出党报必须由"真正具有革命思想和无产阶级思想"的人来办,毛泽东同志强调"政治家办报",邓小平同志强调党报要成为"思想中心",江泽民同志强调"坚持正确舆论导向",胡锦涛同志强调"贴近实际、贴近生活、贴近群众",习近平总书记强调"党媒姓党""人民至上""党性和人民性相统一",这些一脉相承的新闻理念,都是对马克思主义新闻理论的丰

---

* 本文原载于《光明日报》2021年12月17日第6版,与崔林、王婧雯合作,收入本书时略有删改。

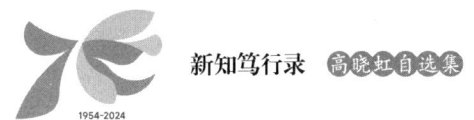

富、发展和深化。

历史地看,新闻媒体的政党属性起源于资产阶级革命。在西方资产阶级革命过程中,各政治党派的媒体成为宣传自己主张的喉舌和攻讦敌对派别的利器。西方资产阶级获得政权后,尽管以所谓"客观""公正""平衡"的报道吸引公众注意力,但党派属性作为其内在的基本性质并未真正弱化。在西方媒体市场化不断升级以攫取更多商业利润的背后,各大政党操控媒体以维护其党派利益的做法更是无处不在。

作为无产阶级政党,中国共产党与西方政党有着根本不同。习近平总书记指出,"中国共产党始终代表最广大人民根本利益,与人民休戚与共、生死相依,没有任何自己特殊的利益,从来不代表任何利益集团、任何权势团体、任何特权阶层的利益"。只有立足中国百年政党实践,才能深刻理解中国共产党人在新闻实践中的人民立场。

在对宣传思想战线和新闻舆论工作的重要讲话中,习近平总书记要求"树立以人民为中心的工作导向",指出"坚持人民性,就是要把实现好、维护好、发展好最广大人民根本利益作为出发点和落脚点,坚持以民为本、以人为本",强调"在理念思路、体制机制、方式方法上继续探索,在向基层拓展、向楼宇延伸、向群众靠近上继续下功夫,为人民群众提供更多更好的文化和信息服务"。在新闻实践中坚守人民立场,正是基于中国共产党代表的是全体人民而不是部分群体的根本利益,这一理念和实践不仅是无产阶级"政治家办报"传统和原则在新时代的传承和延续,更是基于百年政党实践对马克思主义新闻理论的时代化发展。做好新时代的新闻传播实践和理论研究,必须牢牢把握以人民为中心的发展思想,坚守人民立场,着眼人民群众在追求幸福美好生活过程中的根本利益和现实需要,推动新闻事业的发展创新。

二、发挥新闻媒体的社会组织功能

习近平总书记强调,要"坚持实事求是,从中国实际出发,洞察时代大势,把握历史主动,进行艰辛探索,不断推进马克思主义中国化时代化"。在百年奋斗历程中，党领导的新闻事业立足中国历史不同阶段的实际需求，在继承马克思主义经典新闻理论的过程中不断发展创新，将马克思主义新闻理论与中国具体新闻实践相结合，以新的理论指导新的实践。

在党领导的百年新闻实践中，创办机关报刊是一项重要经验和优良传统。这一经验和传统源自马克思、恩格斯、列宁等马克思主义经典作家的办报实践。马克思在恩格斯协助下创办了共产主义者同盟的中央机关报《新莱茵报》，并亲自担任总编辑。列宁在德国莱比锡创办了《火星报》，在宣传党的纲领路线、为建党奠定思想基础的同时，通过代办员网同各地方组织建立密切联系，为建党奠定了组织基础。列宁指出，报纸可以被比作脚手架，它被搭在正在建造的建筑物周围，显示出建筑物的轮廓，便于各个建筑工人进行联络，帮助他们分配工作和观察有组织的劳动所获的总成绩。

中国共产党十分重视报纸的作用，很早就创立并不断发展自己的机关报系统。中国共产党成立后，《向导》《中国青年》等党团机关报相继出版。在波澜壮阔的革命进程中，中央苏区的《红色中华》、国统区的《新华日报》以及延安的《解放日报》等，不仅是无产阶级革命运动的宣传工具，更是无产阶级政党的组织力量。中华人民共和国成立后，党在不断发展壮大报纸、广播、电视等新闻媒体的过程中，进一步加强媒体对国家建设和社会协调的组织性功能，建立起与中国政治制度和行政体系相适应的主流媒体阵地，在坚持舆论导向、促进社会公平、维护国家利益、应对重大灾难等方面显示了强大优势。

当前，随着信息技术不断升级，信息化、网络化、数字化成为社会发展的重要特征。习近平总书记强调："过不了互联网这一关，就过不了长期执政这一关。"我国主流媒体经过深度融合发展，逐步建立起覆盖全社会、聚合全功能、惠及全用户的全媒体传播体系，不仅成为引导群众的舆论阵地、社情民意的沟通渠道，更成为协同治理的重要手段、服务群众的聚合平台。新时代主流媒体的功能定位早已超出传统新闻传播的范畴，成为加强社会连接、动员公众参与、协同多元主体、创新社会治理的重要力量。"报纸不仅是集体的宣传员和集体的鼓动员，而且是集体的组织者"这一经典理论并没有因为媒介技术的迭代而黯然失色，相反，随着信息化、网络化的升级，新闻媒体的社会组织功能进一步增强。面对日新月异的技术革命和不断发展变化的社会现实，新时代新闻传播理论研究要在继承中创新，进一步将马克思主义新闻理论与中国新闻实践结合，逐步构建有现实解释力的新闻概念与逻辑体系，并在此基础上建立新闻传播学的"中国学派"。

三、结合实际国情开展制度实践

习近平总书记强调，"走自己的路，是党的全部理论和实践立足点，更是党百年奋斗得出的历史结论"。经过百年探索，党坚持走自己的路，坚持理论创新和实践创新，领导中国新闻事业逐步建立起一整套适应中国国情的媒体制度。

中华人民共和国成立后，除了创办报刊，还开始大力发展广播。改革开放后，随着电视的普及，"四级办电视"成为中国进入电子媒体传播时代之后的基本制度格局。在媒体融合发展的今天，中共中央办公厅、国务院办公厅印发的《关于加快推进媒体深度融合发展的意见》提出，要按照资源集约、结构合理、差异发展、协同高效的原则，完善中央媒体、省级媒体、市级媒体和县级融媒体中心四级融合发展布局。这一制度架构，是在延续发展以往制度优势的基础上确立的。

我国这种四级办媒体的制度设计，从根本上不同于西方商业媒体和公共媒体的二元制度架构。在西方商业媒体制度下，媒体主要按照市场结构划分为全国媒体与本地媒体，介于全国与城市之间的州级行政区域并不存在对应的区域传播媒体。而中国省级区域性传播十分重要而活跃，很多历史性传播活动、现象级传播内容都由这一级媒体创造。同时，在市场化冲击下，西方公共媒体举步维艰、日渐式微，相比较而言，改革开放以来中国广播电视业的大发展，正是国有媒体通过灵活的制度探索和调整而实现的。

在此背景下，中国媒体的制度实践早已超越西方媒体的理论框架。要对百年来的中国新闻实践进行合理解释，就必须结合中国制度和文化背景，在比较鉴别中读懂中国经验，并将这一经验从特殊性上升到一般性，从本土性上升到国际性，进而总结升华为具有国际意义的知识体系、理论体系和思想体系，与其他国家的媒介理论开展对话，在加快构建中国特色社会主义新闻学理论体系的进程中不断增强理论自信。

中心环节与五个使命[*]

——新形势下把握好新闻舆论工作的基点

随着党的十九大的胜利召开，中国特色社会主义进入新时代，党的宣传思想工作面临着新的形势、新的使命、新的任务。在新的时代背景下，全国宣传思想工作会议于2018年8月在北京召开，习近平总书记发表《举旗帜聚民心育新人兴文化展形象，更好完成新形势下宣传思想工作使命任务》的重要讲话。这是继五年前全国宣传思想工作会议召开以及习近平总书记发表"8·19"重要讲话之后，党中央对宣传思想工作作出的又一次阶段性总结和新的决策部署。习近平总书记的讲话是指导新形势下党的宣传思想工作的纲领性文件，具有重大的理论意义和实践价值，需要认真学习和研究。

一、新闻舆论工作的新时代背景与新要求

2018年召开的全国宣传思想工作会议，是在一个新的时代背景下召开的一次重要会议。2018年是全面贯彻落实党的十九大精神的开局之年，我国社会主义建设进入了"两个一百年"奋斗目标的历史交汇期和全面建成小康社会的决胜期；2018年是改革开放40周年，中国共产党领导下的中国特色社会主义道路极大地解放和发展了社会生产力，深刻地改变了中国社会的面貌，

---

[*] 本文原载于《中国广播电视学刊》2018年10期，被《新华文摘》2019年第1期全文转载，与涂凌波合作，收入本书时略有删改。

坚持全面深化改革是新时代中国特色社会主义的基本方略之一；2018年还是马克思诞辰200周年，正是以马克思主义为思想源泉，中国共产党人将马克思主义基本原理与中国革命和建设的实际相结合，使得中国成功走上了全面建设社会主义现代化强国之路。

在这样一个历史节点，党的宣传思想工作、新闻舆论工作在新的指导思想引领下，面对着新的战略任务和工作要求。2018年全国宣传思想工作会议明确提出："完成新形势下宣传思想工作的使命任务，必须以新时代中国特色社会主义思想和党的十九大精神为指导。"[1] 党的十八大以来，习近平总书记对加强和改进新闻舆论工作提出了一系列富有创见的新观点、新论断、新要求，形成了体系完整、科学系统的新闻思想，与我们党长期形成的新闻思想既一脉相承又与时俱进，丰富和发展了马克思主义新闻理论，是做好新时代党的新闻舆论工作的科学指南。[2]

在2018年全国宣传思想工作会议的讲话中，习近平总书记系统地总结回顾了过去五年多来宣传思想工作在各个战线上取得的成就，并站在党和国家全局的高度指出了宣传思想工作的重要性、时代性和规律性。五年前召开的全国宣传思想工作会议，主题是"把宣传思想工作做得更好"，会议对党的宣传思想工作作出了决策部署，成为党中央关于宣传思想工作一系列新思想、新观点、新论述的"新起点"。在2013年的"8·19"讲话中，习近平总书记强调了宣传思想工作作为意识形态工作的极端重要性，系统论述了宣传思想工作的各个方面，围绕中心、服务大局是工作的基本职责，胸怀大局、把握大势、着眼大势是工作的切入点，因势而谋、应势而为、顺势而动则是工作的方法论要求。[3] 在2016年召开的党的新闻舆论工作座谈会上，习近平总书

---

[1] 习近平.举旗帜聚民心育新人兴文化展形象 更好完成新形势下宣传思想工作使命任务［EB/OL］.（2018-08-22）［2018-08-24］.http://www.xinhuanet.com/politics/leaders/2018/08/22/c_1123310844.htm.
[2] 中共中央宣传部.习近平新闻思想讲义（2018年版）［M］.北京：人民出版社，2018：1-3，46-47，49，50.
[3] 习近平论新闻舆论工作［Z］.新华通讯社，2017：25-26.

记对党的新闻舆论工作的定位是"一项重要工作""一件大事""五个事关",并指出要适应国内外形势发展,从党的工作全局出发把握定位。①这一系列重要讲话,充分阐释了新闻舆论工作在党和国家的建设中承担的重要角色、任务使命、工作要求,思想上一脉相承,构成了系统的论述。无论是理论上还是实践上,习近平总书记高度肯定了党的十八大以来党的宣传思想工作取得的成就,并指出:"实践证明,党中央关于宣传思想工作的决策部署是完全正确的,宣传思想战线广大干部是完全值得信赖的。"②

在讲话中,习近平总书记将不断深化对宣传思想工作的规律性认识概括为九个方面的"坚持",并指出"这些重要思想,是做好宣传思想工作的根本遵循,必须长期坚持、不断发展",九个"坚持"涵盖了党对意识形态工作的领导权,思想工作的根本任务,新时代中国特色社会主义思想,社会主义核心价值观,文化自信,提高新闻舆论传播力、引导力、影响力、公信力,以人民为中心的创作导向,营造风清气正的网络空间,讲好中国故事、传播好中国声音。③这九个方面既是对党的宣传思想工作规律的总结和概括,也是在新时代的背景下对宣传思想工作提出的总体要求。

马克思主义新闻观是一个开放的理论体系,始终在与时俱进、不断发展完善。④习近平新闻思想为马克思主义新闻观中国化提供了最新的思想成果。⑤在讲话中,习近平总书记明确指出了一个"中心环节"和五个"使命任务":"中国特色社会主义进入新时代,必须把统一思想、凝聚力量作为宣传思想工

---

① 习近平论新闻舆论工作[Z].新华通讯社,2017:35-36.
② 习近平.举旗帜聚民心育新人兴文化展形象 更好完成新形势下宣传思想工作使命任务[EB/OL].(2018-08-22)[2018-08-24]. http://www.xinhuanet.com/politics/leaders/2018/08/22/c_1123310844.htm.
③ 习近平.举旗帜聚民心育新人兴文化展形象 更好完成新形势下宣传思想工作使命任务[EB/OL].(2018-08-22)[2018-08-24]. http://www.xinhuanet.com/politics/leaders/2018/08/22/c_1123310844.htm.
④ 本书编写组.实践中的马克思主义新闻观:新闻报道经典案例评析[M].北京:高等教育出版社,2015:1.
⑤ 中共中央宣传部.习近平新闻思想讲义(2018年版)[M].北京:人民出版社,2018:1-3,46-47,49,50.

作的中心环节""必须自觉承担起举旗帜、聚民心、育新人、兴文化、展形象的使命任务"。这既是对党的宣传思想工作的规律性认识,又是在新的时代条件下对宣传思想工作提出的新要求,与上述的九个方面的"坚持"相对应,具有思想上的传承性和鲜明的时代性。新闻舆论工作作为宣传思想工作的重要组成部分,九个方面的总体要求、一个"中心环节"和五个"使命任务",是新形势下把握好新闻舆论工作的基点。

二、新提法:新闻舆论工作的中心环节

实事求是是马克思主义中国化的理论精髓,与时俱进是马克思主义新闻观的历史发展过程。从党和国家工作的全局出发,中国共产党领导人对宣传思想工作、新闻舆论工作有着既一脉相承又富于时代特征的论述。在今年的全国宣传思想工作会议上,习近平总书记指出:"中国特色社会主义进入新时代,必须把统一思想、凝聚力量作为宣传思想工作的中心环节。"①

宣传思想工作的"中心环节"这一新提法,与党的十九大确立的奋斗目标紧密相关。党的十九大报告指出:从十九大到二十大,是"两个一百年"奋斗目标的历史交汇期。我们既要全面建成小康社会、实现第一个百年奋斗目标,又要乘势而上开启全面建设社会主义现代化国家新征程,向第二个百年奋斗目标进军。②为了实现"两个一百年"奋斗目标、夺取中国特色社会主义新胜利,这就是当前和未来很长一段时间党的新闻舆论工作面临的新形势、新任务,是必须围绕和服务党和国家的工作大局,宣传思想工作者、新闻舆论工作者因此

---

① 习近平.举旗帜聚民心育新人兴文化展形象 更好完成新形势下宣传思想工作使命任务[EB/OL].(2018-08-22)[2018-08-24]. http://www.xinhuanet.com/politics/leaders/2018/08/22/c_1123310844.htm.
② 习近平.决胜全面建成小康社会 夺取新时代中国特色社会主义伟大胜利——在中国共产党第十九次全国代表大会上的报告[EB/OL].(2017-10-27)[2018-01-07]. http://www.xinhuanet.com/politics/19cpcnc/2017-10/27/c_1121867529.htm.

"更加需要坚定自信、鼓舞斗志,更加需要同心同德、团结奋斗"①。

站在新时代、新的奋斗目标的历史节点,回顾改革开放的发展历程,习近平主席在博鳌亚洲论坛2018年年会上谈道:"中国人民坚持聚精会神搞建设、坚持改革开放不动摇,持之以恒,锲而不舍,推动中国发生了翻天覆地的变化。……中国进行改革开放,顺应了中国人民要发展、要创新、要美好生活的历史要求,契合了世界各国人民要发展、要合作、要和平生活的时代潮流。"② 团结一致,凝心聚力,全心全意搞建设,一心一意谋发展,这正是改革开放以来中国特色社会主义建设取得举世瞩目成就的重要经验之一。1978年,《实践是检验真理的唯一标准》拉开了一场伟大的思想解放运动,党的十一届三中全会开启了波澜壮阔的改革开放历程。在以经济建设为中心的改革开放新时期,邓小平从实际工作出发,专门指出了新闻媒体的基本任务,"要使我们党的报刊成为全国安定团结的思想上的中心。报刊、广播、电视都要把促进安定团结,提高青少年的社会主义觉悟,作为自己的一项经常性的、基本的任务"③。

促进社会的安定团结,用新闻媒体来推动实际工作,是党的新闻舆论工作的重要任务。习近平同志在福建宁德地区工作时,有一篇题为《把握好新闻工作的基点》的重要讲话,其中谈道:"当前我国改革正处于关键的时期,人们的思想心态是多种多样的,各种利益关系不断地发生摩擦。如何解决这些问题,很重要的一点,就是要充分发挥新闻媒介宣传改革、宣传党的政策的作用。……善于运用新闻推动工作,实际上是一种领导水平和现代工作方法的表现。"④

---

① 习近平.举旗帜聚民心育新人兴文化展形象 更好完成新形势下宣传思想工作使命任务[EB/OL].(2018-08-22)[2018-08-24]. http://www.xinhuanet.com/politics/leaders/2018/08/22/c_1123310844.htm.
② 习近平.举旗帜聚民心育新人兴文化展形象 更好完成新形势下宣传思想工作使命任务[EB/OL].(2018-08-22)[2018-08-24]. http://www.xinhuanet.com/politics/leaders/2018/08/22/c_1123310844.htm.
③ 邓小平.邓小平文选:第2卷[M].北京:人民出版社,1994:255.
④ 习近平论新闻舆论工作[Z].新华通讯社,2017:6-7.

在中国特色社会主义进入新时代的历史背景下，习近平总书记强调宣传思想工作的"中心环节"具有深意。在2018年的全国宣传思想工作会议上，习近平总书记高度肯定了党的十八大以来宣传思想工作取得的重要成就，包括党的理论创新全面推进、中国特色社会主义和中国梦深入人心、社会主义核心价值观和中华优秀传统文化广泛弘扬、主流思想舆论不断巩固壮大、文化自信得到彰显等方面。① 同样应当看到，党的新闻舆论工作在取得显著成就的同时，还面临着一些新的挑战。例如，从全球范围来看，世界进入大发展大变革大调整时期，"逆全球化"势头持续升温，国际局势复杂多变，中美贸易摩擦不断，国际舆论场争夺话语权十分激烈，我国的国际传播能力与综合国力提升不相适应；从国内经济社会发展来看，发展不平衡不充分的问题有待解决，城乡区域发展和收入分配差距依然较大，社会矛盾和问题交织叠加，意识形态领域斗争依然复杂；从传播技术发展来看，媒介技术与媒介环境正在发生深刻变革，互联网带来了前所未有的机遇与挑战，互联网安全问题越发关键，互联网治理水平事关党和国家工作的大局；等等。

这些都是当前新闻舆论工作面临的新形势、新挑战、新问题，绝不可等闲视之。新的情况层出不穷，舆论场也表现得"众声喧哗"，不仅观点和意见呈现多样化的态势，一些极端的声音也时有出现，盲目自信和极度悲观夹杂其中，舆论不时被网络情绪所裹挟。习近平总书记指出，要发挥网络引导舆论、反映民意的作用，"如果一个社会没有共同理想，没有共同目标，没有共同价值观，整天乱哄哄的，那就什么事也办不成。……凝聚共识工作不容易做，大家要共同努力。为了实现我们的目标，网上网下要形成同心圆。"② 因此，要做好新闻舆论工作，特别是在互联网传播环境下做好新闻舆论工作，强调这一"中心环节"十分重要，讲话中把"中心环节"表述为：统一思想、凝聚力量，坚定自信、鼓舞斗志，同心同德、团结奋斗。总而言之，新闻舆

---

① 习近平. 举旗帜聚民心育新人兴文化展形象 更好完成新形势下宣传思想工作使命任务［EB/OL］.（2018-08-22）［2018-08-24］. http://www.xinhuanet.com/politics/leaders/2018-08/22/c_1123310844.htm.
② 习近平论新闻舆论工作［Z］. 新华通讯社，2017：109-110.

论工作应该紧紧围绕新时代中国特色社会主义的奋斗目标,增强中华民族共同体的信心和凝聚力。

在具体阐释这一"中心环节"时,习近平总书记提出了四个"必须":一是必须把人民对美好生活的向往作为我们的奋斗目标,既解决实际问题又解决思想问题,更好强信心、聚民心、暖人心、筑同心;二是必须既积极主动阐释好中国道路、中国特色,又有效维护我国政治安全和文化安全;三是必须坚持以立为本、立破并举,不断增强社会主义意识形态的凝聚力和引领力;四是必须科学认识网络传播规律,提高用网治网水平,使互联网这个最大变量变成事业发展的最大增量。①四个"必须"说得很具体,很实在,对新闻舆论工作的具体实践很有指导性。尤其是在我国社会主要矛盾发生转化的当下,如何充分报道、反映人民群众关心的美好生活的重要问题,对于增强社会主义意识形态的凝聚力十分重要。在这里,可以看到坚定的党性原则、党性与人民性的统一、遵循新闻传播规律、坚持新闻真实原则等一以贯之的要求。

在全国宣传思想工作会议的讲话中,习近平总书记还指出,"建设具有强大凝聚力和引领力的社会主义意识形态,是全党特别是宣传思想战线必须担负起的一个战略任务"②。这一战略任务与前述宣传思想工作的"中心环节"是紧密结合在一起的。围绕这一战略任务,从新闻舆论工作的角度出发,要把握正确舆论导向,提高新闻舆论传播力、引导力、影响力、公信力,巩固壮大主流思想舆论。讲话中还有两点需要注意:一是要扎实抓好县级融媒体中心建设,更好引导群众、服务群众;二是压实压紧各级党委(党组)责任,做到任务落实不马虎、阵地管理不懈怠、责任追究不含糊。这两点分别

---

① 习近平.举旗帜聚民心育新人兴文化展形象 更好完成新形势下宣传思想工作使命任务[EB/OL].(2018-08-22)[2018-08-24]. http://www.xinhuanet.com/politics/leaders/2018-08/22/c_1123310844.htm.

② 习近平.举旗帜聚民心育新人兴文化展形象 更好完成新形势下宣传思想工作使命任务[EB/OL].(2018-08-22)[2018-08-24]. http://www.xinhuanet.com/politics/leaders/2018-08/22/c_1123310844.htm.

从基层新闻舆论工作创新和主体责任的角度,谈到了如何更好地坚持新闻舆论工作的中心环节、完成意识形态的战略任务。这两点提法,看到了当前实际的新闻舆论工作中还存在的不足和问题,并且提出了具体的、方向性的要求。

可以看到,这些表述与"8·19"讲话、"8·18"讲话、"2·19"讲话等重要论述具有内在的一致性,是习近平总书记关于新闻舆论工作系统的、全面的论述的组成部分。与此同时,讲话体现出鲜明的时代特征,尤其是围绕党的十九大报告确立的党和国家的奋斗目标,强调了宣传思想工作、新闻舆论工作的"中心环节",并将之与建设社会主义意识形态的战略任务结合起来。一个中心环节、一个战略任务,这是新的时代背景下党对新闻舆论工作提出的新要求。

三、新任务:新闻舆论工作的五个使命

在全国宣传思想工作会议的讲话中,习近平总书记指出:"做好新形势下宣传思想工作,必须自觉承担起举旗帜、聚民心、育新人、兴文化、展形象的使命任务。"[①] 这五个使命任务,是新形势下党的新闻舆论工作应当遵循的职责与要求。在2016年党的新闻舆论工作座谈会上,习近平总书记提出了新闻舆论工作的职责使命是六个方面、"48个字"要求。五个使命任务的论述,相对于"48个字"要求是一种新的提法,但其在思想观念上与"48个字"要求有着内在的一致性,在内涵上可以看作对"48个字"要求的进一步阐释。

第一,"举旗帜"主要对应的是"高举旗帜、引领导向"和"围绕中心、服务大局"两点要求,即要求把政治方向摆在第一位,要求牢牢坚持党性原则,要求增强"四个意识"。习近平总书记指出:"举旗帜,就是要高举马克思主义、中国特色社会主义的旗帜,坚持不懈用新时代中国特色社会主义思

---

① 习近平.举旗帜聚民心育新人兴文化展形象 更好完成新形势下宣传思想工作使命任务[EB/OL].(2018-08-22)[2018-08-24]. http://www.xinhuanet.com/politics/leaders/2018-08/22/c_1123310844.htm.

想武装全党、教育人民、推动工作,在学懂弄通做实上下功夫,推动当代中国马克思主义、21世纪马克思主义深入人心、落地生根。"①新的时代,党的新闻舆论工作必须在习近平新时代中国特色社会主义思想和党的十九大精神的指导下,把党的创新理论、新的政策方针学懂弄通,还要加强传播手段和话语方式创新,让党的创新理论"飞入寻常百姓家"。"高举旗帜、引领导向,是新闻舆论工作政治性和导向作用的集中体现,关系旗帜、道路、方向这些关乎党和国家前途命运的根本性问题。"②

第二,"聚民心"主要对应的是"团结人民、鼓舞士气"的要求。"团结人民、鼓舞士气,是新闻舆论工作人民性和鼓动作用的集中体现,关系落实党全心全意为人民服务的宗旨,关系党性和人民性的统一。"③党在领导革命和建设过程中,一直特别注重发挥媒体的宣传和鼓动作用。1948年,毛泽东在《对晋绥日报编辑人员的谈话》中谈道:"马克思列宁主义的基本原理,就是要使群众认识自己的利益,并且团结起来,为自己的利益而奋斗。报纸的作用和力量,就在于它能使党的纲领路线,方针政策,工作任务和工作方法,最迅速最广泛地同群众见面。"④

坚持以人民为中心,坚持团结稳定鼓劲、正面宣传为主,弘扬主旋律、传播正能量,是党的新闻舆论工作的优良传统,有利于充分发挥新闻媒体团结人民、鼓舞士气的作用。习近平总书记进一步指出:"聚民心,就是要牢牢把握正确舆论导向,唱响主旋律,壮大正能量,做大做强主流思想舆论,把全党全国人民士气鼓舞起来、精神振奋起来,朝着党中央确定的宏伟目标团

---

① 习近平.举旗帜聚民心育新人兴文化展形象 更好完成新形势下宣传思想工作使命任务[EB/OL].(2018-08-22)[2018-08-24]. http://www.xinhuanet.com/politics/leaders/2018/08/22/c_1123310844.htm.
② 中共中央宣传部.习近平新闻思想讲义(2018年版)[M].北京:人民出版社,2018:1-3,46-47,49,50.
③ 中共中央宣传部.习近平新闻思想讲义(2018年版)[M].北京:人民出版社,2018:1-3,46-47,49,50.
④ 中共中央文献研究室,新华通讯社.毛泽东新闻工作文选[M].北京:新华出版社,2014:188.

结一心向前进。"①

第三,"育新人""兴文化"这两大使命任务主要对应的是"成风化人、凝心聚力"的要求。习近平总书记强调:"育新人,就是要坚持立德树人、以文化人,建设社会主义精神文明、培育和践行社会主义核心价值观,提高人民思想觉悟、道德水准、文明素养,培养能够担当民族复兴大任的时代新人。兴文化,就是要坚持中国特色社会主义文化发展道路,推动中华优秀传统文化创造性转化、创新性发展,继承革命文化,发展社会主义先进文化,激发全民族文化创新创造活力,建设社会主义文化强国。"②

对于党的宣传思想工作全局而言,育新人、兴文化的任务十分重要,宣传思想工作归根结底是做人的工作,而思想文化的传承与发展更是历久弥新、生生不息的坚实内核。因此,在2018年的全国宣传思想工作会议的讲话中,有两个长段落分别谈到了"如何培养担当民族复兴大任的时代新人、大力弘扬时代新风",以及"如何引导广大文化文艺工作者深入生活、扎根人民,推动公共文化服务和文化产业发展"。对于新闻舆论工作而言,弘扬社会正风正气、传播中华优秀文化、培育社会主义新人同样是重要的职责。"成风化人、凝心聚力,是新闻舆论工作文化性和教育作用的集中体现,关系树立社会主义核心价值观,关系形成良好社会风尚、社会面貌。"③在新的形势下,尤其是互联网传播环境下如何"育新人""兴文化"是一个突出的问题。习近平总书记多次指出:"要创新改进网上宣传,运用网络传播规律,弘扬主旋律,激发正能量,大力培育和践行社会主义核心价值观"④"依法加强网络空间治

---

① 习近平. 举旗帜聚民心育新人兴文化展形象 更好完成新形势下宣传思想工作使命任务[EB/OL].(2018-08-22)[2018-08-24]. http://www.xinhuanet.com/politics/leaders/2018/08/22/c_1123310844.htm.
② 习近平. 举旗帜聚民心育新人兴文化展形象 更好完成新形势下宣传思想工作使命任务[EB/OL].(2018-08-22)[2018-08-24]. http://www.xinhuanet.com/politics/leaders/2018/08/22/c_1123310844.htm.
③ 中共中央宣传部. 习近平新闻思想讲义(2018年版)[M].北京:人民出版社,2018:1-3,46-47,49,50.
④ 习近平论新闻舆论工作[Z].新华通讯社,2017:95.

理，加强网络内容建设，做强网上正面宣传，培育积极健康、向上向善的网络文化……为广大网民特别是青少年营造一个风清气正的网络空间"①。

第四，"展形象"主要对应的是"联接中外、沟通世界"的要求。习近平总书记指出："展形象，就是要推进国际传播能力建设，讲好中国故事、传播好中国声音，向世界展现真实、立体、全面的中国，提高国家文化软实力和中华文化影响力。"②

党的十八大以来，习近平总书记多次论述让世界认识一个立体多彩的中国、讲好中国故事、争取国际话语权、加强对外传播话语体系建设、打造融通中外的新概念新范畴新表述、加强建设外宣旗舰媒体等新内容，形成了系统的国际传播能力建设思想。在2018年的全国宣传思想工作会议讲话中，除了"展形象"的使命任务外，还有一段专门的论述指出："要不断提升中华文化影响力，把握大势、区分对象、精准施策，主动宣介新时代中国特色社会主义思想，主动讲好中国共产党治国理政的故事、中国人民奋斗圆梦的故事、中国坚持和平发展合作共赢的故事，让世界更好了解中国。"③ 对于新闻舆论工作而言，从工作理念（创新宣传理念、创新运行机制）、方法论（把握大势、区分对象、精准施策）、传播内容（一个"思想"、三个"故事"）等方面提出了具体可行的实践举措。

最后要指出，"48个字"要求中的"澄清谬误、明辨是非"尽管没有直接体现在五个使命任务中，但是讲话中提到了"要旗帜鲜明坚持真理，立场坚定批驳谬误""要压实压紧各级党委（党组）责任"，这就是要求新闻舆论工作要守土有责、激浊扬清、批驳谬误。此外，讲话还指出要加强作风建设，坚决纠正"四风"特别是形式主义、官僚主义。新闻舆论工作中的文风问题、

---

① 习近平论新闻舆论工作［Z］.新华通讯社，2017：95.
② 习近平.举旗帜聚民心育新人兴文化展形象 更好完成新形势下宣传思想工作使命任务［EB/OL］.（2018-08-22）［2018-08-24］.http://www.xinhuanet.com/politics/leaders/2018/08/22/c_1123310844.htm.
③ 习近平.举旗帜聚民心育新人兴文化展形象 更好完成新形势下宣传思想工作使命任务［EB/OL］.（2018-08-22）［2018-08-24］.http://www.xinhuanet.com/politics/leaders/2018/08/22/c_1123310844.htm.

形式主义问题不容小视,习近平总书记多次强调过这一问题,2018年7月人民网也连发三篇评论员文章批评浮夸自大的文风,这正是对习近平总书记倡导清新文风的贯彻落实。①

四、结语

思想观念的创新对于实践具有重要的指导意义。学习贯彻习近平总书记在全国宣传思想工作会议上的重要讲话精神,要充分理解党的十八大以来宣传思想工作的重大成果、要充分领会新形势下宣传思想工作的使命任务、要深刻认识新形势下宣传思想工作的重点工作。②习近平总书记在讲话中13次提到"人民",6次提到"新形势",5次提到"使命任务"。这一讲话的落脚点,同样体现了以人民为中心的鲜明立场。"以人民为中心,是习近平新时代中国特色社会主义思想的精髓。习近平新闻思想的鲜明特征就是人民至上。"③

讲话将党的十八大以来党对宣传思想工作的规律性认识概括为九个"坚持",在新形势下提出了宣传思想工作应当坚持的"中心环节"、应当承担的五项使命任务。讲话还指出,"在基础性、战略性工作上下功夫,在关键处、要害处下功夫,在工作质量和水平上下功夫,推动宣传思想工作不断强起来"。这些提法和新的要求,是新形势下把握好新闻舆论工作的基点,对于开展新闻舆论工作、开创宣传思想工作新局面具有理论和实践的指导意义。

---

① 林峰.人民网三评浮夸自大文风之:文章不会写了吗?[EB/OL].(2018-07-18)[2018-08-23].http://media.people.com.cn/n1/2018/0718/c192371-30156075.html.

又观.人民网三评浮夸自大文风之二:中国人不自信了吗?[EB/OL].(2018-07-18)[2018-08-23].http://media.people.com.cn/n1/2018/0718/c192362-30156076.html.

艾梧.人民网三评浮夸自大文风之三:文风是小事吗?[EB/OL].(2018-07-18)[2018-08-23].http://media.people.com.cn/n1/2018/0718/c192362-30156080.html.

② 本报评论员.努力开创宣传思想工作新局面:论学习贯彻习近平总书记在全国宣传思想工作会议重要讲话精神[N].人民日报,2018-08-24(01).

③ 中共中央宣传部.习近平新闻思想讲义(2018年版)[M].北京:人民出版社,2018:1-3,46-47,49,50.

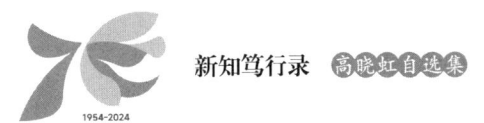

新时代新闻舆论工作的价值坚守与路径创新*

2017 年是伟大时代的开局之年,党的十九大胜利召开,不仅为党和国家设定了目标,也为新闻传播工作绘制了"蓝图"。走在新时代的新征程上,创新传播观念、丰富传播手段,记录马克思主义中国化的最新成果、聚焦中国特色社会主义的丰富实践,是新闻战线学习贯彻党的十九大精神的目标与方向。通过学习党的十九大报告和新修订的党章,我们深刻认识到,习近平新时代中国特色社会主义思想是马克思主义基本原理与中国实际相结合的又一次飞跃。在新闻传播领域,习近平新时代中国特色社会主义思想闪烁着马克思主义新闻观的思想光辉,对于强化主流价值的引领力、提升主流媒体的传播力、扩大主流宣传的影响力具有重要意义,是新闻工作者认识中国、解读中国、报道中国的根本指南。

一、坚持正确导向,彰显新时代新成就

随着党的十九大的胜利召开,在习近平新时代中国特色社会主义思想的指引下,媒体融合深入推进,国际传播谱写新篇,信息传播领域进入了转型与发展的重要时期。新闻媒体是党和国家宣传思想工作的重要阵地,是社会主义意识形态的重要载体。在"五位一体"总体布局和"四个全面"战略布

---

* 本文原载于《中国编辑》2017 年第 12 期,被《新华文摘》2018 年第 6 期全文转载,与赵希婧合作,收入本书时略有删改。

局下，牢记以马克思主义新闻观为指导，记录时代发展、聚焦辉煌成就、讲好中国故事、繁荣社会文化，成为行业管理者、媒体传播者、新闻教育者的新职责、新使命。

第一，围绕重大题材，聚焦国家发展。2017年是继往开来、承前启后的关键节点，为新闻工作者的报道与创作积累了重要素材。这一年，针对过去五年砥砺奋进的成就，围绕新时代的创新发展，中央媒体开展了一系列主题鲜明、内容丰富、形式多样、效果突出的主旋律报道，不仅体现了主流媒体坚定党性的政治立场，也反映了其较强的创新意识，产生了广泛的社会影响，赢得了受众口碑。

回顾过去的一年，《辉煌中国》《将改革进行到底》等一大批主旋律电视剧亮相央视荧屏，记录了峥嵘岁月的浴血奋斗，展示了和平年代的伟大成就，并将重大题材的视听传播与社交平台有机结合，"圈粉"年轻受众。以《辉煌中国》为例，电视片热播期间，在共享单车的车轮上，在城市地标的建筑上，在咖啡店的咖啡杯上，都能看到电视剧的宣传语——"厉害了，我的国"。创作者改变传统思维，创新话语模式，借助多元传播平台，将《辉煌中国》融入百姓生活，将"为党加油，给党点赞"植入日常实践，实现了政治传播的软着陆。

第二，关注现实生活，反映人民心声。脚下沾有多少泥土，心中沉淀多少真情。即便在信息化时代，"走基层"依然是新闻媒体的主要任务，"冒热气"的新闻作品永远是新闻记者的不变追求。当下，如何通过贴切的语言、鲜活的镜头，记录人民群众学习贯彻党的十九大精神的新故事，反映中国人民敢于做梦、勇于追梦、努力实现"中国梦"的伟大心声，是新闻战线的主要任务。

近几年来，主流媒体的基层报道往往通过小视角彰显大情怀，有声有色，感人至深。以新华社的农历新年"第一推"《小账本连着大情怀》、拥有七年积累的央视名牌栏目《远方的家》等优秀作品为代表，主流媒体将镜头对准了祖国大地的村落人家，将触角延伸至"一带一路"共建国家，把党和国家惠及民生的政策主张转化为故事化、可视化的新闻表达，将国际合作、国家战略等重大决策具象到平凡百姓的生活景象，通过真实、生动、见微知著的中国故事，阐释"中国梦"的深刻内涵，构筑了一幅幅奋勇向上、立体多彩的中国景象。

第三，激发真挚情感，营造良好氛围。依托微博、微信等个人社交媒体，用户既是使用者也是传播者，舆论信息呈爆炸式增长。在不同声音、多元观点的信息格局中，主流媒体要想掌握话语权、占有主动权，必须拿捏舆论引导的时度效，强化导向、注重思想、传递情感，避免"刻板效应"，要以入耳、入脑、入心的新闻报道，提升正确舆论的引导效果，营造团结、稳定、鼓劲的舆论局面。

如何让宏大叙事直抵人心？党的十九大首次开设了"党代表通道"，60名党代表直面中外媒体、回应社会关切。当选党的十九大代表的台湾同胞卢丽安说："我爱台湾，也爱大陆，就像爱自己的爸爸妈妈。"① 国家超级计算天津中心的孟祥飞代表说："10月18日是十九大开幕的日子，也是我38岁生日。"② 在这条通道上，党代表们谈使命、讲担当、话憧憬，将个人命运与时代洪流、国家发展关联交织，通过个人化的视角、个性化的表达，塑造了一个个富有家国情怀、饱含真挚情感的共产党员形象，激发了全社会爱党爱国的深层情感。

二、重视观念创新，打造新型主流媒体

迈入新时代，深入推进传统媒体和新兴媒体融合发展，不断完善主流传播体系、提升舆论引导水平，是党和国家建设与巩固意识形态阵地的主要落点。党的十九大报告指出，要"高度重视传播手段建设和创新，提高新闻舆

---

① 吴亮.十九大代表卢丽安：我以台湾的女儿为荣我以生为中国人为傲［EB/OL］.（2017-10-19）［2017-10-31］.https://news.cyol.com/content/2017-10/19/content_16600674.htm.

② 张烁.大会开幕当天过生日的孟祥飞代表：我对建设创新强国充满信心［EB/OL］.（2017-10-20）［2017-10-31］.http://politics.people.com.cn/n1/2017/1020/c1001-29597524.html.

论传播力、引导力、影响力、公信力"①。作为新闻媒体，如何依托终端多样、渠道丰富、内容多元的融合传播体系，立足有效的平台、选择恰当的时机、采取有效的方式，加快新闻生产的速度、提升新闻传播的效果，已经时不我待、迫在眉睫。

第一，加强平台统筹，促进融合共通。长久以来，传统媒体与新媒体的关系都是新闻传播学界、业界争论的焦点。在互联网发展初期，对于传统媒体而言，新媒体意味着威胁和挑战，两者甚至有过"存亡之争"。经过几年的磨合，实践证明，媒体发展不是"舍旧迎新"，而是"融合创新"，媒体之间已经从封闭竞争演变成强强联合，从"我中有你，你中有我"发展为"我就是你，你就是我"。

以人民日报"中央厨房"、湖北广电"长江云"平台为例，传统媒体与新兴媒体尝试基于同一平台，各自汲取养分、生成不同产品、协力完成报道，真正做到一次采集、多种生成、多元传播。在2017年两会期间，人民日报"中央厨房"邀请了全国15家主流媒体"同做一桌餐"，形成了报、台、网、微、端统一调配、各大主流媒体融会贯通的两会报道格局。②在党的十九大期间，基于湖北广电"长江云"平台，前后方报道团队实时互动，通过多种融合报道手段展现大会盛况，真正做到了新闻生产的多元化、媒介形态的聚合化、传播效果的极大化。

第二，融入前沿技术，丰富传播形态。党的十九大报告指出，"创新是引领发展的第一动力"③。新闻传播是紧跟技术发展、依托技术创新的行业。置身新媒体时代，主流媒体既要坚持传统，也要寻求突破，要拥抱新技术、善用新技术，通过拓展传播路径、创新传播手段、重组传播平台，提供高质量、

---

① 习近平.决胜全面建成小康社会夺取新时代中国特色社会主义伟大胜利——在中国共产党第十九次全国代表大会上的报告［M］.北京：人民出版社，2017.
② 向网而生：网络原创节目发展系列研讨之短微视频［EB/OL］.（2017-03-23）［2017-11-01］.http://www.sohu.com/a/129984847_570240.
③ 习近平.决胜全面建成小康社会夺取新时代中国特色社会主义伟大胜利——在中国共产党第十九次全国代表大会上的报告［M］.北京：人民出版社，2017.

高效率的新闻信息，提升新闻报道的传播力和影响力，塑造新时代主流媒体的新形象。

近年来，新技术驱动下的新闻传播研究与实践不胜枚举。以无人机航拍为例，2017年，在"一带一路"倡议的大背景下，央视推出了系列报道——航拍丝路，以全息化视角和全局化景观，形成广阔、直观的视觉体验，讲述丝路传奇故事，展现"一带一路"共建国家的国土风貌，让"一带一路"可感可知。在舆情研究与舆论引导领域，大数据发挥了重要作用。基于数据挖掘及可视化的舆情分析，能够有效揭示信息传播的形成原因、内在联系和发展趋向，及时发出正确预警，提供科学决策建议，提升舆情报道和舆论引导的精准化和现代化水平。

第三，生产创新产品，活跃受传互动。随着新媒体的蓬勃发展，场景化、社交化成为新闻传播的新特点，用户既可以从中接收信息，也可以借助点赞、评论、转发等方式表明个人态度，产生二次或多次传播。近几年，主流媒体不仅注意到了这一现象，而且积极付诸实践，深耕网上、网下两块阵地，涌现出了一大批别出心裁、易于互动的融媒体产品，富有政治性、思想性和创新性。

例如，北京市网信办、北京晚报、首都互联网协会与中国传媒大学联合推出了"2017年首都两会"系列H5报道，将政务传播与微信社交有机结合，在微信朋友圈一传十、十传百，首都市民点击H5，即可纵观两会现场，了解政府声音。党的十九大期间，中国青年报·中青在线融媒工作室推出的《十九大报告里的我》颇具创意。点开这款产品，上传个人信息，党的十九大报告中与自身相关的内容便一一呈现。从两会报道到党的十九大宣传，主流媒体基于H5等程序的融合传播内容之多、细节之妙，使之一经推送便引发热烈互动。

三、讲好中国故事，构建全球传播体系

党的十九大报告指出，要"推进国际传播能力建设，讲好中国故事，展

现真实、立体、全面的中国，提高国家文化软实力"①。今天，国际传播的地位和作用日益凸显，它不仅代表了国家媒体的发展水平，也关系到国家形象、国家利益和国家战略发展，更承担着构建人类命运共同体的新职责、新使命。如何根据新形势、新任务、新要求，努力建设与新时代相适应的国际传播体系，彰显大国风范和担当、引领协同创新和发展，是当下国际传播领域的新命题。

第一，展现文化自信，塑造大国形象。论及中国文化，其中既包括舍生取义、自强不息、以和为贵、和绥四方、礼通天下等代代传承的传统文化，也包含承前启后、继往开来的社会主义先进文化。向世界传播中国文化，是一个不忘初心、开拓创新的过程，不仅要以五千年的华夏文明为基础，梳理中国文化的发展脉络，更要注重反映当代大众的文化需求，呈现新时代东方大国的风采与风貌。

以视听传播为例，凭借具有时代特色的视听语言，将源远流长的传统文化与社会主义核心价值观有机结合，是树立国家形象、体现文化自信的主要途径。近几年，在电视荧屏上，晓之以理、动之以情的文化传播尝试不胜枚举。2017年，百集大型纪录片《记住乡愁》第三季登上央视国际频道，并在国内外得到广泛传播。创作者聚焦家国情怀、浓缩千年文化，作品中既有祖国四方的大好河山、山村田园，也有"孝悌忠信礼义廉耻"的代代传承、历久弥新，更有当代中国人自强自信、开创新篇的生活图景。一个文化大国跃然荧屏，深入人心。

第二，讲好中国故事，传播中国声音。在砥砺奋进的这五年中，"中国故事"走出国门、走向世界。一方面，"中国故事"以故事为载体，将中国共产党执政为民的新理念、新实践，以及国家发展、民生民情娓娓道来；另一方面，"中国故事"反映出中国与世界的紧密联系，在"一带一路"倡议的大背景下，通过故事化叙事和细节化表达，让构建人类命运共同体的中国主张在

---

① 习近平.决胜全面建成小康社会夺取新时代中国特色社会主义伟大胜利——在中国共产党第十九次全国代表大会上的报告[M].北京：人民出版社，2017.

周边国家落地生根。

2017年5月14日,"一带一路"国际合作高峰论坛在北京召开。从5月8日开始,中国日报通过网站、移动客户端、海内外社交媒体等平台推出了"一带一路"主题系列微视频《艾瑞克睡前故事》。① 微视频以中国日报外籍记者艾瑞克和他5岁的女儿为主人公,以"睡前故事"的方式,介绍"一带一路"的历史背景、文化内涵和其对全球发展的意义,对"'一带一路'的钱从哪儿来""为什么那么多国家愿意加入'一带一路'"等国外观众感兴趣的问题一一作答,在讲好中国故事的过程中做到了"自己讲"与"外国人讲"相结合,得到了国际社会和海外受众的广泛认同。

第三,建设多元平台,拓展外宣路径。平台建设是国际传播的基础工程,是提升传播力、扩大影响力的基本保障。随着我国综合国力的不断提升,今天的国际传播已经突破"西方独大"的历史局限。在全球舞台上,中国媒体的传播力和影响力与日俱增,甚至在"两微一端"等新媒体领域已经显现出"领跑"优势,逐渐形成了国内与国外呼应、线上与线下并举的国际传播新格局。

早年间,中央媒体建设国际传播平台主要依靠增加报道语种、设立驻外记者站等基础手段,旨在通过"走出去"让中国了解世界,让世界认识中国。如今,当中国记者的身影遍布全球、中国媒体的声音响彻世界时,主流媒体的国际传播不仅从"国内"走向了"国际",也跨越了传统媒体,走向了新媒体领域。2017年10月10日,CGTN融媒中心正式投入运营,改版升级的CGTN客户端同步上线;10月15日,人民日报英文客户端投入使用,成为向国际社会报道党的十九大的重要平台。如今,我国的国际传播平台建设已经步入国际化融合发展的新征程。

---

① 中国日报:创新融合报道讲好"一带一路"故事[EB/OL].(2017-05-22).[2017-11-01]. http://www.xinhuanet.com//zgjx/2017-05/22/c_136303306.htm.

四、培养新闻人才，建设未来传播队伍

媒体竞争关键是人才竞争，媒体优势核心是人才优势。① 作为新闻传播人才队伍建设的"大本营"，相关新闻院校必须坚持马克思主义新闻观，将高等教育"立德树人"的核心任务与党和国家的战略重点结合起来，秉承传统、突出特色、放眼国际、着眼未来，为传媒人才的成长成才搭建舞台，为培育亲华友华人士贡献力量，为继承中国新闻事业、提升国家传播能力做好准备、奠定基础。

第一，坚守国家立场，打造新闻人才。党的十九大报告指出，"青年兴则国家兴，青年强则国家强。青年一代有理想、有本领、有担当，国家就有前途，民族就有希望"②。新闻教育承担着服务国家发展、深耕传媒领域、培养当代青年的重要任务。当下，坚持马克思主义新闻观，推动习近平新时代中国特色社会主义思想进课堂、进教材、进头脑，是新闻院校打造传媒领域后备人才的当务之急。

新闻人才培养不只是"术"的教育，更要强调立场和思想、情怀和境界。迈入新时代，一方面，要以教材建设为抓手，坚持用马克思主义的立场、观点和方法建构理论范式，避免重西方、轻本土的错误倾向，不断增进大学生对习近平新时代中国特色社会主义思想的政治认同、理论认同和情感认同；另一方面，要以对接中国发展的实际需求为目标，将学习新思想、新理念与深入新闻现场、站在基层一线了解国情民意相结合，使学生通过亲身实践，真正理解道路自信、理论自信、制度自信、文化自信的深刻含义，塑造正确的世界观、人生观、新闻观和价值观。

第二，放眼国际社会，培养国际人才。随着世界多极化、经济全球化、社会信息化、文化多样化的深入发展，新闻人才队伍建设必须立足国内、国

---

① 摘自2016年2月19日，习近平总书记在党的新闻舆论工作座谈会上的讲话。
② 习近平. 决胜全面建成小康社会夺取新时代中国特色社会主义伟大胜利——在中国共产党第十九次全国代表大会上的报告[M]. 北京：人民出版社，2017.

际两个大局，不仅要培养国内人才，也要吸引国际学生深入中国、了解中国、传播中国，更要在国际合作、区域合作的大背景下，将人才培养的中国方案推向世界，提供中国知识、共享中国经验，编织广泛、多元的国际友好网络，践行和谐共存、互鉴发展的外交精神。

以中国传媒大学为例，2012年，中国传媒大学面向全球招收了首届全英文国际新闻传播专业留学生硕士班，开创了新闻人才培养的国际化格局。五年来，近百名受过中国新闻教育的外国留学生成为所在国家新闻管理机构和主流媒体的中流砥柱。2016年11月22日，习近平主席在出席中拉媒体领袖峰会开幕式时表示，中方未来五年将为拉美和加勒比国家培训500名媒体从业人员。① 2017年，按照习近平总书记的重要指示精神，在中国记协的指导下，中国传媒大学率先面向菲律宾国家新闻从业人员开展专业培训活动，将中国新闻传播的新理念、新技术传向世界。

第三，顺应业界发展，着眼未来人才。当前，信息传播领域正在剧变之中寻找方向、构建新格局，对于新闻教育而言，这既是前所未有的机遇，也面临转型创新的挑战。要想赢得媒介竞争，新闻人才培养必须基于当下、面向未来，置身深化改革的中国浪潮、放眼国际发展的前沿趋势，延伸、优化教育体系和教学内容，使新闻人才的培养体现出新时代的新特色。

2017年，中国传媒大学入选"一流学科建设高校"名单，其中，新闻传播学科入选"双一流"建设学科。作为高等教育"国家队"的一员，我们倡导"新闻+"的人才培养理念。新闻专业的学生不仅要掌握新闻学、传播学的基础知识，在新闻领域之内，还要能够熟练处理不同平台、不同语汇的新闻报道，成为"全能记者"；在新闻领域之外，也要或懂经济擅法律，争做"术业有专攻"的应用型、专家型"选手"。未来，只有拥有"新闻+"能力的新闻人才才能在多平台、跨领域的传播语境下，适应新闻传播载体多元化、内容专业化的发展趋势。

---

① 王进业，霍小光. 习近平出席中拉媒体领袖峰会开幕式［EB/OL］.（2016-11-22）［2017-11-01］. http://cpc.people.com.cn/n1/2016/1124/c64094-28891549.html.

党的十九大是一次不忘初心、牢记使命、高举旗帜、团结奋进的大会。在新闻传播战线，无论管理者还是实践者，无论研究者还是教育者，都要以学习贯彻党的十九大精神为基础和动力，将新闻传播事业与党和国家的工作重点相结合，将媒体发展、人才培养等具体工作与满足当代中国的实际需求相呼应，建构具有鲜明中国特色、具备世界一流水平的新闻传播体系，谱写新时代中国新闻传播事业的新篇章。

国际传播与文明互鉴

加强对外文化交流和多层次文明对话*

党的十九届五中全会审议通过的《中共中央关于制定国民经济和社会发展第十四个五年规划和二〇三五年远景目标的建议》就"十四五"时期"繁荣发展文化事业和文化产业,提高国家文化软实力"作出了系统阐述,明确要求"以讲好中国故事为着力点,创新推进国际传播,加强对外文化交流和多层次文明对话",并提出到 2035 年建成文化强国的战略目标。文明因多样而交流,因交流而互鉴,因互鉴而发展。在文化强国建设过程中,我们既要致力于本国文化的传承与发展,也要坚持开放包容、互学互鉴,以海纳百川的宽广胸怀打破文化交往的壁垒,以兼收并蓄的态度汲取其他文明的养分,在对话和交流中铸就中华文明新辉煌。

习近平总书记指出:"一切生命有机体都需要新陈代谢,否则生命就会停止。文明也是一样,如果长期自我封闭,必将走向衰落。交流互鉴是文明发展的本质要求。只有同其他文明交流互鉴、取长补短,才能保持旺盛生命活力。"人类社会发展是一个从封闭走向开放的过程,文明交流不仅推动了中国与世界的对话,也为人类社会共同发展注入了新生机。从历史上的佛教东传、"伊儒会通",到近代以来的"西学东渐"、新文化运动、马克思主义和社会主义思想传入中国,再到改革开放以来的全方位对外开放,中华文明始终在兼收并蓄中历久弥新;而中国的造纸术、火药、印刷术、指南针、天文历法、

---

* 本文原载于《光明日报》2020 年 12 月 17 日第 6 版,与赵希婧、田香凝合作,收入本书时略有删改。

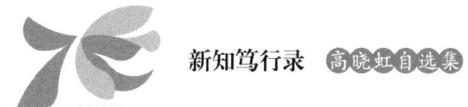

哲学思想、民本理念等在世界上影响深远，有力地推动了人类文明发展进程。

当今世界正经历百年未有之大变局，霸权主义、强权政治依然存在，保护主义、单边主义不断抬头，治理赤字、信任赤字、和平赤字、发展赤字成为摆在全人类面前的严峻挑战。文化交流和文明对话重在求同存异、协作共赢，是消除隔阂和误解、促进民心相知相通的重要途径。党的十八大以来，习近平总书记在不同场合多次强调文化交流和文明对话的重要性，并作出一系列重要部署，着力推动人类命运共同体构建，在共建"一带一路"中实现政策沟通、设施联通、贸易畅通、资金融通、民心相通五大领域齐头并进，为构建相互尊重、公平正义、合作共赢的新型国际关系夯实人文基础。未来，加强对外文化交流和多层次文明对话，推动文明交流互鉴走实、走深，需要在以下方面着力。

首先，尊重文明多样性，推动平等交流。和而不同、兼收并蓄，是中华民族亘古通今的文明立场。人类只有肤色、语言之别，文明只有姹紫嫣红之别，而绝无高低优劣之分。当今世界有200多个国家和地区、2500多个民族，每一个群体都在历史发展中沉淀了独特的智慧，尊重每一种文明的独特价值，不轻视、不贬损其他文明，是中国的一贯做法。建设文化强国，要承认和尊重文化多元性、文明多样性，秉持开放包容、互学互鉴的理念，加深对自身文明和其他文明差异性的认知，以更自信的心态、更宽广的胸怀，深入开展同各国的文化交流合作，广泛参与世界文明对话；要善于搭建诸如"亚洲文明对话大会""中非合作论坛"等跨国别、多层次的新型对话平台，坚持国家不论大小、强弱、贫富，都在人类共同事务上享有发言权、合作权，通过开展领域广泛、形式多样的文化交流与文明互鉴，让世界人民更好了解中国，让中国人民更好了解世界。

其次，坚定文化自信，传承和弘扬中华优秀传统文化。文化交流和文明对话的根基是认识、维护和发扬本国、本民族的思想文化。只有扎根本国土壤、坚定文化自信，才有底气传播本国文明、有能力吸收并借鉴其他文明。对中国而言，在建设文化强国、推进文明交流互鉴的过程中，既要做到对中华文明自觉自知、对中国文化了如指掌，也要对优秀传统文化进行创造性转化和创新性发展，创造出与当代文化相适应、与现代社会相协调的文化新样态，打造融通中外的文化新概念、新范畴、新表述，增强中华文明的生命力和影响力，推动中华文明与其他人类文明成果有机互动、相通相融。此外，5000多年的中华文明是由一代代劳动者的点滴智慧汇聚而成的，文明的创造、文化的创新，都源自人民。在发展文化、传承文明的过程中，要善于激发人民群众的积极性、主动性、创造性，尊重人民的主体地位，振奋起全民族的精气神，推动文化繁荣发展，进而创造更大的文化奇迹。

最后，运用现代传播手段，拓展中外文明交流空间。习近平总书记高度重视现代传播手段，提出要"形成资源集约、结构合理、差异发展、协同高效的全媒体传播体系"。随着媒体融合深入推进、全媒体传播体系日臻完善，建设文化强国的技术基础与以往有所不同，推动文化交流与文明对话的平台也发生了显著变化。大数据、人工智能等前沿技术被运用到各类文化信息的采集、生产和分发之中，增强了中华文明与世界其他文明的触达、连接程度，为展示新时代中国形象搭建了新平台。我们要利用好全媒体手段，创新推进国际传播，坚持贴近中国实际、贴近国际关切、贴近国外受众，运用对方听得懂、易接受的话语体系和表述方式，主动讲好中国共产党治国理政的故事、中国人民奋斗圆梦的故事、中国共产党和中国人民血肉联系的故事、中国坚持和平发展合作共赢的故事，搭建起中国人民同世界各国人民有效互动交流的桥梁，让世界更好读懂中国，与世界各国携手谱写人类文明的新篇章。

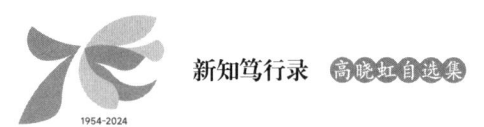

新时期国际传播能力建设的理念拓展与路径创新*

随着经济全球化的日益深入,在新闻领域,国际传播的地位和作用日益凸显,其不仅代表了国家媒体的发展水平,也关系到国家形象、国家利益和国家战略发展,是维护意识形态安全、提升文化软实力所要面对的重要问题。

当前,我国综合国力和国际影响力持续提升、中国传媒事业日益发展壮大,这为国际传播提供了有力支撑。但是,中西方在语言、文化和意识形态上的差异等多种因素依然存在,国际传播能力建设任重而道远。

新时期的国际传播工作既要在传播主体、传播路径上下功夫,也要壮大人才队伍、深化国际影响,解决信息流进与流出之间的逆差、中国真实形象与西方刻板印象之间的反差和我国硬实力与软实力之间的落差,丰富国际报道的内容和手段,充实应对国际竞争的力量和底蕴,开创国际传播新局面。

一、以增强文化自信为目标,提升大国影响力

从 19 世纪初英国确立海上霸主地位开始,资本主义文化通过国际传播渠道蔓延全球,产生了强大的影响力。进入 21 世纪,中国经济显现领跑态势,中国文化也成为一张独特的名片,受到国际媒体的广泛关注。在"构建人类命运共同体"的过程中,如何阐释中华文明、彰显文化自信,以中国文化为

---

* 本文原载于《中国编辑》2017 年第 4 期,与赵希婧合作,收入本书时略有删改。

纽带，让西方受众的态度软化、观点变化、立场转化，架起东西方之间的文化桥梁，成为当代中国国际传播的重要任务。

（一）讲述中国发展的历史过程

5000多年的灿烂历史，是中国树立文明古国形象、在世界历史的发展过程中站稳脚跟的重要基础。立足文化领域开展国际传播不能抛弃传统、丢掉根本，要把中国大国崛起的历史渊源、发展脉络、基本走向讲清楚、说明白，呈现深厚的历史积淀和宝贵的文化资源。

首先，立足当代，回溯历史。在当代中国国际传播中，以今日视角回溯往日文明，要在追根溯源的基础上呈现中国历史、阐释中国特色、彰显中国风格。近两年来，小视角、大制作的历史类纪录片广受国内外纪录片市场欢迎。以央视2016年的精品之作《我在故宫修文物》为例，创作者立足当代，以"文物修复师"的个体视角，展示故宫流传至今的一砖一瓦、一器一物，通过举世闻名的文化遗产，讲述独一无二的中国贡献和精益求精的工匠精神，呈现了中国崛起的历史必然。

其次，以史为鉴，面向未来。2016年恰逢红军长征胜利80周年，六集文献纪录片《长征纪事》、优秀公益广告《金色鱼钩》，与《长征大会师》《红色护卫》等11部由国家新闻出版广电总局推出的纪念红军长征胜利80周年重点剧目，都在电视荧屏上给人们留下了难忘的印记。这些作品中既有精彩的故事，也有深沉的情感，既有对历史的尊重，也有对现实的关怀。这些作品通过回望峥嵘岁月，鼓舞人们传承长征精神、走好脚下的长征之路，向世界阐释了中国长征的当代意义。

（二）传播中国文化的独特魅力

经过历史长河的千年洗礼，舍生取义、自强不息、和绥四方、礼通天下等中国文化流传至今，为中华民族自强于世界民族之林提供了精神养分，也在以西方文化为主导的世界舞台上显现出独特魅力。在经济全球化进程中，文化多元化等特点日渐突出，体现独树一帜的文化风格、彰显当代中国的文化自信,成为中国国际传播的重要使命。

首先,善用历史典故,阐述文化精髓。习近平总书记将当代中国形象总结为"文明大国形象""东方大国形象""负责任大国形象"和"社会主义大国形象"[①],并借助中国特有的历史典故,从文化视角阐释大国形象。2015年4月,习近平总书记在巴基斯坦议会演讲,用"疾风知劲草,烈火见真金"讲述中巴两国友谊。同年5月,习近平总书记在《俄罗斯报》发表了题为《铭记历史,开创未来》的署名文章,引用"合则强,孤则弱"表达了当代中国"同舟共济、权责共担"的国际观。在对外交往中引经据典,让中国声音尽显文化底蕴,充满人文关怀。

其次,着眼当代生活,展现文化传承。党的十八大以来,一系列聚焦中国人文特色和历史景观的电视作品蜚声中外。创作者见微知著,从日常生活中发现文化传承的历史基因,展现中华文化的当代魅力,广受中外观众欢迎。2017年,大型纪录片《记住乡愁》第三季登上央视国际频道,在国内外得到广泛传播。镜头之下,不仅有小桥、流水、人家,而且通过聚焦当代中国的乡村生活,将"孝悌忠信礼义廉耻"的文化传统展现出来,独具"中国味"、凝聚"中华情"。

(三)彰显当代中国的国际影响

在全球化时代,文化是不能自我封闭的,要想将其发扬光大,必须使其跨越时空、跨越国度,体现古老文化的包容性与共通性,站在全球高度,拥有广袤视野,强化中华文化的辐射力和引领力。

首先,眼观四方,胸怀天下。国际传播不仅是语言的国际化、内容的国际化,更是视野的国际化和观念的国际化。以名牌栏目《远方的家》为例,其不仅推出了《百山百川行》《江河万里行》等聚焦中国的内容,也策划制作了《暑假去游学》《一带一路》等深入不同国家和地区的节目系列,通过讲述

---

① 文建.习近平外宣工作思路理念探析[EB/OL].(2016-04-06)[2017-03-01]. http://news.xinhuanet.com/2016-04/06/c_1118544043.htm.

国门之外的中国故事，彰显当代中国人"达则兼济天下"的博大胸怀，格局开放、视野宽广。

其次，协同发展，合作共赢。2017年1月18日，习近平总书记在联合国日内瓦总部发表了题为《共同构建人类命运共同体》的主旨演讲，强调"构建人类命运共同体，关键在行动"。习近平总书记认为，"国际社会要从伙伴关系、安全格局、经济发展、文明交流、生态建设等方面作出努力。"这也为国际传播赢得了广泛合作的新空间。以视听传播为例，央视在"非洲视频传输渠道"的基础上打造了非洲视频新闻联盟，此外，29个国家和地区的41家媒体加入了"丝路电视国际合作共同体"。[①] 由此可见，在全球媒介合作中，中国媒体为实现国际传播的互助共赢贡献了力量。

二、以讲述中国故事为主体，传播共同价值

故事化叙事、细节化表达，是信息传播的重要方式，也是不同国家和地区之间沟通情感、凝聚共识的主要载体。立足新时期，加强中国国际传播能力建设，要以中国故事为元素，坚持国家站位、树立全球视野，用世界共通的叙述手段将扣人心弦的情节元素串联、组织起来，使中国故事深入人心、暖人心田，唤起各国人民的情感共鸣，赋予中国故事更广阔的空间和更深远的意义。

（一）国家外交讲述中国故事

一个传神的中国故事，就是一部精美的中国写真集，将中国的历史发展、政策主张、价值追求，以西方人听得懂、易接受的方式娓娓道来。立足新时期，国际传播要着力打造融通中外的新概念、新范畴、新表述，通过讲好中国故事，传播中国声音，增强国际话语权。

---

① 央视探索国际合作新方式 有效提升对外传播能力［EB/OL］.（2016-11-16）［2017-03-01］. http://www.cctv.com/2016/11/16/ARTIfixsKaxFwPXBUn8JDJdv161116.shtml.

首先，立足"中国故事"的外交思想。提及中国故事，要从源头说起。习近平总书记是中国故事的提出者和倡导者。2014年11月，在中央外事工作会议上，习近平总书记从做好外宣工作的角度，强调了讲好中国故事的重要意义。2015年5月，在人民日报海外版创刊30周年之际，习近平总书记结合中央外宣媒体的具体工作作出重要批示："用海外读者乐于接受的方式、易于理解的语言，讲述好中国故事，传播好中国声音。"2016年2月，在党的新闻舆论工作座谈会上，习近平总书记将"中国故事"上升到增强"国际话语权"的高度，为我国国际传播能力建设指明了新方向。

其次，习近平总书记亲自讲述"中国故事"。党的十八大以来，借助国家之间的对外交往平台，习近平总书记将中国故事讲得有声有色、多姿多彩。2015年9月，习近平总书记出席美国华盛顿州当地政府和美国友好团体联合欢迎宴会并发表演讲，从230多年前美国商船"中国皇后号"首航中国，讲到150年前中国工人同美国人民一起铺设美国太平洋铁路，饱含历史深情、颇具人文关怀。同年10月，在英国伦敦金融城市长晚宴上，习近平总书记声情并茂地谈起莎士比亚和汤显祖，拉近了中英两国的文化距离。11月，在新加坡国立大学，习近平总书记以"郑和下西洋"的故事回顾中国与新加坡的历史交往，在场的大学生们长时间地报以热烈掌声。

（二）媒体发展传播中国故事

新闻媒体天生具有"讲故事"的优势。构建大国语态，讲好中国故事，是当今媒体国际传播的目标和任务。在融合语境下，中国故事不仅聚集在传统媒体，也延伸到了新媒体领域。以视听结合为特征、以"两微一端"为平台的中国故事，正在更迅速、更广泛地传播到祖国四方、世界各地。

首先，拓展中国故事的覆盖范围。要想讲好中国故事，平台建设是首要条件。近几年来，我国媒体的海外覆盖面持续扩大。2016年，中央电视台国际频道海外累计用户将近4亿，国际台100家整频率落地电台已覆盖50多个国家的首都或主要城市。① 同年 12 月 31 日，中国国际电视台（中国环球电视网）隆重开播，进一步在国际传播中强化台网联动。此外，新华网也凭借多语种网站平台，通过与国外知名媒体合办特色栏目，逐步打开互联网上的海外市场。②

其次，丰富中国故事的内容载体。依托国际化的传播平台，丰富多彩的视听内容与跨越文化和国别的差异，成为沟通中外的重要纽带。近几年来，《中国好歌曲》《缘来非诚勿扰》等精彩节目走出国门，实现了中国节目的海外输出，树立了中国标准，造就了中国模式，彰显了当代中国媒体的创造力和表现力。在新闻报道方面，央视新闻专题《数说命运共同体》用数据讲故事，把"一带一路"政策与相关国家的繁荣发展联系起来，将原本枯燥的数据转化成可知可感的生活细节，结合共建国家的人物生活，诉说"构建人类命运共同体"的中国力量。

（三）系统工程推广中国故事

国际传播不仅是媒体行为，更是关乎国家形象、国家利益和国家战略的系统工程。近几年来，随着中国对外开放的持续推进，中国国际传播已经从简单划一的传播策略，转变为辐射周边、突破欧美、巩固非洲、挺进拉美的全面布局，这是站在国家对外交往全局高度的国际传播策略考量。

首先，打造中国故事的系统平台。如今，中国国际传播的多点布局逐步完善，围绕中国故事"走出去"的平台建设也步入正轨，一系列由政府主导、多主体参与、多元化运作的国际传播系统工程应运而生。当前，依托中非影视合作工程、"丝绸之路影视桥"工程，以及"中国电影·普天同映"计划和遍地开花的"电视中国剧场"，中国优秀文化典籍、经典影视作品被翻译成对象国的本土语言，一大批叫得响、传得开、留得住的精品力作受到海外观众

---

① 摘自 2017 年 1 月 3 日，中宣部副部长，国家新闻出版广电总局局长、党组书记，国家版权局局长，中央电视台台长聂辰席在全国新闻出版广播影视工作会议上的讲话。
② 刘加文，夏小鹏，汤丹鹭. 集成理念下的新闻服务：基于新华网国际传播能力建设的思考[J]. 对外传播，2014（11）：51-52.

的热烈欢迎。

其次，彰显中国故事的国际影响。今天，多层次、立体化的系统工程尤其注重对当代题材的优秀作品进行宣传和推广，旨在向国际社会介绍中国最新的发展变化。2013年，国际台使用英语、法语、西班牙语等8种语言，对《媳妇的美好时代》《金太狼的幸福生活》《北京爱情故事》等76部电视剧、电影、动画片和纪录片进行译制推广，覆盖亚洲、非洲、拉丁美洲等地近20亿人口。[①]这些富有时代印记和生活气息的影视剧作品，聚焦中国人的现实生活，传递出向上、向善的生活态度，向国外观众展示了一个蓬勃发展、立体多彩的现代中国。

三、以建设话语体系为路径，发出中国声音

"话语体系"是信息传播的方式方法，既关系到传播者的思维方式，也关系到所使用的具体策略。以话语体系建设为路径，强化国际传播的实际效果，要在把握西方受众心理的基础上，处理好"声音"和"话语"，既要讲得好听、耐听，更要入情、入理。好比一首歌曲，朗朗上口、触动人心的经典乐句，更容易被人记住、为人传唱。同样，国际传播只有让表面的"声音"好听、背后的"话语"有理，才能被目标对象欣然接受、主动认同。

（一）研究西方受众的接受心理

对于地处东方的中国而言，其与西方世界拥有完全不同的发展道路，二者在世界观、价值观上存在差异。国际传播工作要求我们扭转思维、换位思考，通过研究西方世界的发展轨迹和文化根源，分析当地受众的接受心理。只有合乎对方口味的国际传播，才能扩大传播力、影响力和公信力。

首先，注重观点交锋，形成思辨风格。从古希腊和古罗马时代开始，辩论就是击败对手的策略手段，在西方世界具有重要意义，影响了当代西方人

[①] 杨明品. 中国广播电影电视发展报告（2014）[M]. 北京：社会科学文献出版社，2014.

的思维方式和交流模式。因此，面对西方的信息传播，要改变平铺直叙、四平八稳式的固有语体，强调辩论和交锋，注重思辨性。以电视政论节目《中国正在说》为例，这档节目邀请社会各界的精英人士走上讲台，针对同一问题发表不同观点，通过快节奏、强对抗的电视辩论，在各执一词的碰撞与交锋中彰显主流观点的优势力量，既契合西方观众的心理预期，又符合西方世界的传播逻辑。

其次，强化个体视角，凸显个性传播。西方文化具有强调个体、彰显个性的特点，注重个人化表达和个性化塑造。因此，国际传播既需要"高大上"的宏观信息，也需要"接地气"的独特内容，从小视角切入，以小见大、以情动人。2015年9月，习近平总书记对美国进行国事访问。在此期间，人民日报"中央厨房"的新媒体作品《习主席来了》成为互联网上的热门视频。它的成功就在于个体化的叙述视角，创作者通过采访外国留学生，讲述他们眼中的中国领导人形象，个性十足、极具创意，吸引了一大批追捧中国媒体的海外"华粉"。

（二）善用媒介融合的传播方式

党的十八大以来，国家高度重视传统媒体与新兴媒体的融合发展，习近平总书记多次在不同场合强调要利用新技术、新应用，创新媒体传播方式。2016年年底，中国国际电视台（中国环球电视网）正式开播，习近平总书记在贺信中强调指出，要"全面贴近受众，实施融合传播"，为新媒体时代的国际传播指明了方向，显示出媒介融合对国际舆论格局和东西方信息交流的深刻影响。

首先，立足主流媒体，拓展传播路径。经过几十年的精耕细作，中国的新媒体发展已经达到国际水平，在自主创新方面呈现出"并跑"甚至"领跑"态势。如今，中央外宣媒体的新媒体业务已经遍布全球。以中国网络电视台为例，它在五年时间内完成了伦敦、洛杉矶、新加坡、迪拜、莫斯科、纽约等10个海外镜像站点的搭建工作，内容传播已覆盖全球210个国家和地区，每天通过全球视频分发网络,为全球各类新媒体终端提供优质节目资源。①

其次,用好新媒体平台,丰富传播渠道。在传统外宣媒体拥抱新媒体之外,基于网络传播的视听作品也成为唱响主旋律、弘扬爱国情的主要渠道,刷爆了国内外社交平台。2016年,为庆祝建党95周年,新华社推出了微电影《红色气质》,生动诠释了老一辈革命家心中"汝是党之子,革命是吾风"的爱国情怀。2017年大年初一,微纪录片《小账本连着大情怀》成为微信"朋友圈"中的热门转发,被誉为鸡年春节"第一推"。该纪录片以独具互联网气质的视听表达,将党和国家对人民的问候、对民生的关怀,传播到华夏四方、祖国各地,让无数网友为之感动。

(三)注重话语体系的表达效果

"对外话语"是一个国家面向世界的自我陈述,只有找准陈述的方向、拿捏陈述的语调,才能实现传播效果的最大化。如今,我们强调话语权力、重视话语能力、建设话语体系,归根结底,目标在于达到应有的效果,构建及时传播、全面传播、多元传播的国际传播新局面。

首先,主动设置议程,强调时效性。国际传播强调"先入为主""先声夺人",只有主动设置传播议程,才能赢得"首因效应",打破西方媒体的信息垄断,避免报道的失实之声。从2003年"非典"时期的深度报道,到2008年汶川大地震的灾情公开,再到2015年"东方之星"客船翻沉事件的始末追踪,中国媒体及时公开信息、主动设置议程,不仅化解了应急事件的报道危机,也扭转了国际舆论的负面看法,塑造了高效、负责、亲民的大国形象,赢得了世界的理解与尊重。

其次,融通中外元素,呈现开放性。随着中国媒体全球布局的逐步完善,中国信息的海外落地已经成为事实。当前,国际传播已经不满足于仅仅"发出声音",而是强调如何以开放的姿态,实现融通中外的传播效果。以央视国际传播建设为例,1986年年底,央视《英语新闻》节目开播,当时只有2名

---

① 李丹,郭书.新媒体环境下国际传播特点分析[J].中国记者,2014(7):104-105.

外籍雇员负责把关英文；截至 2014 年 2 月，仅央视英语新闻频道的外籍雇员就已接近 250 人。① 在电视荧屏上，一批黄头发、蓝眼睛的外国人将中国观点娓娓道来，让外国人听得懂、愿意听，具有天然的贴近性，赋予了中国国际传播更地道的表达和更多元的色彩。

四、以培养优秀人才为手段，壮大传播队伍

建设一支立足中国、放眼世界、植根当下、面向未来的国际传播人才队伍，是加强国际传播能力建设的前提条件，也是我国国际传播可持续发展的根本保证。正如习近平总书记在党的新闻舆论工作座谈会上所强调的，"媒体竞争关键是人才竞争，媒体优势核心是人才优势"②。面对复杂多变的国际形势和日新月异的传播趋势，只有坚持人才发展战略、提升人才培养质量、建设专业人才队伍，才能从根本上扩大国际传播的传播力、引导力、影响力、公信力。

（一）培养立足中国的传播能力

新闻无国界，记者有祖国。国际传播人才是新闻现场的见证者，是东西方交流的文化使者，更是中国观点的传播者、中国立场的阐释者、中国形象的塑造者、中国利益的维护者。培养国际传播人才，要坚持推进国情教育、深入开展国情实践，要把马克思主义新闻观教育贯穿大学学习的全过程，引导学生自觉、自愿、自主、自信地传播党的时代强音。

首先，建立基于中国国情的知识框架。2009 年，为加强国际传播能力建设，中宣部、教育部在三所院校启动了"国际新闻传播后备人才培养"专项工程。八年来，这一项目以"坚守国家立场、发出中国声音"为目标，组织了百余场国情教育讲座，从政治、经济、文化，到科技、宗教、外宣，深入

---

① 朱焱. CCTV NEWS 里的外籍雇员：发展轨迹与现实动因 [J]. 对外传播，2014（2）：25-27.
② 摘自 2016 年 2 月 19 日，习近平总书记在党的新闻舆论工作座谈会上的讲话。

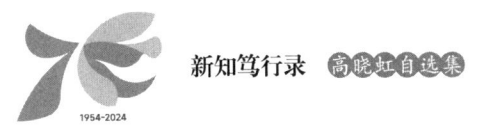

浅出地讲解了党和国家的政策主张,为未来的国际传播工作者构建了基于中国内政外交的知识框架。

其次,培育具有本土意识的后备人才。纸上得来终觉浅,绝知此事要躬行。在国际新闻传播后备人才培养中,新闻院校要组织学生走出校园、走向社会,通过深入祖国各地开展实践活动,引导学生全面认识中国国情,了解基层百姓的喜怒哀乐,进而明白我们的国家为什么要选择这样的"道路",理解"道路自信"的深刻含义。近几年来,经过理论与实践相结合的国情教育,一大批优秀毕业生走上工作岗位,走进主流媒体,在世界各地传播中国声音、阐释中国观点。

(二)强化沟通中外的语言能力

语言是对外交流的基础工具,也是新闻工作者走出国门、走向国际的必备条件。在竞争激烈的今天,国际新闻传播工作对于语言的要求不只是"会讲外语"这么简单,还要深谙文化背景、讲求语言艺术、掌握语言技巧,通过西方易于理解的语言表达,将中国观点讲得清楚明白。

首先,营造学习环境,打好语言功底。今天的新闻教育不仅要在采写编播评等传统方面持续发力,也要高度重视语言训练,培养国际传播的基本功。以中国传媒大学为例,从2013年开始,中国传媒大学以大学英语课为切入点,从新闻传播专业本科生中选拔优质生源,开设了大学英语创新实验班,为原本学新闻的同学打造一周五天的英语学习环境,使学生能够熟练使用地道英语参与各项传播工作,从根本上解决了在国际传播人才培养中语言能力与专业技术难以兼得的重要问题。

其次,结合专业培养,优化语言应用。外语是在实践中练就的本领,提升国际传播人才的外语水平,必须将语言学习置于新闻实践中,提升实操与应用能力。按照中宣部有关高校与新闻单位人员实施"双向互聘"的要求,中国传媒大学邀请一线记者走进校园、登上讲台,向学生介绍主流媒体对英文采编的具体要求。记者结合自己写英文稿、审英文稿、改英文稿的全过程,从一个段落的写法、一个句子的改法、一个单词的用法讲起,深入阐释语言工具与传播大局的关系，手把手地推动后备力量不断成长，同时探索了校内外协同创新的国际传播人才培养方法。

（三）造就融会贯通的复合能力

今天的国际传播不仅涉及政治、经济、文化、外交等跨学科知识，全球传媒业界已跨入多媒体、多终端的时代。大环境"倒逼"新闻教育必须适应"一专多能"的人才要求。正如习近平总书记所指出的，新闻舆论工作者要"努力成为全媒型、专家型人才"①。

首先，实施因材施教，培养"新闻+"人才。今天，新闻院校必须搭建复合型人才培养模式，铺设跨领域的学习平台，将新闻人才的培养"触角"伸向政治、法律、经济、管理、社会等不同学科。在教学过程中，教师要基于学生的兴趣和能力，全面实施"因材施教"，使学生成长为专业水平突出并在某一领域独具优势的"新闻+"人才。例如，既会报道又会技术，既懂管理又懂采编，既有新闻传播的专业知识又具备法律、外交等学科专长，能够在相应的领域开展专业化的新闻工作。

其次，理论结合实践，训练融合传播技能。身处媒介融合的新时期，新闻工作者既要精于传统专业技能，又要熟练掌握多种技术手段，同时处理不同版本、不同语汇的新闻报道。在专业教学中，教师要将采写编播评的基础知识与 H5 技术、移动短视频实践等新媒体相结合，带领学生将单一的国际传播内容，制作成条分缕析、重点突出的手机推送，转化为视听交互传播的系列作品。基于手机媒体、社交媒体的传播特点，尝试新媒体时代国际传播的新概念、新范畴和新表述。

历经几代人的不懈努力，中国国际传播从无到有、从弱到强，从传统的报刊、广播、电视到多层次、多终端的新媒体，已经成为中国对外交往的旗帜标杆，为推动中国走向世界、促进世界了解中国发挥了重要作用。立足新时期，站在新起点，国际传播事业要有更主动的担当和更积极的作为，不断

---

① 摘自 2016 年 2 月 19 日，习近平总书记在党的新闻舆论工作座谈会上的讲话。

完善话语体系建设、培养后备人才力量，以广泛覆盖的外宣媒体为渠道，通过多平台、多样化的融合传播手段，让中国故事走遍全球，让中国文化引领发展，唱响中国与世界各国和平发展、互利共赢的时代新声，为"构建人类命运共同体"贡献中国智慧和中国力量。

新时代国际传播的任务与思考[*]

一、2017年我国国际传播回顾

2017年，对于中国是具有划时代意义的一年。面对纷繁复杂的国际局势，中国稳定发展，对世界经济增长的贡献率达1/3；习近平总书记提出的"构建人类命运共同体""一带一路"被写入联合国决议；中国首倡的"一带一路"高峰论坛等主场外交活动吸引全球目光……中国理念、中国方案正在世界上扩大影响。在国内，党的十九大胜利召开标志着中国迈入了新时代，开启了建设社会主义现代化强国、实现中华民族伟大复兴的中国梦的新征程。

新时代带来新变化，新变化催生新理论。党的十八大以来，习近平总书记针对国际传播能力建设、国际话语权提升作出了一系列重要论述，从指导思想到目标任务，从文化到外交，从顶层设计到方式方法，形成了丰富、全面的国际传播理论体系。这也成为习近平新时代中国特色社会主义思想的重要组成部分，指导了未来我国国际传播实践的全方位、立体化升级。

拥有六个电视频道、三个海外分台、一个视频通讯社、一个移动新闻网的新媒体集群中国环球电视网（CGTN）的开播运营，标志着一家外宣旗舰媒体（CGTN）为引领，六家中央主要媒体为核心，其他媒体发挥各自优势的"1+6+N"融媒体、集群式、优势互补的立体化外宣媒体格局初步成形。

---

[*] 本文原载于《对外传播》2018年第1期，与赵晨合作，收入本书时略有删改。

主流媒体加大在新媒体方面的渠道内容建设，从相加到相融，改变技术、内容、形式，推动媒体适应新的传播环境，适应海外受众的需要，布局英文客户端、海外社交媒体、视频直播、短视频等，创新报道语态，配合全国两会、习近平总书记出访、系列主场外交活动、党的十九大等重大主题活动报道，设置中国议题，讲述中国故事。

中国文化借力"一带一路"发展集体走向海外，媒体间的合作传播、政府推动的系统工程，使得中华经典、中国故事走向世界观众，如丝路书香工程、丝路影视桥、中外合办影视节或在影视节中设置中国单元等。值得一提的是，系统回答新时代如何坚持和发展中国特色社会主义、介绍习近平新时代中国特色社会主义思想的《习近平谈治国理政》第一卷以24个语种在海外出版；集中反映了习近平新时代中国特色社会主义思想的发展脉络和内容的《习近平谈治国理政》第二卷中英文版面向海内外发行；党的十九大报告以12个语种发布……中国当代社会主义理论、实践和思想正受到世界的关注。

二、新时代我国国际传播工作展望

尽管取得了一些成绩，但改变"西强我弱"的国际舆论格局，形成与国际地位相匹配的传播格局并非易事。一方面，中国的国际传播工作需要塑造负责任的东方大国形象，为中国实现和平崛起营造有利的国际舆论环境。另一方面，对于"日益走近世界舞台中央"、期待"为人类作出更大贡献"的中国来说，要担负起与当下国际地位相匹配的传播责任，推动新型、平等的国际传播秩序，带动构建新型国际关系，打造人类命运共同体，促进世界和平发展。因此，在现有的以媒体为主的传播格局的基础上，需要实现全面统筹、顶层设计、整体布局，在外交、媒体、文化等多方面有机合作，转变传播语态，全面提升传播效果，助力自身和世界的协同发展。

（一）提前策划，配合外交大局，传播中国价值理念

党的十八大以来，在习近平总书记提出的构建新型国际关系、同心打造

人类命运共同体的理念指引下，我国多层次、多样化的外交活动，以及密集的中国议题吸引了世界目光，成为国际传播的重要组成部分。习近平总书记亲力亲为开展的元首外交，吸引了世界关注，树立了大国形象，直接传播了中国声音；政党间交流制度与道路的问题，让中国共产党的执政经验和理念被更多国家理解；主场外交活动依托展示国家实力，并以理念、倡议和行动推进区域、全球发展……新时代，国际传播要服务外交大局，展示好中国理念，提前策划，后期跟进，及时答疑解惑，扩大外交影响力，促进国际合作。

1. 阐释总书记外交理念，增进国际共识

从了解到理解，从接受理念到深化合作，国际传播工作要把习近平总书记的外交和发展理念阐释好、传播好，加深各国理解，消除误解，推进国际合作。习近平总书记的理念源自中国传统文化中"和"与"合"的文化源头——"和"是"和而不同""和平发展"，"合"是"天人合一""合作共赢"。这种思想不同于西方此消彼长的"零和博弈""冷战思维"理论体系，而是通过交流、合作使得双方利益均获得提升，实现双赢的"正和思维"。习近平总书记又在不同场合提出全球互联网治理体系、金砖精神、丝绸之路精神等诸多新概念、新表述，进一步阐释了全球化时代各国之间是相互依存、休戚与共的关系，只有互利合作，才能实现共同发展。国际传播要把这些新概念、新表述用不同手段传播好，阐释"共商、共建、共享"的治理原则，推动全球治理体系变革，促进各国共同构建新型国际关系，同心打造人类命运共同体。

2. 用好主场外交，展示合作发展可能性

主场外交是近两年我国集中表达理念的重要场合，指在一国（境）内开展的由东道主政府扮演重要角色，并对维护和拓展该国国家利益发挥积极影响的各类重要外交活动。主场外交是人际传播、组织传播、大众传播相结合的重要国际传播组成方式，能充分发挥不同主体的作用，实现中国议题的集中讨论，吸引全世界媒体聚焦中国。领导人会晤和面对面的交流有利于国家间问题的直接沟通；出台成果和政策性文件不仅标志着达成共识，也为媒体提供了解读依据；智库、专家等围绕活动发表看法，能进一步引导和扩大舆论。

（二）深度布局移动新媒体，增强影像制作能力，提升传播效果

互联网正在各个领域催发一场前所未有的变革，媒体格局、舆论生态、受众对象、传播技术在媒体融合时代都发生了深刻变化。国际信息传播的秩序也被网络改变，中国媒体与西方电视台或报纸的信息传播竞争已成为全媒体集团间的竞争。从数量上看，中国主流媒体在海外社交平台已经进行了较为全面的布局，例如：CGTN搭建社交移动媒体平台，实现多语种内容的差异化传播；《人民日报》整合国际报道资源，推出英文客户端；新华社利用海量记者站优势，施行国别战略，海内外社交媒体账号达55个，粉丝过亿；央视借助海外社交媒体在Facebook、YouTube等平台运营31个账号，覆盖230多个国家和地区……

在全球4G广泛布局，5G将实现商业化运作的背景下，图片、短视频、直播已经成为民众获取信息的常态。新时代的对外传播要深度布局海外社交媒体和移动客户端，注重受众反馈、数据处理，运用整合思维，提升传播针对性，把握好时、度、效，发挥新媒介多屏互动、即时传播的特长，综合运用多种媒介样态，实现传播效果最大化。

1. 协同传播与差异化传播相结合

当需要传播重大议题、表明态度时，一方面，中国各媒体在海外社交平台上要协同发声，利用各自优势和不同关注角度形成传播合力，为世界提供同一中国问题的不同角度、观点，全面实现控制与引导舆论。另一方面，由于社交平台受众和功能有各自的差别，因此要对每个社交平台的特性和受众进行深入调查研究，提升传播效果。例如，Facebook和Twitter受众相对Instagram年长；Facebook功能更偏向于社交关系的维护，而Twitter更偏向于转发分享，Instagram则以图片和视频分享为主。因此，媒体在各社交平台发布信息时要进行有针对性的编排，以实现精准传播。

2. 全面提升视频制作与直播能力

移动社交新媒体发展迅猛的微传播时代，比起少有共同经验范围的抽象概念，具体可感、联想得出的图片、视频、个人经历更容易引起人们的兴趣。眼见为实，把中国日新月异的变化寓于普通人的生活和奋斗中，让中国人的

形象、中国人的生活通过图像化的表达展现，更让人信服。视频直播不经剪辑，即时传播，也利于满足国际受众的好奇心，全面展示真实的中国。新华社对外部在 2017 年 11 月 27 日策划了有关天津"泥人张"的直播，在同部门当天所发报道 Twitter 阅览量排名第一，有 85,317 人观看了直播，不仅超过了对"厕所革命"的重大主题报道，还引发了外国民众对中国天津文化的兴趣。世界民众对于中国的信息需求和好奇不仅是政治、经济的，也是文化的，不仅有重大议题，也有家长里短的普通生活。

（三）借力"一带一路"，推动文化交流互鉴

从文化传播看，中国立足世界舞台的大国形象，不仅要有经济和政治形象两面，还应该成为具有文化吸引力的文化大国。文化有吸引力意味着别国自愿接近、跟随，能够使我国国际传播工作事半功倍。中国文化是世界上唯一延续五千多年没有中断的文化，既有继承性也有开放性。没有连续至今的历史文化根脉，就没有当今中国共产党带领人民对文化进行创造性转化、发展，也就不会有当下的理论、制度、道路。让他国了解中国文化的来龙去脉，理解当代中国的世界观和价值观，是实现良好国际交流合作的起点。"一带一路"作为我国推进对外贸易、文化交流、区域合作的顶层设计，不仅蕴含着巨大的经贸合作空间，也为共建国家与中国文化交流提供了更多机会，促进双方实现文化交互、共鸣，提升中国文化软实力。

1. 传统文化创新传播与提升当代文化影响力并重

"一带一路"是共建国家不同文化深入交流的纽带，是实现文化多样化的重要渠道。借力"一带一路"的发展，促进文化交流、文化"走出去"是一项未来工程、民心工程。对外传播中华文化要"不忘本来、吸收外来、面向未来"，一方面，要挖掘中华传统文化的精髓，推动传统文化创造性发展转化，诠释中国"和"与"合"的文化传统，提升传统文化的吸引力、凝聚力；另一方面，要传播当代中国价值观念，向世界展示新时代中国精神、中国价值、中国力量，同时要吸收其他文化的长处，提升自己的吸引力。中国的中医药、针灸按摩、武术健身、美食等已经成为世界了解、喜爱中国的起点；

戏曲、书法、民乐、国画等传统文化艺术为世界提供了不同的审美情趣；传承千百年的文化典籍、当代文学小说、节庆节气等展现了中国文化思想、生活方式。"一带一路"沿线20国青年票选出中国的"新四大发明"（高铁、支付宝、共享单车、网购）在海内外产生了巨大热议，说明高科技发展下的当代中国生活方式已经开始影响世界。

2. 政府工程与民间传播相结合

我国政府为了扶持文化"走出去"，建设了一系列系统工程，推动了一批优秀文化产品"走出去"。以电视剧为例，都市感情剧《生活启示录》发行到了世界200多个国家和地区，2017年在蒙古国播出后，连续20天超越蒙古国本土剧获得收视冠军。新媒体时代，政府工程也应该与时俱进，找准对象国的兴趣点和诉求，实现传播效果的最大化。同样以影视剧为例，在全球范围内，传统大银幕和电视剧市场已经有一部分被网剧、网络电影代替，这在中国市场也有同样的趋势：网络影视剧的制作水准越来越精良、社会影响越来越大。因此，国家扶持的影视剧应在类型、类别上有所调整以适应新的传播环境。2017年11月，在国内收获40亿网络点击量的探案悬疑网剧《白夜追凶》被全球最大付费视频网站Netflix买下海外版权，投放全球190多个国家地区，这是首部在海外大范围播出的中国网络剧，说明国际社会对中国的影视剧有着多样化的兴趣。我们要了解国外观众的实际需求，从民间发现好的项目，并予以一定扶持。例如，中国网络武侠玄幻小说已经在海外有了一定的受众基础，从海外粉丝自发翻译形成阅读习惯，建设专门网站，到如今已经有出版社签约出版英文版网络武侠小说。我国文化"走出去"的脚步需要政府与民间相结合，发掘更多优秀的文化产品。

（四）改变传播语态，讲好中国故事，立体展示真实的中国

讲故事是国际传播的最佳方式，是党的十八大以来我国国际传播语态的创新和策略性改变的主要方面。讲故事是叙事语态的变化，无论是政治话语、媒体内容，还是艺术展示都需要从宏大叙事向个体叙事改变。在党的十九大报告中，习近平总书记再次提出国际传播要精心构建对外话语体系，创新外宣方式，讲好中国故事，并一直身体力行，化政治理念为生动故事，在各种场合用故事传播中国。

习近平总书记还提出要展现真实、立体、全面的中国，提升国家软实力。展示中国的文明大国形象、东方大国形象、负责任大国形象、社会主义大国形象，不能一味地宣传中国高速的发展，也要报道中国发展面临的问题。要减少"中国威胁论""中国崩溃论"的声音，就要告诉世界一个真实的中国到底是什么样的。中国既有繁华的国际化都市，也有偏僻落后的农村；既有精英富豪，也有怀揣梦想的普通人；既有和睦相处的56个民族，也有分裂和恐怖势力。只有讲清中国的复杂性，才能让世界了解中国真正的国情，了解中国共产党的执政理念，理解中国道路。2017年10月，新版国家形象宣传片《中国步入新时代》推出。与2011版以名人为主的宣传片不同，新版宣传片展现了不同年龄段、不同职业的普通人的中国梦，这一系列梦想展现了中国的现实，也展示了中国的信心。

新时代的国际传播，应以"大外宣"的理念将官方与民间相结合、组织与个人相结合、中央媒体与地方媒体相结合，共同传播命运共同体的理念，助力建设"一带一路"，展现立体、真实的中国，提升中国文化吸引力，塑造大国形象，为中国的和平发展创造有利的国际舆论环境。

媒体融合与主流媒体创新

以媒体融合发展助力社会治理[*]

一、内容提要

媒体融合发展是信息技术的重要应用领域。当前，媒体融合发展推动形成的全媒体传播体系，正在深刻影响社会治理。我们要着眼于共建共治共享，充分发挥媒体融合发展在加强和创新社会治理中的重要作用，推动建设人人有责、人人尽责、人人享有的社会治理共同体。要善于利用媒体融合发展促进社会治理专业化、信息化、智能化，提高社会治理现代化水平。

社会治理是国家治理的重要方面。党的十九届四中全会《中共中央关于坚持和完善中国特色社会主义制度　推进国家治理体系和治理能力现代化若干重大问题的决定》提出，"完善党委领导、政府负责、民主协商、社会协同、公众参与、法治保障、科技支撑的社会治理体系"。在社会治理体系中提出"科技支撑"，体现了我们党对新时代社会治理规律的深刻把握。当前，随着信息技术的快速发展，媒体融合发展步伐日益加快，不断拓展社会治理的载体和渠道、方法和手段。新时代，进一步加强和创新社会治理，不断提升社会治理现代化水平，需要充分发挥媒体融合发展的作用。

---

[*] 本文原载于《人民日报》2019年12月25日第9版，与崔林、付海钲合作，收入本书时略有删改。

二、深刻认识媒体融合发展对加强和创新社会治理的作用

媒体融合发展是信息技术的重要应用领域。当前，媒体融合发展推动形成的全媒体传播体系，使信息无处不在、无所不及、无人不用，正在深刻影响社会治理。

社会治理是一项复杂的系统工程，需要充分发挥各个方面的作用。从实践来看，社会治理需要形成与之相匹配的信息传播能力、社会动员能力等，而这离不开媒体作用的发挥。党的十八大以来，以习近平同志为核心的党中央高度重视媒体融合发展，进行了一系列顶层设计，出台了一系列政策措施，有力推动了我国媒体融合向纵深发展。近年来，大数据、云计算等技术被运用到全媒体采编平台之中，移动直播、短视频、H5应用等技术在采编制作环节被普遍采用，VR（虚拟现实）、AR（增强现实）等技术从无到有。随着媒体融合的不断推进，全媒体传播体系已经发展成为包括各种性质媒体在内的多元体系，成为大众传播、群体传播、组织传播、人际传播交叉叠加的复杂网络，并且已经深深嵌入整个社会结构，对经济社会发展和社会治理的影响越来越突出。

随着媒体融合向纵深发展，全媒体传播体系的功能不断延展。在传统社会治理体系中，媒体主要发挥信息传播的功能。当前，全媒体传播体系的信息传播功能越来越强大，但并没有仅仅停留在信息传播功能上，许多融媒体已经具有政务服务、群众诉求表达、电子商务、在线教育、在线医疗、在线娱乐等功能。这些都与人民群众的生产生活紧密相关，与社会治理紧密相关，有助于更好实现幼有所育、学有所教、劳有所得、病有所医、老有所养、住有所居、弱有所扶。充分运用好全媒体传播体系的这些功能，才能有效加强和创新社会治理。

媒体融合发展也给社会治理模式创新带来了深刻影响。当今时代的社会治理是一个多元主体协作的动态过程，各种主体只有在党的领导下通力合作，才能形成社会治理合力。媒体融合发展推动形成的全媒体传播体系在社会治理中扮演着"信息桥梁"的角色，推动了社会治理模式创新。利用全媒体传播体系，不仅可以更好地宣传党和政府加强和创新社会治理的思路和举措，还可以更好地把握社会发展情况、畅通沟通渠道，不断提升社会治理的针对性和实效性。例如，利用全媒体传播体系可以进一步畅通公共服务供需交流渠道，准确把握人民群众的公共服务需求，满足人民群众多层次、多样化需求。

实践证明，媒体融合发展推动形成的全媒体传播体系，对于加强和创新社会治理具有十分重要的作用。新时代，我们要深刻把握媒体融合发展在构建社会治理体系中的作用，善于利用全媒体传播体系加强和创新社会治理，推动建设人人有责、人人尽责、人人享有的社会治理共同体。

三、着眼于共建共治共享发挥媒体融合发展的作用

党的十九大报告提出，要打造共建共治共享的社会治理格局。党的十九届四中全会《中共中央关于坚持和完善中国特色社会主义制度　推进国家治理体系和治理能力现代化若干重大问题的决定》提出，要坚持和完善共建共治共享的社会治理制度。共建共治共享是加强和创新社会治理的基本要求，对于维护国家安全、社会安定、人民安宁具有重要意义。我们要着眼于共建共治共享，充分发挥媒体融合发展在加强和创新社会治理中的重要作用。

充分发挥媒体融合发展对促进共建的作用。共建即共同参与社会建设，这是社会治理的基础。加强和创新社会治理，目的是提升社会治理现代化水平，确保人民安居乐业、社会安定有序，这离不开每一位社会成员的参与和付出。共建是建设人人有责、人人尽责、人人享有的社会治理共同体的必然要求。在社会治理中落实共建的要求，应充分发挥媒体融合发展的作用。以多元互动为传播特征的全媒体传播体系有助于扩大民意表达渠道，促进社会共识达成，打造网上网下同心圆，让人民群众心往一处想、劲往一处使，共同为加强和创新社会治理贡献力量。主流媒体应加快推进媒体融合向纵深发展，进一步增强动员人民群众参与共建的能力。

充分发挥媒体融合发展对促进共治的作用。共治即共同参与社会治理，要求打造全民参与的开放的治理体系。随着改革开放和社会主义市场经济的发展，我国社会发生了深刻而复杂的变化，单靠某一方面的力量难以处理好我国快速现代化进程中出现的各种社会问题。因此，社会治理不只是党委和政府的责任，多元社会主体合作共治是推进我国社会治理现代化的必然要求。媒体融合发展对于促进社会治理实现共治具有直接作用。全媒体传播体系的发展使党委和政府可以更为快捷、全面地了解社情民意，集中人民群众的智慧，为加强和创新社会治理提供重要依据。同时，基于新媒体技术的扁平化、互动化特征，媒体融合发展使得人民群众参与社会治理的过程日益简化、成本日益降低，可以为各种社会主体参与社会治理开辟新的途径。

充分发挥媒体融合发展对促进共享的作用。共享即共同享有社会治理的成果，使社会治理的成效更多更公平地惠及全体人民。社会治理需要共建和共治，而共建和共治的目的是共享。加强和创新社会治理，必须坚持以人民为中心，将增进人民福祉、促进人的全面发展作为出发点和落脚点，保障人民群众的合法权益，不断满足人民日益增长的美好生活需要。媒体融合发展使信息无处不在、无所不及、无人不用，能够有效满足人民群众日益增长的信息需求，有效消除"信息鸿沟"导致的社会不公，有利于实现社会治理成果共享。还应看到，全媒体传播体系的发展促进人民群众广泛参与社会治理，有利于保障人民群众在社会治理中的知情权、参与权、表达权、监督权，确保社会治理过程由人民群众参与、社会治理成效由人民群众评判，进而更好地实现社会治理成果由人民群众共享。

四、利用媒体融合发展促进社会治理专业化、信息化、智能化

媒体融合发展所属的新闻传播领域作为一个社会子系统，与社会治理息息相关。现代社会治理能力建设，离不开新闻传播这一子系统尤其是全媒体传播体系的构建。在新形势下，我们要准确把握媒体融合发展趋势，善于利用媒体融合发展促进社会治理专业化、信息化、智能化。

以媒体融合发展促进社会治理专业化。从某种意义上说，互联网已成为当今社会的一种基础架构。依托互联网发展起来的全媒体传播体系的社会功能也在不断拓展，从信息传播工具日益扩展成为社会发展和治理的一种基础平台。应善于利用媒体融合发展形成的各种成果，不断推进社会治理专业化。例如，数据已成为目前加强和创新社会治理的重要依据、重要资源，以大数据、数据挖掘、数据可视化为代表的"数据治理"已成为社会治理的专业方式。我们可以依托媒体融合发展，运用好"数据治理"方式，不断提高社会治理专业化水平。

以媒体融合发展促进社会治理信息化。从媒体融合发展趋势看，未来全媒体传播体系可能成为新时代社会治理的综合专业信息化平台，形成一个平台、多方汇集、共同推进的社会治理模式，从而不断提高社会治理信息化水平。随着云计算、大数据、物联网等新兴技术的日趋成熟和它们在全媒体传播体系中的广泛应用，全媒体传播体系将不断进阶升级，形成强大的信息采集、分析、应用能力，在提高社会公共服务信息化水平方面发挥重要作用。近年来，我国政务新媒体发展迅速，不但有力推动了服务型政府建设，也有力提升了社会治理信息化水平。

以媒体融合发展促进社会治理智能化。随着人工智能等技术的发展，智能化时代正变得触手可及，"智慧社会""智慧城市"等理念应运而生，智能化将使社会治理体制机制发生新的变化。智能化是媒体融合发展的重要趋向，将在进一步加强和创新社会治理中发挥重要作用。我们要通过媒体融合发展构建智慧全媒体传播体系，使其不仅能满足"智慧社会""智慧城市"的信息传播需求，还能助力解决"智慧社会""智慧城市"治理中的各种现实问题。

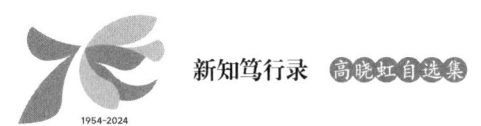

新闻传播必须紧跟时代发展大势*

伴随着数字化的广泛运用与社交媒介的迅猛发展,媒介形态的推陈出新与传媒产业的重组升级成为热门话题,基于传播媒介的国际交往日益频繁。在这一语境下,新闻传播行业从内容到形式、从规则到流程,都在发生巨变,跨地域、跨行业、跨平台的竞争与合作成为主流,新一轮的格局创新正在形成。

面对复杂的环境和艰巨的任务,中国新闻传播业必须探索新理念、总结新经验、拓展新局面。首先,当代中国媒体已经从隔海观望国际媒介形势、仰视国外高水平传播媒体,逐步转变为平等交流、互为借鉴、合作竞争的新态势,面对格局变化,必须具有"并跑"的士气甚至"领跑"的勇气。其次,信息传播已经不仅关乎新闻领域,也关系到国家媒体在国际舆论格局中的地位和作用,关系到国家利益、国家形象和国家发展战略,是提升国家文化软实力的迫切需要,也是维护意识形态安全的当务之急,掌握话语权、把握主动权迫在眉睫。

因此,今天的中国新闻传播业比以往任何时候都更加需要以理念驱动发展、以实践拓展局面。如何用新思路解决新问题、用新方法产生新成效,成为融合时代新闻工作的着力点,也是当下媒介研究的时代课题。

---

* 本文原载于《中国编辑》2017年第2期,被《新华文摘》2017年第10期全文转载,与赵希婧合作,收入本书时略有删改。

一、立足国情阵地，紧跟国家战略新导向

2016年是中国媒体改革与创新的关键之年。2016年2月，习近平总书记到人民日报社、新华社、中央电视台调研，并通过实时播报系统为全国新闻工作者点赞。这次调研成为各大网站头条，为新闻传播发展开启了新的篇章。从2016年2月召开的党的新闻舆论工作座谈会，到2016年11月在第17个记者节上的重要讲话精神，习近平总书记对于新闻宣传工作的新思想和新表述，植根于中国新闻传播事业的历史土壤与当代实践，丰富和发展了马克思主义新闻观，为广大新闻工作者提供了理论依据和行动指南。

（一）坚持党的领导

党性原则是政党的政治主张、思想意识和组织原则在新闻活动中的集中体现。习近平总书记结合中国新闻实践，将党性原则作为新闻事业的根本属性，并指出，"党的新闻舆论媒体的所有工作，都要体现党的意志、反映党的主张，维护党中央权威、维护党的团结，做到爱党、护党、为党"①。

首先，党性原则是不容动摇的根本准则。从以电报和报纸为主要媒介的革命岁月，到广播、电视迅速崛起的建设年代，再到互联网技术广泛普及的大发展时期，无论传播平台如何推陈出新、媒介样态如何日新月异，党对新闻传播事业的领导地位不会变，新闻传播与党中央高度一致的政治立场不会变。这是传承马克思主义新闻观的根本保证，也是中国新闻传播事业立足高远、服务大局的力量源泉。

其次，坚持党性与人民性相统一。在中国的新闻实践中，没有脱离人民性的党性，也没有脱离党性的人民性，党性与人民性相统一，是马克思主义新闻观中国化的具体体现。将党性寓于人民性，要求新闻工作者既要将党和国家的政策主张融入社会生活实践，使之成为人民群众的自觉行动，也要善

---

① 摘自2016年2月19日，习近平总书记在党的新闻舆论工作座谈会上的讲话。

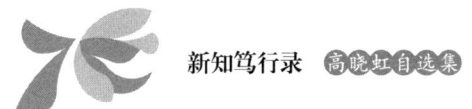

于从街头巷尾的平凡人、平凡事中汲取灵感,将普通百姓对事业的执着、对生活的热爱,置于党和国家发展的大背景下,用民生的视角,唱响党和人民携手共进的主旋律。

(二)引领正确导向

著名记者普利策曾把记者比作"桅杆上的瞭望者",因为记者要时刻关注不测风云和浅滩暗礁。正如瞭望者之于全船航行的重要作用,新闻工作者能否通过报道引领正确的舆论方向,同样关乎国家的未来和事业的生命。

首先,导向问题植根于媒介领域的各个分支。所谓导向正确,不仅局限于与政治局势紧密相关的"硬新闻"领域,也必须面向各个门类的传媒产品,实现引领上的广覆盖和大纵深。2016年,国家新闻出版广电总局下发了《关于进一步加强社会类、娱乐类新闻节目管理的通知》,要求社会类、娱乐类新闻节目要把导向意识放在最根本、最重要的位置,贯穿于各个环节。[1] 在社会、文艺领域强调导向正确的重要性,其目的在于鼓舞创作者们通过"有筋骨、有道德、有温度的作品"[2],彰显信仰之美、崇高之美,弘扬中国精神、凝聚中国力量。

其次,导向引领跨越信息传播的各个平台。媒介发展至今,互联网已经占据了明显优势,成为时代的领跑者。截至2016年6月,中国网民规模达到7.1亿,互联网普及率高达51.7%,[3] 社会舆论的形成渠道更加多元。因此,今天的导向引领必须协调好网络舆论场、口头传播舆论场、大众媒介舆论场的复杂关系,努力创造负责任、有担当的舆论生态,营造理性客观、健康清朗的舆论空间。

---

[1] 李蕾. 国家新闻出版广电总局新闻发言人就《关于进一步加强社会类、娱乐类新闻节目管理的通知》答记者问[N]. 光明日报, 2016-08-30 (9).

[2] 习近平. 在中国文联十大、中国作协九大开幕式上的讲话[EB/OL]. (2016-11-30) [2016-12-21]. https://news.12371.cn/2016/11/30/ARTI1480507719327997.shtml.

[3] 中国互联网络信息中心. 第38次中国互联网络发展状况统计报告[R/OL]. (2016-08-03) [2016-12-21]. https://www.cnnic.net.cn/n4/2022/0401/c88-1096.html.

（三）做好正面宣传

当下，我们立足改革攻坚的新时期，在创造新机遇、搭建新平台的同时，所面临的挑战和困难是前所未有的。历史和现实告诉我们，信息传播是社会发展的温度计和晴雨表，越是处在转型发展的关键期，新闻工作者越要勇于面对错综复杂的舆论生态，发挥正面宣传鼓舞人、激励人的作用。

首先，以正面宣传营造和谐共进的舆论氛围。古语云，"君子和而不同"，中国人在沟通交往时尤其讲求"求同存异"。在传播主体全民化、传播内容个性化、传播方式社交化的今天，不同的声音、多元的观点更加层出不穷。坚持正面宣传，旨在发挥正能量的引领作用，确保个体的声音多而不杂、散而不乱，形成团结、稳定、鼓劲的舆论局面，共同指向凝聚人心、共谋发展的终极目标。

其次，以正面宣传扩大主流舆论的社会影响。真理不去占领，谬误就会丛生。面对多个舆论场齐头并进的复杂形势，主流媒体必须迎难而上、主动出击，通过理念创新、内容创新和手段创新，发出弘扬正气、鼓舞民心的正面声音。截至2017年1月4日，"全国优秀广播电视公益广告作品库"的用户下载次数达到62万多次。[1]777部来自全国各地的公益广告，带着满满的正能量，活跃在主流舆论场，以入耳、入脑、入心的正面报道阐释社会主义核心价值观，树立时代新风尚。

二、坚持观念创新，构筑舆论引导新格局

从大众传媒时代的单向传播到基于互联网、自媒体的互动传播，今天，不仅官方媒体能够实现舆论引导，参与其中的每个个体也能发出声音，左右事态的走向和大众的思想。可见，当下的舆论引导已经不再是"我说你听"的单一局面，还涉及主动和被动的问题，以及谁来影响谁的问题。正如

---

[1] 全国优秀广播电视公益广告作品库［EB/OL］.［2016-12-21］. http://igongyi.cntv.cn/special/gyggzpk/sjy/.

习近平总书记所指出的,"要适应分众化、差异化传播趋势,加快构建舆论引导新格局"①。具体而言,主流媒体要从时、度、效上着力,体现新时期对于时、度、效的新要求。

(一)抢占报道先机

纵览古今中外对于新闻的定义,都离不开"时间"这个关键词。新闻人的职业使命便是与时间赛跑,将新鲜出炉的一手消息以最快的速度传播出去。如今,技术革命实现了基于互联网的高速传播,主流媒体要想占领先机,必须树立新观念、掌握新手段,确保关键时刻不失语、重大问题不缺位。

首先,将时效意识植入宣传内核。传播学的"首发效应"指出,首发信息会让受众形成先入为主的第一印象。如今的"首发竞争"不仅是主流媒体之间的比拼,更是官方与个人、主流与分支关于话语权、主动权和领导权的较量。这几年来,主流媒体抢占先机、主导舆论的自觉性和有效性明显增强。2009年,央视率先实现了应对突发事件报道的国内布点②;2013年前后,新华社制定了《国内重大突发事件报道首发认定和奖励办法》;2015年,"东方之星"客船翻沉,央视新闻频道率先发出权威消息③,防止出现"谣言满天飞,真相未上路"的传播窘境。

其次,以网络监测创新引导观念。以往,舆情信息总是来自事件过后的各项调查与烦琐的人工分析。今天,基于网络传输与大数据技术,对于舆情信息的实时监测已经成为现实,舆论引导也正在从"及时引导"走向"实时引导"。未来,媒介融合必将驶入快车道,进入加速区,主流媒体的时效意识不仅体现在一般新闻工作所要求的反应快、出手快上,更要适应技术发展现状,用新技术武装头脑,努力将传统报道平台建设成为舆情监测、研判、预

---

① 摘自2016年2月19日,习近平总书记在党的新闻舆论工作座谈会上的讲话。
② 中央电视台首次实现应对突发事件报道的国内布点[EB/OL].(2009-04-14)[2016-12-21]. http://news.cctv.com/xianchang/ 20090414/115179.shtml.
③ 申勇,张宇珺.回击舆情杂音创新电视表达:央视"东方之星"救援报道的实践[J].新闻战线,2015(13):46-48.

警、处置、修复及信息增值与服务平台，提升舆情报道和舆论引导的科学化与现代化水平。

（二）把握宣传尺度

"尺度拿捏"是一种方法和能力，也是一门学问和艺术。既要坚持实事求是精神，不隐瞒、不夸大、不歪曲，也要在传播事实的基础上顾全大局、头脑清醒，做到分清主次、突出重点，确保舆论引导真实而不失实、适度而不过度，防止分寸"拿捏"不准，避免火候不到或火力过猛。

首先，关注正义的力量和光明的未来。凡事都有多面性，不同的人对同一件事的理解也会存在差异。作为主流媒体，要在多面性中聚焦正义和光明，树立人间正气，引导社会新风。2016年，"聂树斌案改判无罪"成为热门新闻。《人民日报》同步配发多篇评论——《正义晚了终究来了》《从冤假错案中汲取深刻教训》《正义永恒提振依法治国信心》等，及时公开事态，正确传达观点，以理性中肯的声音，将热点事件的来龙去脉和前因后果阐释清楚，引导公众由点及面地关注事件背后的启示和意义，营造积极向上的舆论氛围。

其次，聚焦政府的作为和解决的办法。问题应该揭露，意见应该表达，但其宗旨在于齐心协力、同舟共济，克服暂时的困难，找到解决的办法。在问题和意见面前，主流媒体应该起到"活血化瘀、化解危机"的作用。以雾霾污染问题为例，近两年来，各级政府第一时间通过政务微博报告空气质量、预警重度污染，将政府治理雾霾的各项措施公之于众，邀请市民共同参与节能减排，起到了排解民怨、疏导民声、集结民力的作用，将社会舆论引向了理性的轨道。

（三）讲求传播效果

今天，来自民众的信息反馈比以往任何时候都更加及时也更为犀利，成为检验引导效果的重要标准。因此，舆论引导必须强化受众意识和效果意识，要善用技术、讲求艺术，善于做"看不见的宣传"。

首先，从内容上提升亲和力和感染力。归根结底，舆论工作必须解决

"为了谁，依靠谁，我是谁"的根本问题，新闻报道必须回归民生、回归百姓。近年来，一大批扎根基层大地的新闻报道登上荧屏。从"走基层系列报道"到"好记者讲好故事"活动，那些不起眼的人和事经由报道引发关注，让人们深刻感受到伟大的人、伟大的事就在身边，时代的进步、社会的发展需要每一个人贡献力量。

其次，从形式上强化吸引力和创造力。习近平总书记指出，"要推动融合发展，主动借助新媒体传播优势"[①]。在2016年中国新闻奖的获奖作品中，央视《"一带一路"特别报道：数说命运共同体》第一集《远方的包裹》广受关注。报道团队汇集了超过1亿GB的相关数据[②]，将其转化成故事化的新闻和可视化的信息，描摹出"一带一路"沿线主要国家的资源需求和发展走向，不仅实现了电视表达的重大突破，富有创造性的宣传构想也吸引了广大观众纷纷点赞。

三、依托技术进步，拓展主流宣传新样态

从印刷术的发明到声光电技术的运用，今天的信息传播已经跨入多媒体、多终端、多用户、多需求的时代。一方面，技术支撑下的微博、微信等社交媒体形成了新的信息场，舆论引导进入了多场域、多任务的时代；另一方面，主流媒体迎来了前所未有的发展机遇，只有保持观念上的开放度和行业上的敏锐度，拥抱新技术、占领新平台、凝固新成果，才能赢得融合时代的媒介竞争。

（一）学习新技术

新技术为新闻传播赢得了更多、更快、更好的发展条件。但是，无论技术如何更新，媒介传播的本质不会改变。未来，即使电视"台"不在了，电

---

① 摘自2016年2月19日，习近平总书记在党的新闻舆论工作座谈会上的讲话。
② 摘自《"一带一路"特别报道：数说命运共同体》第一集《远方的包裹》，http://news.xinhuanet.com/zgjx/2016-08/30/c_135645314.htm。

视"机"没有了,"视听"传播依然永恒!主流媒体的关键问题在于,如何借助新技术,进一步巩固、发展和丰富视听元素,再造视听传播的新辉煌。

首先,凭借技术获取一手信息。新时期,信息传播的较量在于效率和质量。如何在关键时刻获得高质量的有效信息,是舆论引导的关键所在。2015年8月,新华网新闻无人机队跟随国家核防化应急救援队再次进入天津港爆炸核心区域,其所拍摄下的灾区画面,为国家救援提供了关键信息。①9月,中国传媒大学新闻传播专业教师组成了一支"飞行队",集体学习无人机技术,将航拍新技术植入教学。今天,以无人机为代表的新技术,不仅为视听传播插上了翅膀,创造了新的视觉体验,也从教育教学和媒介实践等多个方面,开启了新闻传播专业发展的新时代。

其次,依托技术提升传播效果。融合时代的主流媒体要站在技术高地,努力突破视角局限,通过组织多媒体集成、多要素聚合、多手段并用的传播方法,使传统报道与新兴技术融合互动、相互支撑。2015年,"东方之星"客船翻沉成为舆论焦点。在众多电视报道中,央视团队开创性地将延时拍摄引入灾难新闻,用1分钟的逐格画面记录客船翻沉倒扣、扶正、打捞等环节,向观众展示了国家救援的全部经过,在事故舆论的风口浪尖,以丰富的新闻表达答疑释惑、凝聚民心。②

(二)开发新样态

走向数字化和网络化的新闻报道已经突破图文声像的传统样态,结合我国大力推进的"两微一端"建设,基于视听元素的"融合新闻"成为传统媒体的发展方向。在一次采集、多种生产、分众传输的运营模式下,主流宣传得以通过不同渠道进入受众视野,用不同语态满足人们的个性化需求。

首先,做好个性化、人性化传播。从"一对多"传播的广播电视到"点

---

① 徐壮志. 新华网无人机再次进入爆炸核心区域[EB/OL]. (2015–08–16)[2016–12–21]. http://www.xinhuanet.com/politics/2015/08/16/c_128133048.htm.
② 申勇,张宇珺. 回击舆情杂音创新电视表达:央视"东方之星"救援报道的实践[J]. 新闻战线,2015(13):46–48.

对点"传播的微信聊天,今天,信息传输的模式已经从大众传播走向了互联网平台上的人际传播,以"表情包"为代表的日常人际沟通符号成为主流宣传的新样态。2016年,中国传媒大学的学生团队设计了"民族团结一家亲"和"长征路上小红军"两款表情包,基于微信平台的表情符号,将弘扬长征精神、倡导主流价值的宣传思想融入你我之间的对话体系,掀起了多轮转发热潮,实现了重大主题报道的模式创新。

其次,力求广覆盖、高效率传播。对比传统媒体的制作和播出过程,新媒体的速度优势和扩散优势十分明显。以H5技术为例,这一汇集图文信息和视听元素的融合传播样态,将传统报刊、广播电视的报道内容植入移动空间,制作成条分缕析的手机推送,转化为交互扩散的系列作品,成体系、高效率地宣传国家政策和发展成就,解决了传统媒体制作周期长、宣传时效差、推广范围小等问题,为配合主流媒体提升宣传效果、扩大宣传影响、营造宣传气势奠定了基础。

(三)凝固新成果

2015—2016年,在主流媒体的大平台上,服务国家战略发展的一系列宣传成果,为中国新闻传播事业留下了浓墨重彩的时代印记。新的成果既要被推出,也要加以凝固和推广,让走在前沿的新内容、新做法充分发挥时代榜样的力量,也让新鲜的案例惠及当代新闻传播学科的教育教学和人才培养。

首先,以案例教材总结专业成就。新闻传播学科是与实践紧密相关的应用型学科,梳理弘扬主流价值、代表行业水准、彰显时代风尚的优秀案例对于专业发展大有裨益。2015年1月,中宣部、教育部组织编写的《实践中的马克思主义新闻观》案例教材由高等教育出版社出版发行。这本教材集聚了全国新闻传播学科的知名学者、资深专家的智慧和经验,汇集了近60个践行马克思主义新闻观的鲜活案例,将记者的采访手记与专家的点评分析和丰富的网络音视频资源相链接,为新闻传播领域的课堂教学和行业实践提供了宝贵的一手资料。

其次,以数字手段推广实践成果。数字技术压缩了传统纸张的书写空间,将大部头的集锦作品变成了"掌中宝""口袋书",为主流宣传的成果典藏开启了新思路、提供了新平台。以《第二十五届中国新闻奖获奖作品新媒体展示手册》和《中国广播影视大奖新媒体展示手册》为例,读者拿起手机,扫描获奖作品的二维码,即可链接到该作品的 H5 页面,获取丰富直观的作品资料,强化了优秀成果的辐射力和影响力。

四、创新话语表达,打造国际传播新平台

新媒体发展加速了全球化进程,也深刻影响着国际舆论走向,使得国别之间、文化之间的沟通意愿更加强烈,为立足中国、面向世界的新闻传播事业带来了契机。正如习近平总书记所指出的,"在全面对外开放的条件下做宣传思想工作,一项重要任务是引导人们更加全面客观地认识当代中国、看待外部世界"[1]。今天,国际传播担负着向国际社会报道中国、站在中国立场报道世界大事的重要职责,是新闻传播事业发展的重要领域。

(一)强化中国话语权

在国际舆论竞争中,话语权意味着主动权和主导权,是国际传播能力建设的根本保证。就话语权建设而言,其前提有两个方面:一是要优化战略布局,扩大外宣媒体的海外布点;二是要发挥旗舰媒体的功能与作用,客观开展报道、传播中国声音,以数量为基础,逐步提高传播质量、提升落地效果。

首先,建设国际一流媒体。今天的国际传播早已突破"西方独大"的历史局限,我国的外宣媒体已经从"学习西方"变成"平等前进",甚至在"两微一端"等新媒体方面领先于国际发展。近年来,中央外宣媒体大力推进海外节目落地,全面加强驻外机构队伍建设。以新华社为例,截至 2015 年 3 月,海外分支机构已经达到 180 家,拥有覆盖全球的新闻信息采集网络。[2] 如

---

[1] 摘自 2013 年 8 月 19 日,习近平总书记在全国宣传思想工作会议上的讲话。
[2] 新华社海外社交媒体统一账号"New China"正式运行[EB/OL].(2015-03-01)[2016-12-21]. http://www.xinhuanet.com/world/2015-03/01/c_127530930.htm.

今，中国记者的身影、中国媒体的声音已遍布世界的每个角落，唱响了铿锵有力、温暖人心、充满希望的中国旋律。

其次，客观开展国际报道。在全球传播时代，报道世界上发生的事情，既要客观、全面、真实，也要关注如何才能于我有利、为我所用。2016年，在中国南海问题上，《华尔街日报》等个别西方媒体歪曲报道、造谣生事。面对国际舆论喧嚣，央视北美首席政治记者受邀登上美国颇具影响力的电视台RT America，用流利的英文、专业的分析，与美国政治专家就南海仲裁结果展开激烈辩论，为秉持新闻事实公正、夺回中国话语权贡献了力量。

（二）讲好中国故事

国际传播不仅要"说好外语"，更要"讲好故事"，正如习近平总书记对《人民日报海外版》创刊30周年的重要批示，要"用海外读者乐于接受的方式、易于理解的语言，讲述好中国故事，传播好中国声音"[①]。总书记的指示聚焦新时期的外宣工作，强调了探索传播方式、创新话语体系的新任务。

首先，运用世界共通的视听语言。国际传播既需要触动人心的故事，也需要唤起共鸣的方法，而以图像和声音为主的视听语言，经过简单的字幕翻译，便可具有融合共通的传播作用，在世界范围内形成富有吸引力和感染力的传播符号。2016年，中国传媒大学师生团队共同制作了52集系列纪录片《世界这么大，我想去看看》，作为对外传播的代表之作，在法国华人卫视播出，不仅让法国人了解了中国，而且尝试借助视听表达，着力打造融通中外的视听新概念、新范畴和新体系。

其次，展示中国文化和中国特色。国际传播是信息的传播，更是形象的传播、文化的传播和观念的传播。对于当代中国而言，既要向世界展示独一无二的中国道路，也要善于将中国人的价值观和文化观传播出去，彰显中国特色、中国风格和中国气派。正如电视剧《媳妇的美好时代》在非洲热播、电影《泰囧》成为中泰交往的文化名片，在新时期，国际传播要善于借助翻

---

① 摘自2015年5月，习近平总书记对《人民日报海外版》创刊30周年的重要批示。

译技术，让孕育着真善美的中国观念传遍全球，争取世界市场的文化认同，实现中国文化的广泛输出。

（三）培育中外传播人才

人才资源是新闻传播事业中最活跃、最积极的因素，习近平总书记强调，"媒体竞争关键是人才竞争，媒体优势核心是人才优势"[①]。面对复杂环境，只有坚持人才战略、储备优秀人才，才能保证在国际传播领域处于领跑位置。

首先，立足国家人才平台。为响应国家"走出去"战略部署，按照中宣部、教育部的指示，清华大学、中国人民大学、中国传媒大学承担了国际新闻传播硕士培养项目。项目开展7年来，毕业生遍布国家各大驻外记者站。近年来，为适应时代要求，中国传媒大学建立了大学生英语创新实验平台，构建了从本科到硕士的国际传播人才培养模式。在这一模式下，学新闻的学生不仅懂外语、会采编，也擅长新媒体技术，不仅能够满足新闻传播的内容需求，也具有经济、法律、外交等多方面的知识结构，逐渐成长为具备专业外语资质和"新闻+"优势的新一代国际传播人才。

其次，壮大新闻专业留学生队伍。在全球一体化时代，人才培养不再是单边突围，不仅要大力培养中国人才，更要吸引优质的国际学生深入中国、了解中国、传播中国。从2012年起，我们面向全球，每年招收国际传播专业留学生硕士，力求通过国际化与本土化相结合的培养方式，引导留学生认识中国、融入中国，接受中国文化、认同中国立场。今天，在新闻传播领域培养国际留学生，不仅丰富了我国国际传播的人才队伍构成，也为世界各国输送了大批优秀人才，真正实现了中国在媒介领域的"领跑角色"，为促进全球传播大业的协同发展贡献了力量。

---

① 摘自2016年2月19日，习近平总书记在党的新闻舆论工作座谈会上的讲话。

五、结语

对于全球信息传播而言，2017年依旧是机遇与挑战并存的关键时期。面对日新月异的媒介环境，中国的新闻传播事业必须不断丰满自身羽翼，努力参与国际竞争，既要坚定立场、坚持特色，也要塑造开放的世界观，坚持创新的价值观。对于未来的新闻工作而言，主流媒体要基于中国国情和实践需要，坚守并创新马克思主义新闻观的当代思想，从党和国家的工作重点出发，与媒介技术的发展前沿接轨，借助国家媒体的阵地优势，拥抱新媒体的技术浪潮，通过服务战略大局、深入百姓人心的优秀新闻作品，谱写洋溢着"道路自信、理论自信、制度自信、文化自信"的中国篇章。

媒体融合新常态下传统媒体舆论引导面临的困境与出路*

今天，探讨"媒体融合"的声音越来越高涨，然而，不少研究仍停留在技术层面上，探讨传播介质的整合性。实际上，媒体融合的根本并不在于传播介质的统合，而是要优化传统媒介的功能，培植和满足个性需求，在动态过程中创造出新的信息价值。可以说，"信息传播技术的发展和传媒市场化的进程已将新闻传播推进到一个革命性变化的临界点"①。在这一大背景下，舆论的形成与传播也呈现出诸多新特点。一方面，新媒体舆论场与传统媒体舆论场的区别日益显著；另一方面，传统舆论场深受新媒体舆论场的影响，自身的舆论结构也在悄然变化。因此，在媒体融合发展的新常态下，主流媒体如何应对舆论结构的变化，加强媒体内容管理、确保正确导向成为摆在我们面前的突出问题。本文将从以下六个方面分析现实状况并提出建议，希望能为主流媒体进一步加强媒体内容管理、确保正确导向提供新思路；为其自觉坚持主流思想舆论引导，弘扬主旋律、传播正能量，凝聚全社会团结奋进的力量提供新视角。

---

* 本文原载于《社会科学》2015 年第 9 期，被《新华文摘》2016 年第 1 期全文转载，收入本书时略有删改。

① 高钢. 媒体融合：追求信息传播理想境界的过程 [J]. 国际新闻界，2007（3）：54-59.

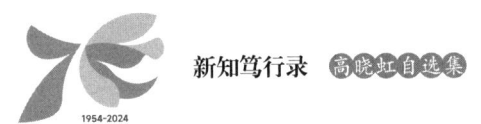

一、多元语态下舆论焦点的新特征

随着以互联网为代表的新媒体的兴起与发展，信息传播途径极为丰富，在内容、形态、传播样式以及互动性等方面都呈现出多元特征。信息环境中的公共舆论焦点，亦随之发生了新的变化。

（一）传播主体多元化令观点交锋异常活跃

在当前传播环境中，传播主体已由"一元"变为"多元"，即由职业新闻从业者、政府与社会组织、民众个体传播者等构成。不同的传播主体必然有不同的信息诉求，背后则是不同的角色和价值立场。因此，不同观点的相互激荡令舆论中的声音愈加多元成为当下舆论焦点的一大特征。

（二）草根话语盛行，解构主流话语

在传统的"主流媒体舆论场"之外，互联网上形成了"民间舆论场"，对主流舆论话语进行解构和重读，并由此形成在持续时间上长短不一的众多舆论新焦点。一方面表现为对官方媒体、公权机构、社会名人的批评或带有讽刺性质的移植、套用、修改或者歪曲；另一方面表现为带有明显主观色彩地对史实和历史观点进行重新发现和修正。这些解构行为一定程度上迎合了部分网民对于社会、政治和经济发展的负面情绪，但也消解了主流话语的公信力。

（三）政治信任弱化，唱衰特征突出

与草根话语兴起相关的是舆论中表现出的政治信任弱化。党的十八大以来，我国在反腐领域取得了一系列重要成就，反腐力度和效果得到了社会公众的极大支持和肯定。但由于长期以来公众对腐败问题，尤其是与政府和公权机构相关的腐败问题已经留存的印象一时难以消除；加之反腐过程中案件的相继曝光，经济领域收入分配差距拉大，文化领域社会道德滑坡，以及公

共服务领域内出现的诸多问题，公众的舆论焦点也呈现出对政府治理和国家公权力的政治信任日益消减的特征。在网络环境的快速扩散和人际互动条件下，这些观点容易在信息不充分的条件下快速蔓延，导致公众形成错误认识，出现唱衰政治、看空经济等一系列负面特征。

（四）个体参与度升温，观点易情绪化

网络环境下，内容生产、传播的低成本特点，以及微博、微信等新传播平台所提供的自媒体空间，使得公众（网民）易于利用互联网参与、影响公共舆论。加之社交媒体和移动互联技术的发展，个人参与公共话题讨论的积极性不断增强。新媒体时代，"人人都是传播者，只要身边有电脑、手机，就能随时随地把自己的心情、感受、认知、判断传播到网络上，再经过人际、群体的作用核裂变式地传播出去。这样往复循环，个体的某种情绪便能通过媒介公开传播，在暗示、感染等机制的作用下，放大为整个社会的集体情绪"[①]。在现时社会背景之下，随着改革的深入、城镇化的推进，一系列在发展过程中出现的复杂社会矛盾和问题，通过网络舆论中的负面社会心态折射出来，在对社会经济、政治、文化等多方面公共话题的讨论中流露出诸多非理性的负面情绪，进而在整个网络舆论环境中蔓延开来。

（五）"痛点"效应明显，易于引爆舆论

传统媒体在议程设置上的影响力有所减弱，相反，自媒体信息传播能够抓住公众情绪和信息上的"痛点"，容易实现病毒式的广泛传播。"痛点"效应之下，一些关乎民生的典型事件和话题，经由网络扩散后，转变为重要议程设置，并形成一致性的舆论态度，产生了巨大的社会影响。同样以《穹顶之下》为例，通过网络平台推出的《穹顶之下》，由于片中的内容涉及环境问题的"痛点"，因此迅速引爆了社会关注度，激发了公众情绪。甚至有观

---

① 隋岩，李燕.论群体传播时代个人情绪的社会化传播[J].现代传播（中国传媒大学学报），2012, 34（12）：10–15.

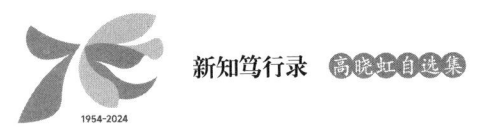

点认为,这部片子在两会召开前播出,一定程度上转移了公众关注两会的焦点。

(六)公众媒介素养不足,流言、谣言易于扩散

当前,公众的媒介素养尚未与互联网技术的快速普及相适应,公众对于网络信息的认知、判断能力有待提升。与此同时,一些个人、机构和团体出于不同利益诉求,借机利用公众的负面情绪,炮制网络谣言并轻易得到广泛、快速的扩散。尤其在一些重大突发公共事件发生后,如果信息公开不及时,传播不透明,内容不充分,此类谣言更易于在人群中扩散。如此一来,主流媒体相对滞后的辟谣信息,则很容易淹没于海量的网络信息中,难以有效地对谣言进行有力回击。

(七)热点事件层出,焦点更迭迅速

网络传播中信息扩散快速,网络用户人群对话题敏感度较高,加之网络信息扩散的主要平台相对固定和单一,信息容易形成聚合特征。配合大数据、数据挖掘、"个性化推荐"等技术,网络环境中舆论焦点易于快速形成,并在短时间内急速扩散,形成巨大影响力。同时,由于网络上信息源丰富,信息更新速度快,网络舆论焦点存在多个并存的情况。通常多个舆论焦点能够分散公众过于集中在某一事件上的注意力。舆论焦点的快速更迭特征,一方面有助于转化舆论压力,另一方面可能被机构或个人利用作为逃避社会责任、掩盖不法事实的途径,应当予以防范。

二、当前传统主流媒体内容管理面临的新问题

(一)传统媒体存在矛盾心态

面对媒介融合大潮,不少机构一方面愿意推进与新媒体融合,另一方面担心在合作中丧失原有的主动权。传统媒体普遍担心的问题是,如果共享其所生产的内容,那么是否会丧失"内容为王"的核心竞争力,彼此间没有独

家、没有特色，同质化问题更加严重，竞争力会大幅下降。此外，传统媒体亦对新媒体在内容聚合、广告运营、市场营销等方面所带来的经营压力感到焦虑。这些矛盾心态会影响传统媒体与新媒体融合的推进与成效。

（二）面对媒体融合，传统媒体内容生产显被动

在过去相当长的时间内，传统媒体有大量经验丰富的工作人员，在内容生产方面有绝对优势。但近年来的趋势反映出，传统媒体内容生产优势正在逐步消解。以新闻时效性为例，不少传统媒体，特别是纸媒的优势尽失。同时，有些报道受制于宣传口径，往往无法开展。反观网络上相关内容却几乎没有限制，这就导致了内容生产的被动。

有的传统媒体已经在新媒体领域发力，如开设微信公众号、推出应用程序等。不过，这些尝试仍然有可以提升的空间。具体来看，有些传统媒体的应用程序保留了原来的传播方式，也就是"我说你听"，只是将传统媒体的内容平移到新媒体领域，无法形成影响力。值得注意的是，有些传统媒体的微信公众号，如北京日报集团的"长安街知事""团结湖参考"等，围绕新媒体受众关注的事件进行策划，以活泼生动的语言进行传播，已经具有一定影响力。不过，与这些微信公众号所属的传统媒体影响力相比，还有很大的提升空间。

（三）传统媒体内容生产思维模式固化

不少传统媒体的管理者，感受到了媒体融合的趋势，并且在机构设置、业务发展、技术更新等方面做出了相应的调整，但真正能够形成互联网思维的并不多。不少机构在 2000 年之后即成立了网站等新媒体平台，但这些经营了十多年的平台却形同鸡肋。最主要的原因，就是传统媒体在整体运营上保留了传统的理念，仍然以传统思维指导内容的生产、传播和评价，导致在媒介融合中缺乏竞争力。由于惯性思维，传统媒体在内容生产的思维方式上还是延续原有的模式。即使有新的尝试，但从整体来看，对于媒介融合变化，也很少能用互联网思维来接受并改变。

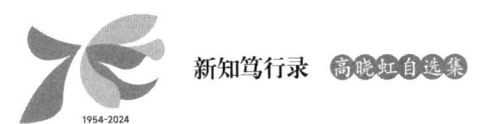

（四）对于UGC、PGC、OGC的内容使用度不够

UGC（User-generated Content，用户原创内容）的兴起推动了Web2.0时代的到来，即用户将自己原创的内容通过互联网平台进行展示或者提供给其他用户。随着移动互联网的发展，网上内容的生产又被细分出PCC（Professionally-generated Content，专业生产内容）和OGC（Occupationally-generated Content，职业生产内容）。PCC往往是出于"爱好"，义务地贡献自己的知识形成内容；而OCC是以职业为前提，其创作内容属于职务行为。传统媒体在内容使用上主要还是依靠原有的团队制作力量，对于用户原创内容UGC的使用不多；而对于互联网上专业生产内容PGC和职业生产内容OGC，使用度同样不够。

（五）传统媒体内容版权得不到保护

目前，传统媒体和新媒体的内容是互相流动的。不过，从目前整体情况来看，由于版权问题，传统媒体的内容往往更多在互联网内被廉价使用。不少纸媒从业者反映：其内容往往被商业互联网媒体转载，有时会在特别边角的地方标注一下转载出处，有时甚至连原转载出处也没有，只是粗暴地将内容进行复制和传播，导致知识产权的流失。同时，由于申诉过程较长等原因，传统媒体往往束手无策，只能采取听之任之的态度。

（六）媒介融合的传播平台存在短板

内容生产与内容的传播密不可分。传统媒体除了建立微博、微信等账号，还推出了应用程序，但这些举措在很大程度上受制于人。对于传统媒体的微信公众号，移动互联网平台限定了传统媒体每天发布的内容次数和体量，因而在互动性方面难免受到影响。

（七）传统媒体内容生产人员流失

新媒体行业的优厚待遇与灵活机制吸引着越来越多拥有丰富经验的传统媒体从业者。人员流动本身是业界的正常现象，无须太过担忧。但目前出现的离职现象却隐含了某种对传统媒体的无奈与失望。这种对未来的焦虑和利益的趋近，今后是否会造成崩塌式的人员离职潮，值得我们持续观察。

三、当前传统主流媒体舆论导向的新困境

随着新兴媒体的蓬勃发展，剧变的媒介环境使得主流媒体在引导舆论中出现了新困境。

（一）舆论引导主体多元：同场竞技，规则不同

新兴媒介形态的不断出现和发展，使得传统媒体主导的主流舆论场的影响范围发生改变。在官方主导下的主流媒体之外，诸多基于网络平台的商业媒体大量出现并且借由网络平台的优势，在短期内其影响力快速上升。

由于大量商业性的网络信息平台在内容制作、发布、转载等环节上尚未得到全面有效的监管。相比之下，传统主流媒体长期以来形成了一套自上而下的内容管理体系，且执行较为严格，两者在对诸多公共事件的报道中"同场竞技"，却未能处于同一"游戏规则"之下。一些商业性网络平台惯于采取内容违规后"一删了之"的低成本投机操作，使由官方主导的传统主流媒体在报道题材、角度、内容和时效上都处于话语劣势，进而极大地削弱了其在舆论中的影响力。

（二）传播内容与路径多样化：传统媒体受到全面冲击，议程设置权限消减

传统媒介环境下内容的生产和传播渠道都由主流媒体掌控，保证了其对舆论影响的有效性。然而，由于报纸、广播、电视等传统媒体自身形态的束缚，加之网络环境下大量信息通过单位成本几乎为零的网络渠道传播，极大地冲击了传统媒体所拥有的渠道优势。作为内容生产者，尽管当前的传统主流媒体在历史、人才和资源积累方面仍然具有内容制作的优势，但由于网络内容版权在法律法规和执行过程中的不完善，诸多内容优势难以得到有效保

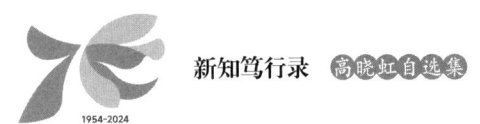

护。此外,由于网络传播在传播途径上的多样性、去中心化、隐蔽化以及海量扩散的特点,内容产品一旦进入网络条件下的二次传播,主流媒体便失去了对内容的控制权,无法控制后续传播中他人对内容的再加工。

(三)技术劣势:时效滞后,互动不足

传统主流媒体在信息发布、更新时效和速度上受自身传播形态特点的限制较大,尤其在重大突发公共事件发生后很难再占领新闻的第一落点。此外,传统主流媒体相对网络环境下的信息传播态势而言缺乏互动性,这成为其在当下媒介环境中的另一先天缺陷。尽管多数主流媒体已开发并拥有了微博账号矩阵、微信公共账号及应用客户端等新媒体平台,但在各家的设计、开发和运行中,多数未考虑到将受众的互动特征纳入其中,基本还停留在"一对多"的传统传播观念。

(四)主流舆论引导的被动性:商业网络平台的垄断

在当前的网络环境下,以微信、微博、移动客户端 App 为代表的网络信息平台构成了网络舆论最主要的来源,对社会整体舆论产生了巨大影响。目前主流社交平台和信息应用主要集中在腾讯、新浪、阿里巴巴和百度等互联网公司手中,并在一些领域内形成了一家独大的垄断态势。

(五)转型之困:体制机制转型滞后,惯性、惰性并存

传统主流媒体在内容生产、发布等环节上体系完备,制度严格,但在新型媒介融合的信息环境下,传统的运行机制和管理体制已出现一系列与现时环境不匹配的地方。主流媒体由于大量存在单一媒介形态的传统基因,因而比较依赖传统传播路径,迄今少有传统媒体向新媒体成功转型或融合的案例。当下传统主流媒体在实践融合转型过程中,在人力、财力和其他资源分配上依然存在重传统媒介、轻新兴媒介的倾向。其改革与转型速度缓慢,远不及新型媒介环境的变化,传统媒体人也依然存在角色转换、价值认同、业务技能、绩效考核等多方面的转换滞后。传统主流媒体在一些重大公共事件发生

后一来畏首畏尾、找不到方向，二来形成"等指示"的惯性依赖，从而失去第一时间掌握舆论宣传主动权的机会，可能造成网络舆论的无序甚至失控。

四、加强内容管理、确保正确导向的新思路

（一）转变管理观念，以提升媒体的内容服务为切入点

由于新媒体的快速发展，内容管理的核心对象实际已发生转移，即由"传统媒体→门户网站→客户端"转变为"体制内→体制外→用户"。脱离用户及其生产的信息内容来谈管理，很难取得良好的效果。

要转变内容管理的观念，就要以提升媒体的内容服务为切入点，变宣传为服务、变受众为用户、变内容为产品。加强媒体的内容服务，可以通过大数据等手段，找准目标受众及其信息需求。这种信息需求已不再是传统意义上的新闻信息，而是与社会生活相关的一切有价值的信息。

（二）建立传统媒体与新媒体的统一管理制度，为传统媒体"松绑"

当前，传统媒体与新媒体分属不同的管理部门，以不同的管理制度进行内容管理和舆论导向。不同的管理政策一定程度上造成了传统媒体"越管越死"，新媒体却不能得到很好的治理的现象。传统媒体的内容管理、舆论导向问题不是很多，但其影响力却呈下降之势；而新媒体平台因大多将商业利益摆在首位，在传播内容的管理上以吸引受众为导向，致使"标题党""煽情""黄色暴力"等现象层出不穷。此外，新媒体在技术、平台、传播模式上的迅速更迭，导致新媒体的内容管理难度增大。因此，在媒体融合发展形势下，要充分发挥主流媒体的舆论引导功能，就应当改变当前对传统媒体和新媒体实行的不同管理制度。首先要对传统媒体（尤其是对其新媒体内容生产）"松绑"，在具体的管理措施上不宜将规定定得过细、过死；其次要进一步规范新媒体的内容生产和传播，厘清新闻网站、商业网站、社交平台的权利与义务，厘清管理者、生产者和传播者的角色和责任。不同的传播媒介要"差别管理"，但不要"区别对待"，因为内容管理的核心是对内容生产者

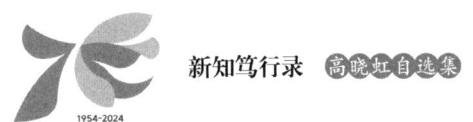

和传播者的管理。争取"在尊重言论自由的基础上,通过技术、法律法规、行业自律等手段平衡网络新闻自由和新闻管制,完善目前尚不成熟的监管模式"①。

(三)建立重大、突发事件官方信息传播新模式

"新闻发布是危机应对和舆论引导的常态化机制……历史经验一再证明,信息及时公开是灾害事故危机应对的根本原则。"② 在新媒体的传播生态中,传统媒体受限于传统机制、体制的惯性,往往在内容发布的空间、及时性和传播渠道方面处于劣势。传统媒体受限于内容生产流程和媒体本身属性,在突发事件发生时,往往处于被动状态,常常错过第一落点;而传统媒体的新媒体端则成为新闻战争夺第一落点、占领舆论高点的重要渠道。

在此背景下,政府主管部门对于传统媒体的扶持方式就显得尤其重要。尤其在重大和突发事件信息发布中,政府信息如何发布、何时发布、通过何种渠道发布往往可以成为特定媒体在复杂舆论场中的特殊资本。从国外经验来看,在重大新闻事件的发布过程初期,政府和媒体往往存在一种特殊的合作机制。例如,2011年美国宣布本拉登被击毙的重大新闻时,首先向媒体透露:总统将打破惯例,在周六晚上十点亲自出席一场新闻发布会,发布关于"国家安全的重大新闻"。得到初步消息后,各大媒体纷纷停止正常的节目播出,提前一个半小时开始进行突发新闻的直播,并分析可能发布的内容。CNN的记者则在直播节目中号称得到了来自政府内部不愿意透露姓名人士的消息,称总统即将发布的内容为本拉登被击毙的消息。随后各大媒体纷纷开始聚焦这个新闻点,并进行深入的分析。因此,在总统晚上十点新闻发布会开始前,事实上多家媒体均已陆续得到内部消息,确认了新闻属实,于是在经过各种特别节目预热后,总统发布会成为整个新闻发布的高潮。

因此,在重大、突发新闻的发布机制上,可在第一时间向传统媒体提供

---

① 陈功,陈程. 网络传播中的新闻管制与新闻自由[J]. 当代传播,2014(2):77-79.
② 首都互联网协会. 突发自然灾害事件舆论应对与引导研究[M]. 北京:人民出版社,2014:161.

相关信息，在时效性至上的大环境中，令传统媒体占据有利的竞争位置，充分体现舆论引导的"时、度、效"原则，有效压缩流言、谣言的传播空间。

（四）寻找信息传播的"长尾"，培养受众对主流媒体的认同感

当前主流媒体面临的一大挑战是，那些精心打造的正面宣传话语很容易被互联网消解，互联网的扁平化、去中心化特征更是加剧了受众对于高高在上的宣传话语的不信任甚至抗拒。因而，我们可以发现，一方面，传统的一体化的宣传模式不再那么奏效，另一方面，新的宣传手段（如微博、微信中巧妙的商业宣传）同样发挥了很强的效果。这背后的玄机在于，网络时代是关注"长尾"、发挥"长尾"效益的时代，不可能再用一条新闻、一则报道来达到明显的舆论引导效果，而通过关注信息传播"尾部"产生的总体效益甚至会超过"头部"——主要报道、重点报道、热点报道。"'长尾'将成为互联网世界中最重要的价值源泉。"[①] 传统媒体在新媒体领域比较成功的一些尝试，正是抓住了信息传播的"长尾"。即使传统媒体在技术、渠道和管理等方面落后于互联网公司，但只要找准不同兴趣、爱好、需求的受众人群，在信息的"长尾"上下功夫，就能够充分发挥传统媒体在知识上的优势，从而赢得受众的关注。接下来，就完全可以通过这些散落在各个领域的"长尾"来进行舆论引导。当然，其中最重要的是要为受众提供切实有用的服务信息，在一个长时段内培养用户的黏度、认同感和忠诚度，以此来培养受众对于主流媒体的认同。须知，互联网时代的舆论引导，切不可追求一蹴而就。

（五）建立新媒体矩阵，发挥微信、微博在舆论引导上的联动作用

从开设微博到建立微信公众号，每家传统媒体都有数量不少的新媒体出口，部分媒体还有 App 客户端。然而，这些新媒体账号较为分散，其中大部分账号的粉丝数量少、影响力不大，无法形成聚合效应，发挥联动作用。因此，各个媒体可以尝试建立自己的新媒体矩阵，不同媒体之间也可以建立矩

---

① 周云倩，吴诗祺. 网络舆论监督的长尾效应［J］. 新闻爱好者，2009（18）：112-113.

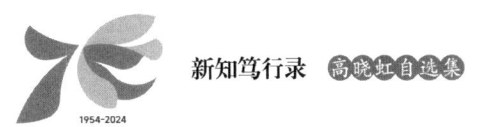

阵合作模式,在核心内容传播和舆论引导上发挥规模优势。与此同时,微博、微信矩阵可以吸纳 UGC、PGC、OGC 的内容,加强与受众的互动。

五、延伸问题思考与建议

(一)新闻客观性原则与加强内容管理、确保正确导向的关系

如何认识坚守新闻客观性原则与加强内容管理、确保正确导向的关系?二者之间是否存在矛盾?矛盾的表现形态对实践有什么影响?一线的编辑记者是否有消极心理?媒体与管理部门在理念上是否能够完全统一认识?这些问题既是理论研究范畴的课题,也是媒体面对的现实问题,需要中央及地方管理部门总结经验、深入研究、探索规律。

目前,国内主流传统媒体在对内容管理、确保正确导向的问题上存在两种情况:一方面是有很高的自觉性,在思想上和行动上都十分谨慎,已经培育出特定的思维方式和警觉意识,执行力度比较到位;另一方面是长期养成的惯性思维方式使得媒体管理层出现一定的消极、被动心态。事实上,客观性作为最重要的新闻专业概念,是新闻报道者遵守的重要信条。坚守新闻传播的客观性与确保正确舆论导向,首先要依靠传播主体的理性精神。新闻传播的客观性与正确导向的尺度把握,要落实到媒体对新闻传播的认知和反映的过程中,根植于人的理性精神或求真意识。

(二)加强内容管理、确保舆论导向与媒介权利滥用的关系

政府层面对媒体在内容与导向方面的管理尺度是否得当?是否减轻了媒体自身对传播内容及舆论导向的社会责任?如果管理不当是否会引起社会大众的反向思考、逆向思维?如何处理好政府管理、法律规范、公众监督、媒介自律、媒介教育、学术批评等诸多方面的关系?目前,上述问题在媒体层面、社会层面都有不同程度的反映。分析其中的原因,主要是媒体对于任何形式的新闻管理控制都会在一定程度上产生天然的职业性"反感";社会公众也往往从不同的观察点出发,依据不同的立场、经验、感受对媒体声音进行

评判、审视。

大众媒介具有选择和解释信息的权利，并由此获得控制社会的权利。"大众媒介权利依法合理行使，是大众媒介权利的社会属性与社会责任的当有之义，也是我国依法治国方略在媒介管理、社会管理方面的重要内容。"[①] 媒介的控制权利，应该受到有效的监督和约束。因此，加强内容管理、确保正确导向需要防止媒介权力的滥用，可以通过以下途径来实现：媒介管理——包括政府管理和法律规范；媒介教育和社会监督——包括专业批评和公众批评。最终结果如何，说到底要看传播效果是否有利于社会稳定，有利于党和政府的中心工作，有利于维护国家利益。

（三）建设新型人才培养机制，加强专业人才队伍建设

当前，新媒体与传统媒体都面临着新型专业人才缺乏的困局，专业队伍建设是战略问题。长远来看，人才队伍建设关系到媒体内部各个相关环节对内容管理、正确导向的自觉意识与执行力度。新型专业人才队伍建设十分迫切，这是一项系统工程，应给予重视并采取积极措施。从某种程度上来讲，加强内容管理，实质上是对人的管理；确保正确导向取决于人的思想水平。对于媒体专业记者来说，认识水平决定了报道水平。媒体的专业队伍出现问题，是影响媒体发展的根本问题。因此，亟须建立培养、培训新型人才的新机制，由中央或地方主管部门、高等院校、媒体三方联合，成立具有一定组织架构的协作体；选择具有发展动力的媒体进行试点，并在获得一定成效之后进行普及推广。新型人才的培养目标是：培养适应全媒体发展的复合型人才。

新媒体快速发展带来了舆论结构的深刻变化，多元语态下舆论焦点呈现出一系列新的特征，然而，传统主流媒体却在内容管理和舆论导向上遇到了一些困境和难题。关于媒体融合发展背景下如何加强内容管理、确保舆论导向涉及的其他方面，还有待进一步深入探讨。面对媒体融合的大趋势，我们

[①] 张振亮.大众媒介权利运用的认知与偏差[J].传媒观察，2011（7）：21-23.

"不能将目光停留在如何把传统媒体上的内容照搬、转移到互联网上,这仅仅是浅层次的数字化;而是要探索数字科技对于新闻业整个生产流程、营收模式以及在传受关系上的突破,以形成数字化思维,进行数字化蜕变"[1]。可以预料,全媒体时代在技术融合、内容融合、平台融合、企业融合和市场融合等方面会取得更大的突破,为今后的舆论引导与媒体管理提供多维度的研究空间。

---

[1] 李良荣,周宽玮.媒体融合:老套路和新探索[J].新闻记者,2014(8):16–20.

适应融合传播新环境　开创品牌构建新时代*

在全球化、信息化时代，新闻传播从内容到形式、从平台到体系，都在发生巨变，新闻报道必须适应融合传播环境，满足用户对于互动化、数据化、场景化的信息需求。对于主流媒体而言，如何在坚持导向、坚守立场的前提下把握好传承与创新的平衡点，打造传播时代强音、弘扬社会正气、彰显融媒特色的新闻品牌，强化新闻传播的品牌效应，已经成为行业普遍关注的重要议题。

所谓品牌，既是外在的识别标志，也是内在的价值理念。优秀的品牌应该具有战略性，站位高远、立意深刻，彰显使命与担当；具备引领性，面向发展、紧跟前沿，善于创新和突破。同样的道理，在媒体融合的大环境下，将新闻传播做成品牌，要求新闻报道、新闻作品、新闻栏目既服务国家战略、围绕中心工作，从党和国家发展建设的战略高度，凸显意义与价值；又善于推陈出新，主动适应媒介变化，立足新平台，融入新体系，运用新语态，产出新作品。要从导向立意、渠道平台、产品创新等多个方面入手，继承传统，发展创新，只有这样才能发挥新闻品牌的传播力、影响力，提升新闻品牌的知名度、美誉度。

---

* 本文原载于《电视研究》2018 年第 7 期，与赵希婧合作，收入本书时略有删改。

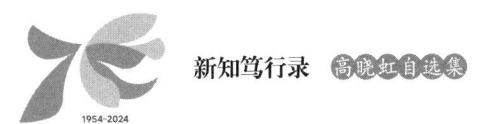

一、坚持正确导向，强化新闻品牌的战略价值

在新闻立台的大环境下，新闻品牌不仅代表了媒体的竞争力，也集中体现了社会发展水平和国家综合国力。因此，主流媒体必须从党和国家的战略高度思考新闻品牌的建构问题，努力通过新闻报道反映马克思主义新闻观及其中国化的最新成果，展示时代发展、人民生活的最新成就，突出新闻品牌的战略价值。

第一，围绕国家战略，记录时代发展。俗话说，新闻是历史的初稿。在融合传播时代，好的新闻品牌应该运用灵活多样的方式方法，聚焦今日之成就，写就明日之历史，为国家发展、时代进步鼓与呼。就重大报道而言，2018年6月初，上海合作组织青岛峰会拉开帷幕，中央广播电视总台在前方设立了演播室集群，实现了三台跨平台同步直播互动，充分发挥了三台的品牌优势，将演播室、会场直播、外景报道、即时评论有机结合，记录重要历史时刻，深入阐释"上海精神"。就优秀作品而言，2018年，6集纪录片《辉煌中国》在中央电视台播出。这部纪录片不仅阐释了习近平总书记治国理政的新思想、新战略，展示了国家发展的新成就、人民生活的新面貌，而且善用融合思维，努力尝试跨界传播。例如，创作团队充分尊重互联网规律，在内容创作阶段采用了"众筹"的方式，面向全国观众征集反映五年发展成就的内容素材，形成了受众全面参与创作、互动、共感的传播局面，实现了舆论引导的重要创新，也成为政治传播的品牌之作。

第二，立足百姓视角，反映当代生活。迈入新时代，我国社会的主要矛盾已经转化为人民日益增长的美好生活需要和不平衡不充分的发展之间的矛盾。在物质生活极大丰富的今天，中国百姓已经从满足吃饱、穿暖的基本需求转向了对精神和品质生活的孜孜追求，对大众传播也提出了更高的要求。如今，新闻作品既要包含一定的信息量，又要通过深入生活一线捕捉百姓图景，彰显获得感，凝聚幸福感，只有触及灵魂、直抵胸臆的新闻报道，才能成就时代品牌，赢得受众口碑。近几年来，中央电视台的荧屏上活跃着一大批具有品牌效应的系列新闻报道，打造了《走基层》《数说十年》《我们这五年》等新闻品牌，植根观众内心，激发百姓共鸣，产生了较强的社会影响力。2018年，又一部品牌之作——《首绘2018》亮相中央电视台。《首绘2018》立足百姓视角，结合基层生活，通过有情感、有温度的新闻故事，以小见大，阐释宏观政策，介绍重大工程，将2018年党和政府的惠民改革措施娓娓道来，使新闻品牌成为联系政府与百姓的桥梁纽带。

第三，搭建沟通桥梁，引领融合创新。主流平台的新闻品牌不仅具有媒体属性，也具有政治属性和社会属性，是服务党和国家中心工作的重要力量，承担着上传下达、沟通民意的纽带作用。迈入新时代，以湖北广电"长江云"为代表，主流媒体立足新闻阵地，发挥品牌效应，开始成为政府与百姓沟通交流的桥梁。湖北广电"长江云"依托云平台建设，聚合信息资源，将党和政府的声音、新鲜出炉的政策，第一时间传到百姓的手机等新媒体终端，实现了媒体与政务、政务与市民之间的深度联动，营造了清朗健康的舆论空间，培育了向上向善的社会情绪。如今，不仅主流媒体的品牌之作深入人心，"打造融媒品牌、做好舆论引导"也受到了各地政府的广泛重视。以北京为例，市委、市政府正在大力实施区级融媒体平台建设工程，计划构筑一个集新闻、政务、服务于一体的信息互动平台，让普通市民通过App就可以了解政务信息，讨论民生议题，形成政府与媒介互联、互通、互补、互促的融合传播局面，让信息多跑路，让群众少跑腿。

二、加强平台建设，突出新闻品牌的创新价值

"品牌"是一个立体化的综合概念，打造一个优秀品牌，不仅要做足内容，也要考虑用什么渠道传播品牌、以什么路径推广品牌。建设新闻品牌也当如此，既要培育优质内容，又要重视平台建设，只有搭建一个及时传播信息、助力媒介联动、促进社会发展的融合平台，才能最大限度地发挥品牌效应，彰显品牌优势。

第一，同步传播信息，构建移动直播平台。传统意义上，直播意味着受

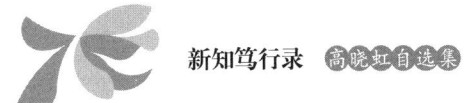

众通过电视与传播者同步感受现场的画面、声响与气氛。今天，互联网更加强调信息传播的及时性和同步性，直播 App 大量涌现，所谓的"直播"也从电视端拓展到了手机端、平板端，移动直播成为行业趋势。对于主流媒体而言，虽然具有开展直播的视听优势，但也需要优化直播的创新思考，如何嫁接网络技术，适应网络习惯，建设移动直播品牌，使直播展现新的魅力、焕发新的活力，是我们面临的重要议题。论及主流媒体的直播创新，中央电视台首当其冲，率先推出了移动直播 App "央视新闻+"。2017 年 2 月，央视新闻移动网正式上线，截至 2018 年 5 月 17 日，累计总用户超千万，总共发起移动直播 6225 场，日均直播 13 场。以中央电视台为代表，不仅直播数量迅猛攀升，在直播市场具有了一定的品牌优势，更重要的是，主流媒体的网络直播始终坚持品质追求，第一时间将党和国家的声音传递到千家万户，建构了清朗健康的品牌形象，为网络直播空间注入了满满的正能量。

第二，加强媒介互动，构建媒体融合平台。在互联网出现之初，传统媒体与新兴媒体的关系偏向对立，学界、业界甚至出现了关于"兴衰存亡""谁兼并谁"的大讨论。经历了"你是你，我是我"的相互了解阶段、"你需要我，我需要你"的彼此交流阶段、"你中有我，我中有你"的初步融合阶段，今天，不同媒介的壁垒正在消融，逐渐形成了"你就是我，我就是你"的交融局面。①2018 年两会期间，根据《深化党和国家机构改革方案》的要求，中央电视台（包括中国国际电视台）、中央人民广播电台、中国国际广播电台"三台合并"，组建中央广播电视总台。2018 年 5 月 31 日，俄罗斯总统普京接受中央广播电视总台台长慎海雄的独家专访，总台旗下的融合传播平台同步推出网络互动话题"谁是普京粉""我想问普京"。在这一重要的历史时刻，三台合一、齐聚发力，电视、网络、App 端联合报道，充分发挥了一次采集、多元生成、多端传播的平台优势，使不同媒体从"相加"走向"相融"，彰显了新时代新闻品牌的传播力、影响力。

---

① 何伟.媒体融合，我们一直在探索：宁波日报报业集团媒体融合发展的实践与思路[J].新闻战线，2014（9）：20–22.

第三，连接社会民生，构建公共服务平台。随着新媒体的不断发展，如今百姓接触媒体的时间更长、渠道更多，使用媒体也变得更方便、更快捷，媒体空间与生活空间高度重合，生活的方方面面都与媒介相关。这一局面倒逼主流媒体的品牌塑造必须超越单一功能，从新闻报道平台向公共服务平台转型，立足新闻传播领域，真正做到用品牌服务生活，以品牌创造价值。对于主流媒体而言，如何扩大覆盖、强化功能，打造信息传播水平高、公共服务能力强的品牌传播平台，时不我待，迫在眉睫。以上海阿基米德 FM 为例，它不仅改变了传统意义上的音频传输，通过图、文、音以及 H5 等多样化的方式传递信息，而且进一步强化了在线社交功能，将拥有共同爱好的听众网友聚在一起，打造网上兴趣部落。阿基米德及其所建构的网上兴趣部落为政府服务的精准投放奠定了基础，将重构政府、社区、公众、媒介之间的互动关系，拓展城市媒体品牌的新功能。

三、打造融媒精品，彰显新闻品牌的传播价值

"打铁还需自身硬。"品牌建设必须苦练内功，强调产品意识，重视用户体验。只有产出了实现传播诉求、赢得用户口碑的优质产品，品牌才叫得响、立得住。在融合发展的大环境下，主流媒体塑造新闻品牌，要注重借助优质新闻作品，使主流思想、主流价值落地生根，通过融媒精品，彰显品牌价值。

第一，强化受传互动，满足受众参与需求。互动性是互联网的重要属性之一，其核心在于传播者与用户之间的沟通交流。一方面，传播者不再居于传播链条的中心位置；另一方面，用户拥有了平等对话的权利与机会。综观近年来主流媒体的新业态、新现象，以"互动思维"为核心的新闻品牌层出不穷，通过邀请受众参与其中，与传播场域中的不同角色进行深度互动，强化受众的主体地位，满足"以我为中心"的传播需求。以中央电视台新闻评论栏目《中国舆论场》为例，它突破了"主持人＋专家"的传统设置，引入"在线观众席"，为原本处于信息末端的电视观众、广大网友提供了与专家学者、主持人同台对话的契机。此外，央视新闻移动网也搭建过类似的对话互

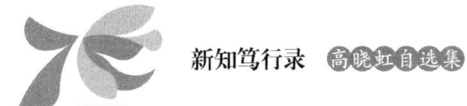

动平台。2018年两会期间,央视新闻移动网的特别报道《两会有啥事 我们帮你问》引起了网友的广泛关注。报道团队邀请代表委员与网友开展线上交流,让普通百姓也有机会带着议题"上两会",为国家大事献计献策,进一步强化了公民的主人翁意识。

第二,善用数据素材,实现新闻信息精准传播。"实事求是"是马克思主义新闻观的基本要义,也是新闻工作者恪守的原则。随着大数据技术的日臻完善,新闻数据的意义和价值也日益凸显,以"数据新闻"为特色的新闻品牌如雨后春笋般成长,用事实说话、用数据说话,受到业界的广泛关注。如何用对数据、用好数据?其一,要结合新闻报道的具体需要,对原始数据进行有效清洗、细致梳理。作为新闻报道的元素之一,数据使用要为报道服务,要围绕新闻报道的主题和内容,对海量数据进行分类和筛选,突出重点、画龙点睛。其二,要摒除"唯数据论"的理念和做法,避免盲目使用数据。尽管数据新闻已经成为行业的潮流,但不能被数据牵着鼻子走,数据本身绝非万能,用得恰到好处才能如虎添翼、锦上添花。其三,要重视对数据的解读,用可知可感的数据传递有效信息。在新闻报道中,新闻工作者不仅要重视数据本身,更要梳理数据之间的逻辑关系和叙事线索,将理性的数字转化为易于理解的生活常识,做到用数据说新闻、以数据讲故事。

第三,置身真实场景,做到"硬新闻、软着陆"。主流媒体承担着传播党和国家大政方针的重要任务,如何将以时政"硬新闻"为主的新闻报道做得丰富多彩、深入人心?回顾具有品牌效应的时政报道,场景化的巧妙应用值得关注。所谓新闻报道中的"场景化",简而言之,是指在特定的场景语境下完成信息传播。一般来说,创作者常常通过场景化设计,使用户在熟悉的场景中接收信息,以便更好地理解信息、使用信息。回顾上海合作组织青岛峰会的新闻报道,中央电视台将场景概念引入传统报道,将新媒体元素纳入视听传播,给观众留下了深刻印象。在当天的直播中,除了演播室和峰会会场,报道小组还在多个外景地设置直播信号,记者和评论员置身于人们熟悉的城市场景中,将高度凝练的"上海精神"、复杂抽象的数据资料与青岛城市的飞速发展、普通百姓的生活变化联系起来,并辅以数据可视化等新媒体元素，使广大观众在熟悉的场景、熟悉的话语体系中接收新闻信息，让"硬新闻"变得亲切可感，实现了"硬新闻"的"软着陆"。

在党的十九大上，习近平总书记8次提及互联网，特别强调要高度重视传播手段建设和创新，提高新闻舆论传播力、引导力、影响力、公信力。[①] 迈入新时代，新闻传播工作的责任更大、挑战更多。要想构建具有时代特质、彰显主流特色的新闻品牌，既要坚守立场、坚持导向，又要突破传统思维、寻求创新路径，主动适应融合传播环境，通过建设新平台、学习新手段，挖掘新闻信息的内在价值，丰富新闻表达的方式方法，使之更好地服务受众、服务用户、服务新时代的发展建设，向党和人民交上一份满意的答卷。

---

① 习近平作十九大报告　八次提到互联网[EB/OL].（2017-10-18）[2024-04-01]. http://media.people.com.cn/n1/2017/1018/c120837-29594814.html.

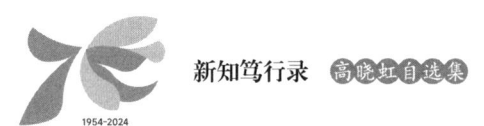

新格局、新路径：媒体融合中的新型主流媒体舆论引导[*]

舆论引导是对社会思想和公众议题最直接的影响和疏导，旨在统一认识、弥合分歧，形成推进社会良性发展的和谐舆论环境。多年来，党和国家领导人始终将舆论引导作为宣传思想工作的重要内容和主流媒体建设的首要任务。

随着媒介技术进步和新兴媒体的不断发展，世界媒体环境和我国舆论环境发生了巨大变化，主流媒体的宣传和舆论引导工作面临着新任务、新课题。2014年8月，中央全面深化改革领导小组第四次会议对打造新型主流媒体作出了具体部署，提出"推动传统媒体和新兴媒体在内容、渠道、平台、经营、管理等方面的深度融合"[①]，从而以顶层设计的方式明确了媒体融合的必要性和全面性，为主流媒体的发展创造了新的机遇。

一、主流媒体当前面临的困惑

媒体技术发展带来了新的传播渠道，对传播的内容、对象、效果等产生了直接影响。传统媒体时代的舆论环境由报刊、广播、电视等媒体主导。互联网、移动媒体出现后，传统的传播方式和传播内容受到新兴媒体的冲击，

---

[*] 本文原载于《电视研究》2015年第4期，与陈欣钢合作，收入本书时略有删改。
[①] 《关于推动传统媒体和新兴媒体融合发展的指导意见》，中央全面深化改革领导小组第四次会议，2014年8月18日。

使我国社会的舆论环境出现新的特征。

第一，受众参与内容生产和传播。在融合环境下，新闻传播的主体和对象时常发生转换。受众由选择性接受的客体转变为积极的"用户"，参与媒介生产和内容传播过程。新媒体时代塑造出了以个人为传播主体的媒介环境，"公共信息公开传播的自由已经达到前所未有的程度"[①]。公众掌握内容生产的工具，通过新媒体手段发布和传播信息，引发舆论热点。在2015年元旦的上海外滩踩踏事件中，现场照片和描述文字率先见诸微博和微信，除了表达关怀、担忧、救助之外，还出现了"撒美金"和"35人定律"等谣言，在官方辟谣前引发了热议。类似案例在突发事件、公共危机、批评报道中不胜枚举，成为社会事件传播方式的"新常态"。可见，相对有序的传媒规制遭遇相对无序的个人表达，相对理性的主流媒体遭遇缺乏理性的宣泄发声，成为新形势下舆论引导的首要困境。

第二，舆论热点庞杂多元。传播者的外延扩大，带来了传播内容的多样化，视角和观点更加杂乱。在新的媒介生态中，公众身处信息冗杂、渠道繁多的时代。多元信息可以快速、便捷地进入公众舆论。以"北京地铁涨价"的舆情分析为例，消息一出就引发了舆论哗然。不赞成地铁涨价的声音在网络上全面爆发，"穷人的福利就要没了""地铁涨价不解决交通压力""调价须征询民意"等论调大肆盛行。还有网友断章取义，说"专家称北京大量人有事没事坐地铁"，歪曲媒体评论员的观点。可见，新兴媒体的传播语态具有个体性和草根性，为博眼球不惜夸大事实、放大瑕疵，采用"标题党"等低劣手段。这些特征都为舆论引导设置了障碍，使主流媒体面临困惑。

第三，市场因素介入引起不良竞争。伴随市场经济的发展，市场因素开始介入传媒宣传领域。传媒机构不再是单一的宣传导向者，媒体生产的价值判断标准面临多元选择。就电视媒体而言，节目组等运营部门实现了市场化运作，收视率成为运营管理的市场指标。节目的收视率越高、观众越多，就越受广告商的青睐。为了吸引观众眼球，一些地方台的新闻节目出现了娱乐

---

① 童兵.新媒体时代舆论表达和舆论引导新格局［J］.新闻爱好者，2014（7）：5-7.

化、市井化、媚俗化倾向。打着"民生"旗号，家长里短、邻里纠纷充斥着社会新闻报道。在影视剧生产中，某些历史题材剧集篡改经典、肆意"戏说"的现象屡见不鲜。如果主流媒体片面追求效益的最大化，对不良市场竞争听之任之，将很难保证内容引导的正确导向。

二、媒体融合中的主流媒体发展优势

传统媒体在网络和数字技术潮流下面临着挑战，媒体融合的要求为新形势下的媒体发展指明了方向。传统媒体和新兴媒体的融合不是此消彼长的进化关系，而是相互借力的融合过程。在我国，主流媒体是中国共产党领导下的报刊、广播、电视及新兴媒体，是党和人民的耳目喉舌和新闻战线的排头尖兵。媒体融合更是受到政策、制度、资金、人才等的全面支持，充分体现了国家在时代发展潮流中的胸怀、视野和自信。当前，我国正努力锻造新型媒体航母，这是一个巨大机遇。

（一）主流媒体人才队伍成熟，业务水平过硬

在媒体调研中，我们听到[①]过"台里派了最好的记者去新媒体""从普通记者到中层、高层都有人去了互联网"的议论。一方面，报刊、广播、电视的部分人员以内部流动的方式被派往新媒体单位，是融合趋势下的良性互动。另一方面，小部分媒体人从"体制内"流动到"体制外"，从事内容管理、内容生产、渠道建设，恰恰证明了主流媒体的人才优势。

拥有大量政治坚定和业务过硬的高素质人才，是舆论引导的强大保障。在马克思主义新闻观的指导下，我国新闻人才具有明确的国家意识、正确立场、人民情怀、责任担当和国际视野。[②]在"好记者讲好故事"巡讲活动中，我们看到，新闻战线的优秀记者具有娴熟的业务能力、准确的分析视角和高

---

① 基于"媒体融合发展下的内容管理研讨会"讨论内容，中国传媒大学，2015年1月27日。
② 高晓虹.高校马克思主义新闻观教育与实践的重大创新[N].光明日报，2015-01-05（002）.

超的采访报道水平,足以应对复杂多变的国内外形势和日新月异的国际传播格局。

(二)国家给予强大的政策支持和资金保障

在媒体调研中我们还听到① 过"我们每周都要去相关部门了解重要的事项和部署""每条消息的信源都得经过多方求证""我们不像商业网站,有那么大的资金压力"的交流。在政策和内容指导下,主流媒体掌握客观、准确的新闻信息和报道主旨,保证正确的内容导向;而商业网站一旦刊发未经证实甚至违规违法的内容,必然形成恶劣影响,使自身发展遭遇危机。

舆论引导要求新闻媒体在公众中具有强大的权威。一方面,党管媒体的政治属性保证了主流媒体在管理、运营等方面受到党和国家的政策支持、政策指导,从而为新闻报道的权威性和内容导向的正确性奠定了基础。在重大事件中,主流媒体向来享有采访、播发、评论的"绿色通道"。另一方面,强大的软硬件扶持和资金保障是能够占领信息传播高地的重要因素。时政报道手段年年推陈出新、突发事件报道总是拔得头筹、电视直播节目数十小时不间断、驻外记者站遍布全球……这些传媒先进因素不胜枚举。它们与强大的技术阵容、完备的硬件支持和充足的资金保障密切相关,支撑主流媒体以全面的资讯和独到的观点胜任信息传播、舆论引导的重要使命。

(三)主流媒体代表党和人民,享有公信力和影响力

在媒体调研中我们发现② 了"舆论的官民对立是观察新闻宣传现状的一大伪命题"。近年来,人们常常用"官方"与"民间"的对立表述来划分传媒的观点与立场。马克思主义新闻观明确指出,新闻媒体不仅是党和国家的宣传工具,也是人民的宣传工具。在 2014 年 12 月 13 日国家公祭日的直播中、在对内蒙古呼格吉勒图案件的调查报道中,舆论表现出高度一致。③ "三

---

① 基于"媒体融合发展下的内容管理研讨会"讨论内容,中国传媒大学,2015 年 1 月 27 日。
② 基于"媒体融合发展下的内容管理研讨会"讨论内容,中国传媒大学,2015 年 1 月 27 日。
③ 人民网舆情监测室.2014 年:两个舆论场共识度明显提高[N].光明日报,2015-01-16(005).

贴近""走转改"等活动的报道不仅反映了百姓呼声，而且切实做到了新闻监督、推动社会进步。

主流媒体在舆论引导方面的天然优势，主要在于它们具有较强的公信力和影响力①，从而传播主流新闻、代表社会主流价值、影响社会主流人群。它们不仅能为公众提供及时、公正、全面的报道，引导社会舆论，还能作为决策参考，推动社会发展。中央电视台播出的《走基层：北京儿童医院蹲点日记》通过农村患者一个人的"住院难"问题，尖锐地指出了医疗资源分配不均的客观现实。节目不仅为小患者筹集到治疗资金，而且在客观上推动了北京儿童医院血液肿瘤中心的动迁和建设。②

三、新型主流媒体的舆论引导策略

主流媒体在舆论引导和宣传思想工作中具有不可动摇的地位和不可推卸的责任，在"先进技术为支撑、内容建设为根本"的指导思想下，舆论引导能力的提升策略具有下述四条道路。

（一）构建传媒智库，将行业专家塑造为舆论领袖

十八届三中全会首次在中央文件中使用"智库"概念，是中央对决策咨询模式的首肯。传媒智库由传媒领域及其他社会领域的专家团队构成，主要功能是对公共政策进行咨询和宣传，用专业知识提供智力支持并影响舆论。组成传媒智库的专家团队是那些能够以专业见解为公众提供信息、分析信息，并对公众产生影响的舆论领袖。

如上文所述，新形势下舆论引导的首要困境来自相对无序、缺乏理性的个人表达。面对媒介社会中的纷乱信息，用户缺乏全面的甄别和判断能力。

---

① 主流媒体如何增强舆论引导有效性和影响力之一：主流媒体判断标准和基本评价[J].中国记者，2004（1）：10-11.
② 陈欣钢.社会改革报道的路径选择：以《北京儿童医院蹲点日记》为例[J].电视研究，2012（3）：71-74.

由相对稳定的专家团队在主流媒体发声，就能成为上情下达、下情上传的桥梁。在传统媒体的新闻实践中，报刊、广播电视用"特约评论员"的方式进行新闻评论，塑造出杨禹、张召忠、曹景行等家喻户晓的舆论领袖。人民日报社、中央电视台等中央媒体相继开发微信平台、抢占舆论制高点。随着融合环境下舆论引导要求的提高，应壮大专家队伍，形成传媒智库，将专业领域进一步细分，建立稳定的咨询习惯；并通过新的媒体渠道传播主流思想观点。

（二）加强内容建设，通过议题设置引导社会舆论

在当前的媒介环境下，新兴媒体因时效快、碎片化、多元化等特点，从传统媒体受众群中争取了大量用户。90后生活在由互联网和移动媒体组成的媒介环境中，很少接触报纸、广播和电视，被称为新兴媒体"原住民"。在媒体融合中，主流媒体应利用传统资源优势和融合渠道优势，寻找创新切入点，设置热点议题。2014亚太经合组织（APEC）领导人会议在北京举行，其间除了会议主题和会议内容之外，习近平主席同奥巴马中南海会晤、北京放假调休、"APEC蓝"等议题见诸广播电视、网络、手机等新旧媒体多个渠道，并针对新兴媒体特性策划专题，引起公众热议。

（三）把握好时、度、效，抢占热点事件的舆论先机

媒体融合对主流媒体提出了内容创新的要求，应满足迅速、多样、创新、简洁等特征。在社会热点事件，特别是突发事件报道中，公开、及时、准确、理性的媒体报道可以消除公众恐慌、有效引导舆论。传统媒体在政策主导下的信息公开从2003年的"非典"报道就已开始起步。十几年来，从"非典"到汶川地震、甬温线动车事故、哈尔滨市场仓库火灾等，主流媒体已在信息公开、及时发布、准确判断、理性引导上实现了跨越式进步。2014年马航MH370客机失联初期，因信源有限，网络上出现了"被某国空军击落""一定是另有阴谋"等言论，对政府作为提出疑问。主流媒体迅速予以回应，人民日报社、中央电视台等通过多个媒体平台密集发布最新事态、政府交涉、

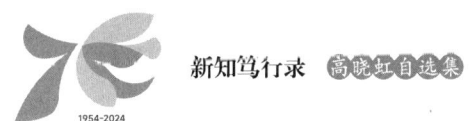

家属关怀、全力搜救等内容，提供可靠信息，既安抚了中国乘客家属，也"对悲情的渲染保持了相当的克制"①，遵循了时、度、效原则。

（四）探索民生议题的讨论空间，保证舆论表达健康、顺畅

中国社会正处于全面深化改革的关键时期，社会矛盾不断涌现。教育、医疗、养老、"三农"等社会民生议题，在社会上容易出现认识偏差和舆论杂音，需要主流媒体及时疏导。舆论引导与舆论表达密不可分，充分表达是有效引导的前提。就大众媒介的发展而言，从报纸时代开始，媒体就通过读者来信实现了最初的媒体讨论。到了电视时代，演播室访谈将持有不同观点、立场的代表"召集"起来，让代表不同利益群体的普通百姓、社会精英登台发言，呈现了"阐述—辩论—引导"的媒体讨论模式。

毋庸置疑，媒体融合迎来了舆论环境的新格局。政策导向、传媒技术、运营管理和公众诉求的共同作用，带来挑战的同时也催生了机遇。在大众媒介的发展进程中，旧的媒介形态都在交融与变迁中探寻新的模式。主流媒体应努力加强传播力、公信力与影响力建设，以内容管理和内容建设为切入点，以讲好中国故事、传播好中国声音为己任，积极探索并努力践行舆论引导的有效路径，在意识形态领域铸就民族复兴的"中国梦"。

---

① 赖龙威.舆情观察：马航失联报道，有所为有所不为［EB/OL］.（2014-03-27）［2015-02-11］.http://opinion.people.com.cn/n/2014/0327/c1003-24750867.html.

无障碍信息传播与公益实践

"光明影院"：无障碍视听传播的研究与实践*

"无障碍"一词译自 barrier free 或 accessibility，表示没有阻碍地顺利进行。在社会生活中，无障碍指的是有关日常生活的公共空间环境以及设施、设备，要服务于残疾人、老年人等具有生理缺陷的伤残者和活动能力衰退者。在人文社会科学领域，这一术语主要指信息无障碍，即任何人在任何情况下都能平等、方便、无障碍地获取信息并利用信息。于是，这一议题进入传播学视野和研究框架中。

党的十八大以来，党中央对残疾人事业非常关注，强调要推动残疾人共享我国经济社会发展的成果。习近平总书记提出，2020年全面建成小康社会，残疾人一个也不能少。① 李克强总理强调，不能让残疾人掉队，要让残疾人的生活更加殷实、更有尊严。② 2017年，党的十九大报告指出，要注重"发展残疾人事业，加强残疾康复服务"。全社会越来越重视改善包括盲人在内的残障人士的基本生活状况。据统计，在全国残疾人中，视障人口有1700多万，这就意味着每100人中就有一位视障人士。随着我国人口老龄化进程的加速，视觉障碍人群的规模还会越来越大。迈入新时代，如何满足视障人士日益增长的精神文化需求，成为立足国家战略、服务社会公益的重要议题，也是视

---

* 本文原载于《中国编辑》2019年第3期，与陈欣钢合作，收入本书时略有删改。
① 习近平：唐山大地震是毁灭生命的灾难，但是我们这里看到了浴火重生 [EB/OL]．(2016-07-28) [2018-12-21]. http://politics.people.com.cn/n1/2016/0728/ c1001-28593139.html.
② 傅旭．李克强：让残疾人生活更加殷实更有尊严 [EB/OL]．(2014-12-24) [2018-12-21]. https://www.gov.cn/xinwen/2014-12/24/content_2796065.htm.

听传播学界和业界义不容辞的责任。

一、缘起："光明影院"项目实践

在过往的信息无障碍媒体实践中，针对相关人群的不同"障碍"，出现了相应的手段和解决方案。例如，纸媒时代解决视障人群阅读问题的盲文、新闻节目中针对听障人群的手语播报，电子媒体时代将文字转化为声音元素的有声读物等。从上述传播实践来看，满足残疾人基本的信息诉求，是无障碍信息传递工作的主要内容。然而，通过何种手段弥补听障人群和视障人群视听体验缺憾，满足残疾人对艺术审美的诉求，是无障碍传播的一项难题。

近年来，我国电影产业持续蓬勃发展。2017年，全国院线银幕总量达到5万余块，超越北美市场成为全球第一。为了使盲人也能欣赏电影艺术、享受文化艺术繁荣发展带来的红利，构筑一条彰显人文关怀、传播文化成果的"文化盲道"，无障碍视听艺术的传播实践首先从"光明影院"开始了。在此之前，虽然也有公益志愿者在线下开展了为盲人释读电影的尝试，但大多是分散的、随机的、无法复制和广泛传播的。2018年伊始，中国传媒大学和歌华有线等文化机构强强联手，发挥各自在视听研究、网络、资源、平台上的优势，通过"讲电影"的方式，为视障人群诠释经典电影和优秀院线大片，开启了立足公益传播的"光明影院"项目。① 通过数月的探索和实践，经历从无到有、逐步摸索的阶段，项目团队首先完成了《战狼2》《建军大业》《我的战争》《钱学森》《大唐玄奘》五部主旋律作品的讲述和录制，并于2018年5月20日北京市第28次全国助残日当天向社会推出。在当天的"光明影院"项目启动仪式上，通过机顶盒播放的首部无障碍电影是《战狼2》，50名视障人士来到北京东城区广外南里社区文化站"听电影"。许多视障人士激动不已，表示"扣人心弦，效果很好""没有想到也能和正常人一样'看'到最新

---

① "光明影院"课题组成员主要有：高晓虹、赵淑萍、秦瑜明、陈欣钢、赵希婧、邹睿、付海钲、王海龙等。

的电影"。"初战"告捷后，项目团队快马加鞭，于 2018 年 10 月 15 日第 35 个"国际盲人节"前制作完成了《红海行动》《无问西东》《血战钢锯岭》《寻梦环游记》等三十部无障碍电影，数量增长的同时，影片主题、类型、风格等也进一步丰富。所有作品在有线电视的社区和公益板块上线，并被免费赠予全国 20 余所盲校及 60 多个高校图书馆。

至此，"光明影院"项目实现了无障碍电影从院线到社区和家庭、从线下到线上、从视觉艺术到听觉艺术的转换，为无障碍视听艺术传播研究积累了大量第一手的丰富材料，开辟了一个新的研究议题和研究领域。

二、过往：无障碍传播研究综述

20 世纪 60 年代初，在国际社会团体、社会阶层的影响和推动下，"无障碍"的概念开始形成。[1] 它的前身来源于丹麦学者提出的"正常化原则"，倡导每一个身心障碍者尽可能地与所属文化中的正常人一起生活和接受教育。[2]

当前，新加入视听翻译范畴的无障碍传播形式主要有三种：语音识别的实时字幕、声音字幕和口述影像。比利时学者艾琳·瑞美（Aline Remael）等在其 *Audiovisual Translation and Media Accessibility at the Crossroads: Media for All 3*（《十字路口的视听翻译与无障碍传播》）一书中，对这三种无障碍传播形式进行了详细介绍。[3] 较为遗憾的是，作者虽然对相关概念和传播形式进行了细致梳理，但并未从视听障碍人群的需求和不同形式无障碍传播的效果入手，好像"徘徊在十字路口"，不能带来更多的实践指导和理论启发。

也有台湾地区学者通过对当地视障者之实证研究发现，如果没有口述影

---

[1] "无障碍"概念的形成 [J]. 瞭望新闻周刊，2002（17）：20.
[2] 李东晓，熊梦琪."可及"之后：新媒体的无障碍传播研究与反思 [J]. 浙江学刊，2017（6）：199-206.
[3] REMAEL A, ORERO P, CARROLL M. Audiovisual translation and media accessibility at the crossroads: media for all 3 [M]. Amsterdam–New York: Editions Rodopi B.V., 2012.

像作为辅助,存在视力问题的被访者与视力正常者相比,较不容易正确回答有关剧情的问题。在学者赵雅丽看来,口述影像仍是当前科技条件下解决视障者接触影像节目问题的最有效办法①,即"讲电影"的视听转换策略。在此基础上将内容生产与研究相结合,就可以展开对我国视障者的实证研究,探索视障人群信息无障碍传播的资源设计与效果实现的方式。

一直以来,信息无障碍传播研究首先要解决的问题是技术的"可及性"。尽管"数字残疾沟"概念的提出②是为了提醒人们重视残障者在信息环境中因互联网使用障碍而形成的与健全人之间的数字鸿沟,以推动互联网信息无障碍的发展,但这一概念在提出之后的一段时间内,影响了相当一部分学者的研究视野,将信息无障碍传播圈定在了技术层面。

随着数字技术的不断革新,视听媒体的不断发展,技术已不再成为无障碍信息传播效果的最大限制。2018年,中国信息无障碍产品联盟(CAPA)最新发布了"可及"互联网产品信息无障碍排行榜,聚焦IOS和Android音频类App。在技术可及之后,应用产品的内容优化与障碍用户的使用体验,无疑成为信息无障碍传播效果的重要参考依据。

当下国内学者对于信息无障碍传播,尤其是视障人群信息无障碍传播的研究,已经从生活层面的无障碍环境建设转向媒介层面的无障碍内容设计。在很多学者看来,在信息时代,"信息无障碍"较之"城市设施无障碍"具有同等重要的意义。③人们也普遍认可,对于非视障和非听障人群而言,文化艺术作品的信息传播与艺术传播同样重要——这一判断同样适用于残疾人。而"无障碍传播"概念的出现,也是为了与"信息无障碍"的技术中心视角相区别,旨在强调信息传送的动态过程、用户的主动性、传播过程的交互性以及

---

① 赵雅丽.言语世界中的流动光影:口述影像的理论建构[M].台北:五南图书图书出版股份有限公司,2002:5-8.
② GOGGIN G, NEWELL C. Digital disability: the social construction of disability in new media [M]. Lanham: Rowman & Littlefield Publishers, 2003.
③ 周晓英,唐思慧.政府网站信息无障碍设计的内涵、政策与举措[J].情报科学,2008(8):1125-1129,1134.

传播活动的社会性等。前述研究对"光明影院"项目进行创作实践与开展理论研究意义深远,确立了以公益传播为实质、内容生产为核心、传播效果为追求的方案。

三、个案:讲述式电影视听元素转换

通过讲述画面的方式再现作为视听产品的电影,是为了解决影视作品之于盲人的三大障碍——行动障碍、信息障碍和文化障碍。通过艺术传播手段来弥合文化障碍,是其中最难实现却又至关重要的部分。正如盲人生活中有用来辅助行动的手杖,街道上有一条条通往城市各个角落的盲道,通往心灵的"文化盲道"和"文化手杖"同样不可或缺。讲述式电影就是要通过视听元素之间的转换,实现文化和艺术的无障碍传播。通过"光明影院"项目的个案实践,我们找寻到了这一转换过程中的三个关键要素。

第一,追求平等的审美体验,是无障碍艺术传播实践的立足点。早期广播电台播放的"电影录音剪辑"与"光明影院"的最大不同是,前者往往会对电影时长、原片画面和电影原声进行处理,提供电影作品的剪辑版。而"光明影院"呈现的是与原片完全相同的听觉时间,目的就是保证盲人群体最大限度地享有与常人平等的艺术审美权利。由于身体条件的限制,他们难以完全自由地在这个世界行走奔跑,难以尽情地欣赏春花秋月,无法直接使用多种文娱产品享受文化大餐,但是他们同样具有感悟美的心灵和感受艺术的需求,渴望被平等相待。作为搭建文化平台和提供文化产品的公益事业,应尽可能"做加法"而不是"打折扣",去解决信息获取和艺术审美中的障碍。

第二,掌握基本的画面语言,是进行视觉元素听觉转化的先决条件。从表面看,无障碍电影消解了视觉因素,并将其转化为听觉元素;通过实践我们发现,释读者的画面语言功力,恰恰是视听语言转换的关键。时长120分钟左右的电影,描述画面的工作往往要精确到每一秒钟——讲述者需要讲究语言技巧,避免讲述音频叠加在对白、同期声和重要音乐音响上。一部电影的讲述稿长达数十页甚至数百页,每一个段落都是几易其稿,字斟句酌。除此之外,不

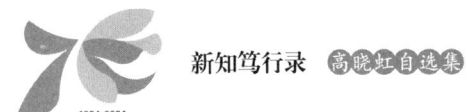

同类型和不同风格的影片，其视听元素转换的方法也不尽相同，如动作片和战争片等以视觉呈现为主的电影，讲述稿中需要加入更多细节性的描述。由此可见，视听元素的转换实际上是从画面语言到文字语言再到听觉表达的整个过程，最终呈现给盲人观众的是一个具有"画面感"的录音作品。

第三，无障碍电影的艺术传达，须以盲人群体日常经验和媒介使用为依据。盲人认识世界的方式和渠道与视力正常者不同。特别是先天失明者，他们对世间万物的认识只能通过听觉、触觉、味觉等非视觉元素来建构，颜色、美丑等抽象概念亦如此。有了这些基础认识，讲述稿的撰写人才能有意识地避免使用类似"蓝蓝的天空中飘着朵朵白云"这样的表达。参与研讨的盲人朋友告诉我们：伴随着讲述者对内容的描述，我们脑海里实际上也在演电影。如果你说的内容比较少，我们脑海里这个电影就会少一点元素；如果描述特别到位，我们甚至都能够"闻到电影的味道"。这些经验性材料有赖于大量的业务实践和科学研究来获得，进而构建一个真正意义上的无障碍视听表达和认知体系。

四、进路：融媒体环境与无障碍视听传播

媒介形态的变迁和新媒体技术的赋权，为破解视障人群信息传播和审美体验的难题带来了曙光，网络信息技术的发展，为创新视障群体无障碍信息传受方式提供了新的思路。"可复制，可传播"恰恰是"光明影院"项目在融媒体环境中的现实追求与成功实践，即在为视障群体提供更多优质无障碍的影视作品服务的基础上，进一步挖掘融合媒体与视障人群媒介使用需求深度结合的潜力。

首先，从"光明影院"现有模式来看，已经建立起从院线到社区和家庭、从线下到线上、从传统广电到交互网络的传播体系。只有保证传播的广泛性和多元化，才能让公益传播惠及更多有需要的人。未来，"光明影院"还计划把优秀国产纪录片、经典电视节目进行讲述，制作类型更加多元的、充分考虑盲人差异化和定制化的产品。

其次，可以与移动新媒体、人工智能、虚拟现实、大数据、云技术等结合起来，面向视障人士构建以智能系统为核心的网络化公共服务平台。将智能语音技术应用于手机 App 等移动终端甚至无屏智能终端，使盲人不用选取也无须打字，就能搜索并享受到无障碍的视听产品。我们欣喜地看到，歌华、百度、腾讯、科大讯飞等一批新媒体平台和机构，纷纷开启无障碍产品的优化进程，加入信息无障碍的建设，推进互联网产品信息的无障碍传播，以吸引更多的视障用户跨过障碍，平等享受互联网带来的便利。

最后，应明确目标，呼吁无障碍信息传播的行业标准和规范尽快建立。在新媒体世界中，构建信息无障碍传播渠道、营造信息无障碍传播环境，是一个迫在眉睫的问题。目前，在世界范围内还没有成形的无障碍信息传播范式可以借鉴。从这个角度来说，我们可以考虑从无障碍的影视作品入手，探索无障碍视听产品推广传播的规律，尽快制定我国的技术标准，推动相关领域走向成熟。

我们期待未来有更多的社会力量参与进来、行动起来，制作推出包括无障碍电影在内的各类文化产品，为广大视障人士提供丰富的精神食粮，满足他们过上美好生活的新期待。

在媒介融合的历史机遇中，应继续促进无障碍信息采集和传播新规范的形成，实现媒介生态无障碍化的转型升级，为视障人群构建与健全人群共触、共享、共建的信息空间，为推动全体社会成员的共同发展，推动社会进步，贡献我们应有的力量。

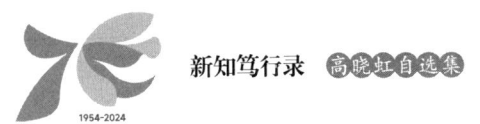

无障碍电影的社会价值与审美取向*

"无障碍"最初是一种建筑设计理念,旨在为残疾人提供方便安全的行动空间。20世纪50年代,丹麦学者卞·迈克逊(N. E. Bank-Mikkelsen)提出了"正常化原则"(thenormalization principle),希望能让残疾人和健全人一样,回归社会主流。1969年,瑞典人本·那杰(Bengt Nirje)首次对"正常化原则"进行了理论阐释。① 此后,"正常化原则"成为制定无障碍标准的基础原则,② 其目标对象从智力障碍者拓展到所有有障碍人士。

党的十九大报告指出,要"发展残疾人事业,加强残疾康复服务"③,突出强调了为残疾人提供社会参与机会、营造发展空间的重要意义。进入新时代,我国社会主要矛盾已经转化为人民日益增长的美好生活需要和不平衡不充分的发展之间的矛盾。除了物理层面的无障碍环境建设外,精神文明层面的无障碍文化建设也越发得到社会各界的关注。如何在铺设物理盲道的同时,构筑一条直抵心灵的"文化盲道"⑤,让残障人士以平等的地位和均等的机会充

---

* 本文原载于《中国新闻传播研究》2020年第5期,与潘悦、付海钲合作,收入本书时略有删改。

① NIRJE B. The normalization principle and its human management implications [J]. The international socialrole valorization journal, 1994, 1 (2): 19-23.
② 段培君,等. 无障碍国家战略. [M]. 沈阳:辽宁人民出版社,2019:2.
③ 决胜全面建成小康社会夺取新时代中国特色社会主义伟大胜利:在中国共产党第十九次全国代表大会上的报告(2017年10月18日)[EB/OL]. (2017-11-01)[2020-05-30]. http://www.qstheory.cn/dukan/qs/2017-11/01/c_1121886256.htm.
⑤ 高晓虹,陈欣钢. "光明影院":无障碍视听传播的研究与实践[J]. 中国编辑,2019(3):4-7,25.

分参与社会生活，共享物质文明和精神文明成果，成为立足国家战略、服务社会公益的重要议题。

2017年12月17日，我国首个以高校师生为志愿者主体的无障碍电影制作与传播项目——"光明影院"创立。该项目由中国传媒大学与北京歌华有线、东方嘉影联合推出，旨在优化口述影像服务模式，提升无障碍电影作品质量，打造一条更具专业性和服务性的"文化盲道"，通过无障碍电影的高品质生产和规模化推出，让更多视障人士走进五彩斑斓的电影世界，共享新时代文化成果。

一、无障碍电影：专为残障群体提供的公益文化服务

无障碍电影，一般是指通过在电影原片的基础上增加手语、字幕或解说，对电影的视听语言进行翻译、拆分和转化，以供视障或听障人士欣赏的电影。其宗旨是为特定人群提供具有独特性的文化服务，进而保障有障碍者享受信息平等、社会参与和文化共享的权利。

从狭义上讲，无障碍电影的服务对象特指有视觉或听觉障碍的残疾人，但从广义上讲，所有有障碍人士都是无障碍电影的受众，其中既包括视障听障人士，也包括行动不便和视觉功能减退的老年人。

根据服务对象的不同，无障碍电影可简单分为两种：给视障者"听"的和给听障者"看"的，并各有其对应的视听元素转化方式。"听觉→视觉"的转化主要通过听障者字幕或手语视窗实现，而"视觉→听觉"的转化则以影像描述为主。电影是一种以视觉为主的视听艺术，视觉感官是人类获取电影信息的重要来源，视障人士在欣赏影视作品时，会遇到更多障碍。因此，"光明影院"将研创重点放在了面向视障人士的无障碍电影上，通过影像描述，为视障人士带来完整的观影体验。

（一）无障碍电影的社会价值

电影被认为是综合了建筑、音乐、绘画、雕塑、诗和舞蹈的"第七艺

术",通过视觉创造、声音设计和镜头剪辑,让观众宛如身临其境,又仿佛超然物外,具有丰富的艺术价值。作为一种大众喜爱的休闲娱乐活动,电影还具有广泛的文化价值和社会意义。通过对现实世界的还原和对虚拟世界的创造,电影不断引发观众对当下生活的思考、对人性与生命的反思,为社会大众的文化交流和思想碰撞创造了更多话题。

当前,我国无障碍环境建设已取得显著成绩,无障碍文化建设正加速推进。在视听新媒体时代,无障碍电影的制作和推广成为无障碍文化服务延展的新方向。影像描述能够让视障人士和健全人一样,完整地理解、享受一部电影,这不仅是对视障人士艺术生活的拓展,更是对其精神文化需求的满足。借由电影这种艺术形式,使视障人士与电影中的人物产生共鸣,进而通过虚拟的故事充实现实的人生、拓宽生命的广度、得到心灵的启迪、拥有更多与人交流的话题,进而主动参与社会生活。

无障碍电影为视障人士的精神文化生活提供了更多选择。一直以来,由于视觉感官的缺失,视障群体接触和选择视听文化受到了较大限制。电影作为重要的文化传播载体,是人们享受精神文化生活的重要渠道。和健全人一样消费和享受电影,是视障人士的基本文化权利。[①] "光明影院"通过影像描述为视障人士接触视听媒介创造了有益条件,让视障人士在盲文、广播、有声书之外,拥有了与健全人一样多的文化选择。

无障碍电影为视障人士参与社会生活创造了更多机会。与多种多样的人保持社会关系是个人得到社会支持的重要条件。[②] 在现实生活中,囿于视力障碍,视障人士的社会参与程度较低。《视障人士在线社交报告》显示,74%的视障人士上网是为了社交,寻找与他人的共同语言。[③] 共同观影不仅能够为视障人士创造积极互动的群体社交空间,而且能够让视障人士和健全人拥有更多的共同话题。每次"光明影院"公益放映活动现场都有不少视障人士的

[①] 马波.普及型无障碍电影推广模式[N].中国新闻出版广电报,2015-09-10(004).

[②] 贺寨平.国外社会支持网研究综述[J].国外社会科学,2001(1):76-82.

[③] 研究会携手腾讯,QQ发布《视障人士在线社交报告》[EB/OL].(2019-10-17)[2020-05-31].https://baijiahao.baidu.com/s?id=1647597004995259849&wfr=spider&for=pc.

家人、朋友。在观影过程中，视障人士会非常自然、主动地与身边的人交流；影片结束后，他们还会三五成群地点评、讨论电影情节和内涵。无障碍电影观影活动为残障者在社会参与中树立信心、在与健全人的交往互动中获得社会认同提供了良好的平台和环境，不仅在物理上拉近了人们的社交距离，而且在精神上促进了人与人之间的深度交流。

（二）无障碍电影的发展进程

影像描述，是一种将视觉画面转换为声音描述的方法，诞生于20世纪70年代的美国，也被称为口述影像。[①] 20世纪90年代初，美国电视台开始推出专为残障人士提供口述影像服务的音频辅助频道。[②] 2016年起，世界最大的收费视频网站网飞（Netflix）开始为其流媒体库中的所有内容提供音频描述，旨在为视障用户提供与视力正常用户相同的搜索、观影功能。与欧美的发达国家相比，我国的口述影像服务起步较晚。2002年，中国台湾"口述影像发展协会"成立。2005年，"心目影院"在北京建成。2009年，上海市残联、上海市图书馆、上海电影评论学会筹划成立"无障碍电影工作室"。同年4月，我国第一部无障碍影片《高考1977》首映。

随着国内无障碍电影服务的逐步启动，服务过程中面临的问题与困境也逐渐显现。首先，"影像描述"本身具有公益服务和专业创作的双重属性，但国内外缺少关于如何有效、得当地向视障人士描述画面的学理研究和效果评估方式，导致内容生产规范性和专业性缺失。其次，以上项目的口述影像服务志愿者大多由政府或公益机构组织，面向社会招募，合格的志愿者数量仍然较少，口述影像服务的质量良莠不齐，且由于志愿者的时间调配可能存在冲突，无障碍电影的讲述质量和播放场次均难以保证。基于以上限制，我们亟须探寻无障碍电影的规范化制作和规模化生产模式。

[①] CRONIN B J, KING S R.The development of the descriptive video service [J]. Journal of visual impairment & blindness, 1990, 84 (10): 503–506.

[②] SNYDER J.Audio description: the visual made verbal [J]. International congress series, 2005 (1282): 935–939.

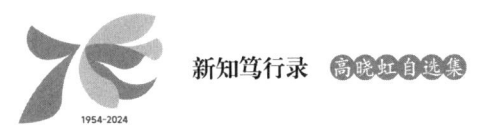

二、"光明影院"：无障碍电影的创作实践与价值拓展

国内外常见的影像描述服务模式分为现场影像描述（live audio description）和预录影像描述（pre-recorded description）两种。当前国内的现场影像描述发展较为成熟，北京的"心目影院"、上海的"光影之声"都是请志愿者在电影放映现场担任讲解员，为视障人士现场讲解电影，赢得了视障人士的广泛认同。现场聆听、实时讲述，为"看电影"这项文化活动带来了更多互动感和仪式感。从单向收听放映机中的声音，到能够与有温度的人进行现场交流、感受讲述者旁白与电影原声交织的声韵流动，现场讲解为无障碍影像服务带来了更多温度和人情味。此外，观众与讲解员同处一个物理空间，能够更加直观地感受到讲解员的情绪，并与之产生共鸣，这有助于搭建起双方心灵沟通的桥梁，建立起视障人士之间、视障人士与健全人之间的平等对话。

随着无障碍电影的发展，大众对口述影像服务的技术水平、艺术效果、传播的深度和广度有了更多期待。如何突破现场讲述的局限性、提升影像描述的艺术感、优化无障碍电影的作品质量，成为无障碍电影创新发展的关键。为了解决服务专业性和项目可持续性等问题，2017年年底，中国传媒大学推出了"光明影院"无障碍电影公益项目。从一次性的口述影像服务到可复制、可传播的视听文化精品，"光明影院"通过实践创新完成了对无障碍电影的价值拓展，从产品内容的生产传播，到公益行动的可持续、可拓展，"光明影院"为我国无障碍电影事业的未来发展提供了专业、稳定的公益平台。

（一）高品质的内容生产

"光明影院"采用的是预录影像描述模式。志愿者在录音棚中提前完成影像描述的录制以及剪辑、混音、合成等后期工作，将无障碍电影成品刻录成U盘或光盘，以便后续放映和推广。虽然制作过程相对复杂，但产品优势非常明显。

一是内容描述的准确性。如何获取信息是视障人士在观看电影时不得不面对的问题，也是无障碍电影创作要解决的基本问题。如何在有限的时间内抓取最重要的元素进行从视觉信息到听觉信息的转化，成为无障碍电影创作者们不断探索的重要课题。无论是现场讲解还是提前录制，一份内容准确、信息完整、理解到位的讲述稿都是无障碍电影创作的重中之重。讲述稿的撰写涉及对镜头语言的解读、对叙事逻辑的拆分、对情节内容的把握，这些都要求志愿者具备较高的专业素质和专业能力。"光明影院"依托中国传媒大学的"双一流"学科建设，打造了一支由500多名视听传播专业师生共同参与的无障碍电影创作团队，从志愿者的专业性和稳定性方面保证了电影的创作质量，从志愿者的规模和数量方面确保了电影的创作效率。在创作过程中，"光明影院"严把质量关，采用便于反复修改、调整的预录模式，从撰稿、录制到剪辑、合成，对每个步骤都精雕细琢、精益求精，一部90分钟的无障碍电影，往往要反复推敲300多个小时。从一件物品的准确名称，到一个情节的前后呼应，项目团队始终将内容描述的精准性放在首位，以期为视障朋友提供准确、专业、到位的无障碍服务。

二是内涵阐释的深刻性。"光明影院"在创作过程中，不仅对画面内容进行了准确描述，而且对画面背后的故事内涵、思想价值进行了深刻阐释，让视障人士在欣赏电影时，既能了解"现在正在发生什么"，又能理解"发生的原因"以及"情节发展的意向"，更加充分、完整地认知和感受一部电影。例如，在影片《我们俩》中，介绍房东奶奶"时常也会扭扭脖子，像小女孩教她的那样"的细节将影片前后巧妙勾连，让大家在听电影的时候同样能够对情节设计有所领悟；在影片《地道战》的最后，"那口挂在老树上的铜钟再次被敲响，这一次，它传递的是胜利的喜悦和美好的祝福"，志愿者对画面内涵进行了合理推演，将时代精神与人文理想进行了巧妙融合。

三是音质音色的高保真。听觉感官是视障人士接收信息的最主要渠道，听觉元素在无障碍电影中的地位举足轻重。从单纯的"视觉艺术"到兼具视觉和听觉的"视听艺术"，电影中听觉元素的表意功能和艺术价值逐步得到大众的认可。一部优秀的无障碍电影作品，既要让人听得懂，又要让人听得好，给视障人士以听觉的享受。口述影像志愿者在对视听元素进行"翻译、再现"[①]的同时，还应该通过声音造型向观众传达情绪、进行艺术呈现。现场影像描述具有一定的不确定性，不同志愿者对影片情绪的把握不尽相同，同一位志愿者在不同场次的服务中的状态也难免有所起伏。只有按照标准化的制作流程，进行精细的声音剪辑和严格的音频调配，才能确保无障碍电影声音信息的清晰、流畅，实现讲述者旁白与电影对白、原声声效的精妙配合。只有反复调整和不断打磨，才能让讲述人的情绪始终饱满、声音始终具有感染力，进而通过讲述人的情绪带动，激发视障人士的情感，获得双方在审美情绪上的涟漪效果。[②] "光明影院"的录制在专业的录音棚中进行，每次录制都会安排专门的录音师和监听人员对讲述者声音的层次、质感、感染力等进行监督，让声音具有触达心灵的冲击力，确保讲述者旁白与电影原声搭配得自然和谐。录制结束后，后期制作小组对人声轨道进行降噪、调平，再与电影原声混音合成，既确保音质音色的高保真，又让影片的声音元素富有艺术美感和审美意趣。

（二）多渠道全覆盖的作品传播

无障碍电影既是一类普通的视听文化产品，又是一项面向特定人群的社会公共服务，其作品的消费、生产和传播具有独特的人文价值和重要的社会意义。

内容版本可复制，为无障碍电影的广泛传播打下基础。"光明影院"制作的无障碍电影打破了现场讲述的场景限制，一经制作完成，即可批量生产、广泛传播。一方面，相比每次只能邀请有限的观众观影的现场讲述，预录好的无障碍电影受众面更广。另一方面，通过拷贝心仪的影片，视障人士可以随时随地欣赏电影，这进一步降低了触媒门槛，拓展了视听媒介的"可及性"。此外，"光明影院"所采用的预录模式能够较好地解决当前口述影像服务志愿者人数不足和视障人士观影需求较大之间的矛盾，为无障碍电影公益

---

① 赵雅丽.口述影像：一个翻译与再现观点的对话［J］.新闻学研究，2002（1）：97-134.
② 周景.无障碍理念下口述影像的播音实践与研究［J］.吉林艺术学院学报，2019（5）：70-77.

放映的常态化打下了基础,可以让更多视障人士受益。

传播覆盖面广,为残疾人文化扶贫助力。截至2019年年底,"光明影院"已经形成一套独具特色的传播模式,简称"五进"模式:以各省级盲协为纽带,走进影院、盲校、图书馆、社区以及千千万万个家庭。无障碍电影在全国30个省、自治区、直辖市的公益放映和推广,使口述影像服务的覆盖面从北上广深等一线城市拓展到新疆、西藏、青海、宁夏等经济欠发达地区。"光明影院"走村入户,将电影送到内蒙古大青山革命老区、四川凉山彝族自治州、福建宁德等地,为贫困地区视障人士带去了文化产品。"光明影院"通过无障碍电影的推广和传播,实现了对视障群体的文化扶贫,其从文化传播角度入手,将扶贫与扶志、扶智相结合,借助电影潜移默化的教育功能,提升视障群体的生活品质和文化素养,激发残疾人脱贫攻坚的内生动力,为决胜全面建成小康社会不懈奋斗。

传播渠道多样,进一步拓展视障人士的观影空间。自从公益项目成立以来,"光明影院"持续探索无障碍电影的传播渠道:将无障碍电影送到残障人士家中,打通无障碍文化传播的"最后一公里";与各地影院合作建立无障碍放映厅,定期组织无障碍电影线下公益放映活动,让视障人士走进电影院观影;与北京歌华有线等城市广电媒体合作,搭建线上无障碍电影放映专区,让视障人士足不出户观影成为可能;与网络平台合作,通过版权的部分授权,推动无障碍电影的线上推广……"光明影院"逐步建立起覆盖线上线下的无障碍观影渠道,为视障人士提供了更加便捷、舒适的"无障碍观影空间"。

(三)聚沙成塔的公益服务

每年制作完成104部无障碍电影,这是"光明影院"的承诺。这意味着视障人士在一年中,每周能够欣赏2部无障碍电影,甚至超过健全人的观影频次。经过几年的实践累积和学理研究,"光明影院"已经制作完成208部无障碍电影,并逐步搭建起一个高校公益新平台。

多方参与,保证公益项目的可持续性。"光明影院"将高校的专业优势、企业的资源优势和媒体的平台优势有机结合,经过多方的共同努力,从运作管理上保障了无障碍电影服务的专业、稳定、可持续。在反馈机制上,"光明影院"不断根据受众需要和用户反馈进行内容调整;与各残联、盲协保持联络,定期举办研讨会和观影反馈会,让盲人朋友在享受口述影像服务的同时,能够参与无障碍电影的内容生产与项目优化,实现残疾人与健全人的双向互动,在促进视障人士"平等、参与、共享"的同时,保障项目的健康发展。

共同享有,保证公益服务的高延展性。"光明影院"作为一个立足无障碍视听文化传播的公益项目,具有广阔的社会需求和发展前景。从面向特定人群的狭义无障碍到服务全社会的广义无障碍,无障碍电影的服务对象随无障碍理念的进步而不断增加。从无障碍电影到无障碍纪录片、电视剧、文艺晚会……无障碍文化的服务内容随人们文化需要的日益多样而不断丰富。从内容创作到公益推广,从活动日观影到常态化享有,从线下放映到线上传播,"光明影院"以无障碍电影为起点,不断创新服务形式,逐步发展成为集无障碍电影制作、无障碍内容传播、无障碍观念普及于一身的无障碍文化品牌。

三、无障碍电影的艺术审美与美育价值

习近平总书记在文艺工作座谈会上指出:"精品之所以'精',就在于其思想精深、艺术精湛、制作精良。"从无到有、从有到好、从好到精,无障碍电影在内容制作、艺术呈现和思想引领等方面,有着更高的标准和更多的追求。

(一)无障碍电影的艺术审美

审美是一种精神文化活动,它的核心是以审美意象为对象的人生体验。在这种体验中,人的精神超越了"自我"的有限性,得到了一种自由和解放。[①] 这种基于人的生活经验、生命观照的审美活动,对于视障人士突破感官障碍的桎梏,进行自我实现与自我认同,有着不可替代的作用。

美是一种审美愉悦,这种"愉悦感"的产生,取决于情感和认知的微妙

---

① 叶朗. 美学原理[M]. 北京:北京大学出版社,2009:15.

反应。① 健全人观看电影时产生的愉悦感主要来自视觉信息，而这种愉悦体验对视障人士来说，要通过影像描述来填补。从电影到文化再到精神，"光明影院"除了对电影本身的艺术之美进行再现，还试图营造一个让视障人士可以平等感受文化之美的意境，为其留下一种关于生命之美、精神之美的想象。

1. 美的空间

电影，是光与影的艺术，是色彩斑斓、缤纷夺目的世界。一位合格的无障碍电影创作者，应当成为无障碍视听审美空间的构建者、引导者和分享者。② 从讲述稿的遣词造句到故事情节的设计取舍，再到电影人物的描摹塑造，无障碍电影要有美的内容；从亲情、友情到爱情，从为友为邻到为国为民，从儿女情长到家国情怀，无障碍电影要有美的情感；从讲述者声音的表现力和感染力到讲述者旁白与电影原声的相得益彰，无障碍电影要有美的形式；从语气的变化到节奏的转换，再到情绪的升华，无障碍电影要有美的氛围。无障碍电影要通过创作者的创作，给观众以美的享受，让观众进行美的发现和美的创造，进而通过电影感受生活之美、发现生命之美。

2. 美的想象

电影并不只是真实的再现或拙劣的模仿，而是一种有心理活动和联想、想象参与的艺术。鲁道夫·阿恩海姆（Rudolf Arnheim）认为，真实事件的某些部分一旦被取消，镜头的吸引力反而会大大增强。③ 例如，默片中无声的笑比有声的笑更具艺术穿透力，就在于它留给了人们无尽的想象空间。"一千个观众眼中有一千个哈姆雷特"，留白让每个人都可以根据自己的生活经验和对影片的理解，进行"个人化"的想象。这种积极的选择和主动的"再创造"，让电影拥有了更多艺术美感和审美价值。

"美不自美，因人而彰"，没有心灵的映射是无所谓美的。④ "光明影院"

---

① ARMSTRONG T, DETWEILER–BEDELL B.Beauty as an emotion: the exhilarating prospect of mastering achallenging world [J]. Review of general psychology, 2008, 12 (4): 305–329.
② 周景. 无障碍理念下口述影像的播音实践与研究 [J]. 吉林艺术学院学报, 2019（5）: 70–77.
③ 阿恩海姆. 电影作为艺术 [M]. 杨跃, 译. 北京: 中国电影出版社, 1981: 91.
④ 宗白华. 美学散步 [M]. 上海: 上海人民出版社, 2005: 121.

试图通过对画面细节的创造性描述，利用声音的传情达意功能，让视障人士通过听觉和想象构建起基于自身生活经验的审美体系。在电影《流浪地球》中，"从太空俯瞰，地球就像一个水晶球"，这句话既生动地介绍了地球表面萦绕着淡淡光线的质感，又通过"水晶球"一词本身代表的梦幻和浪漫，给人以神秘唯美的想象。在电影《无问西东》中，"此时镜头拉远，（沈光耀）家里客厅的牌匾上写的是'三代五将'"，讲述者通过对"三代五将"一词的强调，塑造出服从影片风格和整体情感基调的声音形象，让视障人士通过声音造型感受到沈家一门以身许国、为国舍家的家国情怀。

（二）无障碍电影的美育价值

"光明影院"不仅让视障人士"看到"了电影，更将无障碍电影拓展为一种美育活动，旨在通过提供审美线索来配合观众积累的审美经验，激发视障人士在审美活动中的主体能动性，让其在享受电影的同时培养审美能力，陶冶性情，完善人格。①

审美能力集中表现为对美的感知、理解与想象，它的形成和培养大多是在不经意间完成的。这种基于成长环境的"不经意"，造成了审美能力的不平衡。对于健全人来说，审美是一种基于千百万次感官经验的选择。但对于视障人士来说，由于感官受限，他们只能通过有针对性的训练，通过对事物的想象、对形式内涵的理解，对视觉审美能力进行感知和发掘。为此，"光明影院"在影像描述时，特意加入了对故事内涵的阐释和对重要细节的描述，让电影的表层信息"可知"，深层表意"可感"，让视障人士在观影过程中获得与健全人同等的审美经验。

性情的陶冶和人格的完善贯穿无障碍电影服务始终。一方面，"光明影院"格外注重对视障群体精神文明建设的关注，在影像描述时坚持和弘扬社会主义核心价值观，展现中国精神，凝聚中国力量，为视障人士提供正向的价值引导和精神引领，让他们能够从电影中汲取力量，塑造自尊自爱、自立

---

① 《美学原理》编写组.美学原理［M］.2版.北京：高等教育出版社，2019：255-257.

自强的健全人格，主动融入社会，参与社会生活。另一方面，"光明影院"致力于在全社会形成关心、关爱、关注有障碍群体的公益氛围，积极传递正能量，让他们拥有更加积极的人生观，用乐观阳光的心态面对生活；并以无障碍电影为起点，建立起人与人、人与社会和谐美好的关系，促进残健共融，推动社会文明进步。

作为一种专为残障人士提供的公共文化服务，无障碍电影在与残疾人分享文化成果的同时，为健全人的人权教育和同理心培养提供了鲜活的资料。中国传媒大学借助"光明影院"平台，将公益服务与教学实践相结合，让"立德树人"贯穿活动始终；将育人和育才相统一，摸索出一套"课程思政"新模式；将专业教育、素质教育与情怀教育有机融合，在培养学生专业能力的同时，加强对其公益精神和家国情怀的培育，实现全员、全程、全方位育人；在进行无障碍电影创作培训的同时，对志愿者们进行无障碍文化的普及和通用无障碍理念的教育，为我国无障碍事业发展培养"知行合一"的专业人才，服务国家战略，力行社会担当。

无障碍电影是我国无障碍文化发展的重要组成部分，也是人类文明进步和社会现代化的重要体现，近年来得到社会各界的广泛关注。2019年两会期间，全国人大代表贾樟柯导演提出了《关于发展我国无障碍电影事业的议案》，号召社会各界关心、支持无障碍电影。在2020年5月召开的全国政协十三届三次会议上，全国政协委员、中国盲协主席李庆忠提交了《关于将〈无障碍环境建设法〉列入2021年全国人大常委会立法计划的提案》《关于开放版权，推动无障碍电影发展的提案》等多项提案，① 助力残疾人同步迈入全面小康、丰富视障人士的精神文化生活。

无障碍文化的实质，是人道的精神、人权的精神、现代化的精神。② "光明影院"以无障碍电影为媒介，以公益行动为桥梁，在满足视障人士的精神文化需要的同时，从社会接纳层面加强对视障人士的尊重与保护，让"自由、

---

① 李庆忠委员：多份提案为盲人发声 关注残疾人精神文化需求［EB/OL］.（2020-05-27）［2020-06-04］. http://canjiren.china.com.cn/2020-05/27/content_41166035.html.
② 段培君，等. 无障碍国家战略［M］. 沈阳：辽宁人民出版社，2019：80.

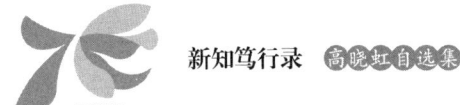

平等、公正、法治"的社会主义核心价值观真正转化为人们的情感认同和行为习惯,推动残健融合,助力信息平权、文化平权和交流平权。从无障碍电影到无障碍文化,再到惠及全人类的无障碍事业,以世界眼光、国际标准、中国特色为指引,探索出一条国家无障碍发展路径,是构建人类命运共同体的生动实践,也是新时代文化发展的新方向、新使命。

障碍与突破：中国无障碍电影事业的现状探析*

"无障碍"一词译自 barrier-free 或 accessibility，指任何人在任何情况下都能平等、方便、无障碍地获取信息并利用信息。20世纪60年代初，"无障碍"的概念开始形成。① 它的前身是丹麦人卞·麦克逊（N. E. Bank-Mikkelsen）提出的"正常化原则"，倡导每一个身心障碍者尽可能地与所属文化中的正常人一起生活和接受教育。②

为残疾人事业做更多事情，让残疾人也能够同样享有社会福利，是全面建成小康社会的重要方面。2016年7月，习近平总书记在唐山考察时表示："全面建成小康社会，残疾人一个也不能少。"③ 迈入新时代，除盲道、坡道、扶手等生活层面的无障碍环境建设以外，在彰显人文关怀、共享文化成果的精神文明层面，无障碍环境建设同样甚至更加值得关注。

---

* 本文原载于《中国新闻传播研究》2020年第1期，与蔡雨合作，收入本书时略有删改。
① "无障碍"概念的形成 [J]. 瞭望新闻周刊，2002（17）：20.
② 李东晓，熊梦琪."可及"之后：新媒体的无障碍传播研究与反思 [J]. 浙江学刊，2017（6）：199-206.
③ 习近平：全面建成小康社会，残疾人一个也不能少 [EB/OL].（2016-07-29）[2019-06-23]. https://www.gov.cn/fuwu/cjr/2016-07/29/content_5124019.htm.

一、无障碍电影的概念与实践

电影作为重要的文化传播载体,对它的无障碍传播研究逐渐走入传播学的研究视野。在传播学视域内,对视听语言的无障碍传播研究,首先要解决的是影视内容的可及性,也就是实现内容的无障碍化。因此,对无障碍电影的研究,也是从研究如何制作无障碍电影,消除听障、视障人士的信息接收障碍开始的。

(一)无障碍电影的概念界定

无障碍电影,顾名思义就是帮助视听障碍人士消除障碍,让残障者也能"听"懂或"看"懂的电影。它一般是在原版电影的基础上增加手语、字幕或解说,再经过专业技术合成,专供视障、听障人士观赏。

根据服务对象的不同,无障碍电影可简单分为方便视障人群"听"的、方便听障人群"看"的、既方便视障人群"听"又方便听障人群"看"的三种。其中,可"听"和可"看"的无障碍电影各有其对应的用于实现影视内容可及性的无障碍翻译方式;而可"听"可"看"的二合一版本的制作方式,则是前两者翻译方式的叠加,既有消除听觉接收障碍的字幕或手语,又有消除视觉接收障碍的影像描述。

(二)消除听觉接收障碍的字幕和手语

字幕和手语,是两种最常见的用于实现听障人士影视作品内容可及性的方法。两者的本质都是对声音的翻译、拆分和转化。通过对声音内容进行视觉呈现,帮助听障人士"看"到影片的音乐音响所要表达的内容。

1. 听障者字幕

在英语中,与中文"字幕"含义相对应的单词有两个:Subtitles 和 Closed Captions。其中,Subtitles 最为常见,也最接近我们平常所讲的字幕的含义,主要指多语种间的翻译字幕,包含原始语言的文本显示和翻译语言的文本显示，而 Closed Captions（简称 CC），直译为隐藏式字幕，与开放式字幕（Open Captions，简称 OC）相对。翻译字幕和 CC 字幕都是用户可以自行选择打开或关闭的字幕，OC 字幕则无法关闭。

除了电影中的对白文本，CC 字幕还会显示电影的声效、环境声、说话人信息和其他非语音元素，从这个角度讲，它更贴近于听障者字幕的含义。CC 字幕可以让听觉障碍者通过字幕"看"到更多画面信息，也为在嘈杂环境中观看或需静音观看视频的健全人提供方便。一般来说，CC 字幕和翻译字幕一样，显示在画面下方，白色文字黑色衬底，字体大小以听障人士能够看清为准。但出于声音内容传达的需要，也可能直接将字幕纳入画面构图，像漫画对白一样，将字幕显示在说话人旁边或声效发出的位置，便于听障人士更直观地了解声音信息（见图 1）。①

图 1　美国 Netflix 电影中的听障者字幕

CC 字幕起源于 20 世纪 80 年代，美国、欧盟、日本对 CC 字幕的制作和使用作出了具体描述及规定，中国也在这方面作出了努力。

2. 手语

手语作为一种无障碍交流方式，更多地出现在电视新闻节目中。手语的使用方式有两种：一种是主播正常播报，手语播报作为节目语言的翻译，

---

① ELISA EDELBERG E. What's the difference?Subtitles for the deaf and hard of hearing (SDH) v.closed captions [EB/OL]. (2017-06-19) [2019-06-23]. https://www.3playmedia.com/2017/06/19/whats-the-difference-subtitles-for-the-deaf-and-hard-of-hearing-sdh-v-closed-captions/.

起到和字幕类似的作用,画面以小屏幕的方式出现在电视屏幕一角。目前,配有手语播报的新闻节目不多。以央视为例,CCTV—新闻频道只有每天18:00播出的《共同关注》节目配有手语主播(见图2)。另一种是没有常规意义上的新闻主播,节目以手语播报为主,在画面下方辅以字幕。这种节目十分少见,典型案例是 BBC 专为听障人士设计的电视节目 *See Hear*。该节目以手语播报为主,同时配有英语播报语音和内容字幕,方便听障人士和健全人观看(见图3)。

相较于电视新闻,影视作品的画面内容更丰富,声音素材更多样,对其进行手语翻译的难度较大,因此电影中很少插入手语画面。此外,当前手语的标准化、统一化推广还有待加强。手语不通用、普及率不高,也是手语在影视作品中使用受限的重要原因。当然,手语作为一种特殊的信息传达手段和视觉语言形式,对于帮助听障人士实现影视内容的可及性仍具有作用。

图2 中央电视台《共同关注》节目中的手语播报

图3 See Hear-Deaf Not Dumb 节目

(三)消除视觉接收障碍的影像描述

人类信息的获取主要依赖于感官,五感中又以视觉为主,人类通过视觉所获取的信息几乎占据了可获取信息量的80%,其次是听觉。[①] 尽管听障人士的数量比视障人士的数量多出近一倍,但由于视觉是人类获取信息的最主要

---

① 李东晓. 听见 看见:影视媒体的无障碍传播研究 [M]. 杭州:浙江大学出版社,2013:34.

来源，视障人士在欣赏影视作品时，面对的障碍要比听障人士大得多。因此，在影视作品的无障碍传播研究中，如何向视障人群翻译影视作品，弥补视觉障碍者的信息缺失，让电影在视障人群中实现无障碍传播显得尤为重要。

影像描述，是一种将视觉画面转换为声音描述的方法，也被称为口述影像。它的操作方法是在不增减原有影片长度、不干扰原有对白和声音的基础上，对影视作品中出现的视觉成分加以解释和描述。[①] 一般而言，需要解释和描述的视觉成分包括时空的转换、场景的变化、人物动作和肢体语言、人物角色的关系、会对情节推动产生影响的关键细节等。

现有的影像描述方法大体可分为"直播式"和"录制式"。"直播式"影像描述的创作地点在电影院或放映地，工作模式是一边放映原版影片，一边请电影讲解员进行现场讲解。这种方式的优势在于无须对影片进行剪辑和后期包装，几乎不存在后期压力。但相对地，它对电影讲解员的业务水平和讲解状态有较高要求。

我国第一家盲人公益电影院"心目影院"，采用的就是"直播式"影像描述方法，请志愿者担任讲解员，为视障观众现场讲解电影。参与"直播式"影像描述的志愿者们，有从未接受过专业训练的电影爱好者，也有资深的节目主持人。讲解员是否能够在"直播式"描述中准确把握影片内容，卡准影片对白的间隙，将关键细节和动作描述到位，在两三个小时的电影讲解中始终保持高专注度和高准确性成为影响影像描述质量的重要因素。

与"直播式"影像描述不同，"录制式"影像描述的创作地点在录音室中。无障碍电影讲述人需要先撰稿，编写好无障碍电影解说词，再进入录音室进行配音录制以及混音、合成等后期制作，最后刻录成U盘或光盘以便于推广。与"直播式"影像描述不同，"录制式"影像描述既要做好前期准备，也要在后期制作方面付出努力。

2018年，中国传媒大学联合北京歌华有线、东方嘉影共同推出的"光明

---

① CRONIN B, KING S.The development of the descriptive video service [J]. Journal of visual impairment & blindness, 1990，84(10): 503-506.

影院"项目,采用的就是"录制式"影像描述的工作模式。师生志愿者利用自身专业优势,对电影进行配音、剪辑、混音、包装等一系列处理,至今已经制作完成无障碍电影作品百余部。虽然创作过程更为复杂,对创作者的要求也更高,但"录制式"影像描述的优势同样明显。一方面,它的成果可以实现标准化,一旦制作完成,即可进行批量生产、广泛传播,可供视障人士随时随地欣赏,进一步降低视障人士的观影门槛。另一方面,因为是"录制式"描述,在对视障人群可能产生理解障碍的视觉成分的描述上,它有更多优化的空间和可斟酌的时间,便于精益求精,提升无障碍电影质量。

二、无障碍电影的价值与现状

19世纪末,法国的卢米埃尔兄弟发明了电影和电影放映机。经过100多年的发展,电影这门视听结合的现代艺术已然成为现代社会较为重要和流行的艺术表现形式之一。然而,看电影这种在健全人看来轻松便捷的休闲娱乐方式,对感官功能存在缺陷或障碍的残障人士来说无比遥远。

通过克服障碍,让残障人士也能和健全人一样感受电影魅力、参与艺术审美、分享文化成果,是无障碍电影创作的根本动力。

(一)文化盲道[①]:无障碍环境的新领域

2012年,国务院发布了《无障碍环境建设条例》。其中,对无障碍环境建设的描述和划分是:为便于残疾人等社会成员自主安全地通行道路、出入相关建筑物、搭乘公共交通工具、交流信息、获得社区服务所进行的建设活动。在具体的无障碍环境建设实践中,人们关注的焦点主要集中在问题最普遍、需求最迫切的物质环境无障碍建设上,包括铺设便于残疾人通行和使用的盲道、斜坡、电梯;建设残疾人专用厕所、柜台、扶手等。

---

① 高晓虹,陈欣钢."光明影院":无障碍视听传播的研究与实践[J].中国编辑,2019(3):4-7,25.

随着大众传媒的不断发展，信息无障碍的概念开始兴起，针对听障、视障人士的不同"需求"，各媒体平台各展所长，进行了一系列无障碍文化产品的创新尝试：从最初的盲文图书，到制作有声读物、为电视节目配备字幕或手语，再到互联网时代，为残障人士设计辅助类 App 或嵌入放大镜、助听设备等，满足残障人士获取信息、沟通交流的基本诉求。

无障碍环境的基本定义是一个既可通行无阻又易于接近的理想环境。它既包含外部的物质环境，又涵盖人际交往层面的信息和交流环境。随着人们生活水平的不断提高，丰富残障人士的精神文化生活、满足视障听障人士的艺术审美诉求、帮助他们参与文明成果的分享，成为我国无障碍环境建设的新方向。2018 年修正的《中华人民共和国残疾人保障法》第五章明确提出，国家保障残疾人享有平等参与文化生活的权利。如何更好地实现信息无障碍传播，满足残障人士对更高品质文化生活的追求，成为无障碍环境建设的新领域。

近年来，我国电影产业持续蓬勃发展。2018 年，中国影院总数与银幕总数先后突破了 1 万家和 6 万块，达到历史最高值。[①] 电影日益成为大众生活中不可或缺的一部分，成为人们认识世界的又一窗口。

电影就像是一座"精神桥梁"，大家在一起看电影、聊电影的过程中，能够拉近彼此之间的距离，促进情感交流。用艺术传播手段弥合文化障碍、搭建沟通桥梁，对残障人士主动融入社会生活、减少因残障而加剧的孤独感很有助益。

为听障、视障人群释读、制作无障碍电影，正是为残障人士铺设一条彰显人文关怀、传播文化成果的"文化盲道"。通过视听元素之间的翻译和转换，打造文化艺术领域的无障碍环境，让残障者与健全人同等享有文化滋养和艺术情趣，这是残障人士更高层次的文化生活需求，也是无障碍电影的价值和意义所在。

---

① 2018 中国院线、影投发展报告［EB/OL］.（2018-12-25）［2019-06-23］. https://www.chinafilm.com/hygc/7166.jhtml.

（二）产业推动：影视行业的公益蓝海

无障碍电影的定向服务对象是相对弱势的听障、视障群体，因此，无障碍电影本身的公益性定位十分明确。这是一项造福残疾人群体的公益事业，同时对于促进电影产业发展具有重要意义。

欧美等发达国家的无障碍电影发展起步较早。早在1990年，美国就已经开辟了专门为残障人士提供的口述频道。发展到现在，在当地首映的电影中有六成多附有口述频道，其中有四成多被制作成有口述频道的DVD。① 我国的无障碍电影事业发展起步于21世纪初。2002年，中国台湾"口述影像发展协会"成立。2005年，专为盲人放映电影的"心目影院"建成，每周六上午，志愿者都会为盲人讲述一部电影。2009年，上海市残联、上海市图书馆、上海电影评论学会筹划成立"无障碍电影工作室"，同年4月，我国第一部无障碍影片《高考1977》首映。2010年5月，IPTV无障碍电影频道开播，残障人士足不出户即可在家享受无障碍电影的免费点播服务。2012年，国泰电影院推出全国首家无障碍电影专场，每月第四周的星期四上午放映一场电影，开创了在商业影院播放无障碍电影的先河。②2018年，中国传媒大学"光明影院"项目启动，一年间制作完成无障碍电影作品104部，赠送给全国盲协、盲校、社区和图书馆，并在全国各地多个省市举行了无障碍电影放映活动，受到了视障人士的热烈欢迎。

数据显示，2018年包括上座率、单银幕产出在内，多项影院核心经营数据都滑落至2014年以来的最低值，万达等头部院线近年来的市场份额也呈现出下滑趋势。③

2019年一季度，影院数量进一步扩张，观影人次再次缩减，全国影院运

---

① 潘祥辉，李东晓．绘声绘色：中国无障碍电影的发展现状及展望［J］．浙江学刊，2013（4）：188-198．

② 2014年市政府实事项目［EB/OL］．（2016-08-16）［2019-06-23］．http://www.shdisabled.gov.cn/clwz/clwz/project/wzady/．

③ 2018中国院线、影投发展报告［EB/OL］．（2018-12-25）［2019-06-23］．https://www.chinafilm.com/hygc/7166.jhtml．

营效率遇到增长瓶颈，上座率下滑 4.7 个百分点。① 在这种情况下，无障碍电影或将成为电影产业的新蓝海。

无障碍电影所服务的听障、视障人群和日益增多的老年观众，或可成为影院新生增长的市场空间。无障碍电影的公益放映可以有效提高非黄金排片时间的院线运营效率，助力电影业寻找新的产业亮点。

（三）国家形象：弱势群体的权益保障

2007 年 3 月 30 日，时任中国常驻联合国代表、特命全权大使的王光亚代表中国在纽约联合国总部举行的《残疾人权利公约》（以下简称《公约》）开放签署仪式上签字②，中国成为《公约》首批签约国之一。

《公约》旨在促进、保护和确保所有残疾人充分和平等地享有一切人权和基本自由，并促进对残疾人固有尊严的尊重。其中，第三十条"参与文化生活、娱乐、休闲和体育活动"明确提出：缔约国确认残疾人有权在与其他人平等的基础上参与文化生活，并应当采取一切适当措施，确保残疾人获得以无障碍模式提供的文化材料；获得以无障碍模式提供的电视节目、电影、戏剧和其他文化活动；进出文化表演或文化服务场所，如剧院、博物馆、电影院、图书馆、旅游服务场所，并尽可能地进出在本国文化中具有重要意义的纪念场馆和纪念地。

2008 年，我国根据《公约》修订《残疾人保障法》，实现国内法与公约的衔接，表明了中国政府积极促进残疾人事业的坚定决心。作为丰富残障人士文化生活的重要组成部分，无障碍电影的创作和发展体现了国家对残障群体的权益保障，彰显了社会主义核心价值观。

---

① 2019 年 Q1 影院景气观察：新开业影院 520 家同比持平，上座率下滑 4.7 个百分点［EB/OL］.（2019-04-03）［2019-06-23］. http://ent.ifeng.com/c/7lZpfUABUUF.
② 中国签署《残疾人权利公约》［EB/OL］.（2007-03-30）［2019-06-23］. https:s://www.fmprc.gov.cn/web/gjhdq_676201/gjhdqzz_681964/lhg_681966/zwbd_681986/t439982.shtml.

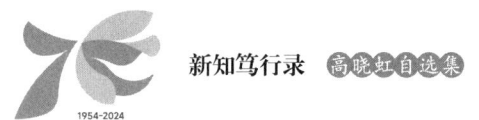

三、无障碍电影的障碍与突破

（一）马拉喀什条约：版权的限制与突围

当前的无障碍电影的创作是通过添加听障者字幕、手语、影像描述，对原有的影视作品进行视听语言的翻译、补充与再编。因此，无障碍电影创作首先面临的是电影产业的版权保护问题。

早在 2009 年，世界盲人联盟、巴西、厄瓜多尔和巴拉圭就曾提出签订《世界知识产权组织条约》的提议，以帮助缓解世界范围内的图书饥荒。在当时，发展中国家可获得的无障碍图书不到 1%，最发达的国家也只有 7% 左右。① 经过 4 年的努力，2013 年 6 月 28 日，世界知识产权组织（WIPO）缔结了专门保障视障者阅读权的《马拉喀什条约》。② 这一国际条约的成功缔结，让视障者获取无障碍格式作品、像健全人一样享有阅读权成为可能。同时，我国《著作权法》第二十二条把"将已经发表的作品改成盲文出版"纳入"合理使用情况"。《信息网络传播权保护条例》第六条也规定，通过信息网络提供他人作品时，"不以营利为目的，以盲人能够感知的独特方式向盲人提供已经发表的文字作品"可以不经著作权人许可，不向其支付报酬。

尽管上述立法和国家政策有效保障了视障者的阅读权，但无障碍电影并未被纳入保护范围。原因主要有两个：其一，当前的法律保障主要局限于盲人的阅读权，针对其他知觉障碍人士的相关保护内容较少；其二，现有对无障碍格式作品的定义仍囿于图书等文字作品，以视听语言为主的影视作品并不在法定无障碍格式作品的认定范围内。这对无障碍电影的创作、发行造成了不小的困扰，其中最直接的问题就在于版权受限、片源不足，无障碍电影

---

① World Blind Union.Press release WIPO negotiations treaty for blind people [EB/OL]. (2016–11–29) [2019–06–23]. http://www.worldblindunion.org/English/news/Pages/Press-Release-WIPO-Negotiations-Treaty-for-Blind-people.aspx.

② 崔汪卫. 视障者阅读权保障的国内现状、国际视角与立法完善：基于《马拉喀什条约》视域下我国《著作权法》第三次修订 [J]. 图书馆学研究，2018（3）：90-95，24.

创作的可持续性受到了影响。我国《著作权法》对电影产品的产权保护期是50年。这意味着版权开放的片源数量有限且年代久远，无法与院线正在上映的电影保持同步，无法满足残障人士与健全人同步欣赏影片、交流电影话题的需求。

近些年，我国的无障碍电影开始走进大众视野，已有多家电影公司愿意将其控权的电影版权资源捐出，为无障碍电影创作开通绿色通道。2013年，40家电影公司捐赠了版权以支持无障碍电影的制作和推广。2018年，中国传媒大学启动"光明影院"项目，与歌华有线、东方嘉影强强联手，借助电视院线的资源优势，使制作近期上映电影的无障碍版本成为可能。但这些仍属于企业、高校自发的公益行为，并不适用于全部情况。要想真正消除无障碍电影创作的后顾之忧，弥合听障、视障人士与健全人在获取信息方面的差距，还需要国家法律和相关政策的进一步补充与推动，将无障碍电影纳入无障碍格式作品的限定范围，或为公益性质的文化产品创立无障碍版权共享体系，开通版权资源的绿色通道。

（二）沙漠中的绿洲：亟待扩大的覆盖率

电影作为一种视听艺术，其无障碍版本应包含可"听"和可"看"两种。但由于"电影是一种光与影的艺术"的理念深入人心，且视障人群的观影障碍的确更大，愿望也更强烈，因此在无障碍版本的实际创作过程中，创作者多考虑如何解决视障人群的观影问题，对于听障人群的特殊需求有所忽略，致使听障人群在现有的无障碍电影中难以获得与视障人群平等的参与感和满足感。

除听障人群的需求少有满足以外，对视障人群而言，无障碍电影的普及率和覆盖率[①]也相对较低。一方面，当前的无障碍电影放映模式受限于技术能力和专业程度，仍以操作较为简单但无法标准化生产、难以复制和传播的"直播式"影像描述为主，平均每周或每月放映一次，每次一部影片，单次观

---

① 马波.浅议无障碍电影[J].当代电视，2016（5）：2.

影覆盖率仅百余人。而以"录播式"影像描述模式制作的无障碍电影,虽然可传播、可复制,但由于版权界限不明晰,只能依托国内各省市地区的盲人协会、盲校和高校图书馆进行公益传播,覆盖率仍不足视障人口总数的10%。

另一方面,由于无障碍电影放映标准尚未健全,当前的组织力量相对分散,以各地盲协、盲校为主,民间公益组织为辅,地区间发展不平衡。从业人员和活动资金主要集中在上海、北京等经济发达城市,中西部经济欠发达地区的无障碍环境建设不完善,视障者能够接触到无障碍电影的机会更是微乎其微。

提升我国无障碍电影的覆盖率,犹如在残障人士的"文化沙漠"中建起一片绿洲,既要"精准滴灌"又要找"源头活水"。"精准滴灌"意味着在有限条件下,更准确地定位服务对象。例如,可以通过地方残联和盲协共同推广落地,为资源更匮乏的偏远地区和贫困地区放映无障碍电影作品,推动社会公共服务均等化。"源头活水"则是从商业运营和资本投入的角度考虑,利用无障碍电影的公益性质与电影公司和商业院线合作,建设面向残障人士的虚拟院线,让公益力量和市场力量形成合力,共同完成无障碍电影的行业突围。

(三)无障碍电影院:让无障碍有爱无碍

只要拥有无障碍电影的音像制品,残障人士在家看电影就要比在电影院观影方便得多。目前,无障碍电影院数量较少、距离较远、交通不便、配套设施不完善等成为残障人士去电影院观影必须克服的阻碍。如何让无障碍电影院"有爱无碍",让残障人士拥有更好的无障碍观影体验,获得更多参与感和融入感,成为无障碍电影事业发展的下一个目标。

坐在放映厅,就意味着走进了一个小型社会,观影者既可以欣赏电影作品,也可以在观影前后与周围人交流讨论。对残障人士而言,平等、自由的氛围对他们的吸引力要比欣赏无障碍电影本身大得多。因此,在生产无障碍电影资源的同时,建设无障碍电影院,让听障、视障人士拥有和健全人一样的观影体验,是无障碍电影事业发展的必然要求,也是让残障人士自然融入社会的文化途径。

我国的无障碍电影院大多是指拥有无障碍基础设施的电影院。实际上，除了影院设施无障碍，放映内容无障碍也是无障碍电影院的基本要求。同时，无障碍电影院并不等于专为残障人士设立的电影院，它的最终形态应当是可供残障人士和健全人同时观影的、拥有无障碍基础设施的电影院。在放映厅的各个座位，应同时配备可供收听音频讲述的耳机和可供观看额外字幕或手语讲解的电子屏幕，并为放映的无障碍电影提供可独立打开或关闭的视觉无障碍声音频道和听觉无障碍字幕频道或手语频道。

未来，我们需要加快相关设备和频道的研发，让残障人士和健全人在相同时间、相同地点观看同一部电影成为可能，为听障、视障人士的社会交流提供空间，减少其因信息获取量不同而造成的交流距离感。

四、结语

在无障碍环境建设的过程中，为残障人士进行文化赋权和生活赋权同等重要。作为信息无障碍的重要组成部分，无障碍电影的发展将对国家无障碍环境建设起到积极的推动作用。

无障碍电影的制作与推广是国家人道主义精神和社会人文关怀的有力体现，是维护和保障残疾人合法权益的有效方式，是帮助听障、视障人士融入社会、自立自强的重要渠道。当前我国无障碍电影事业的发展正处于摸索前进的初级阶段，伴随国家政策和相关立法的逐步推进，残疾人这一社会弱势群体在文化领域所面临的困境和障碍将受到更多人的关注。让光影有声，让文化无碍。从开通版权资源的绿色通道，到实现无障碍电影的内容全覆盖，再到无障碍电影院的建设、投产与使用，中国的无障碍电影事业发展任重而道远，值得我们关注和期待。

新时代新闻传播教育与人才培养

"实践赋能"视野下中国新闻传播教育的理念与模式创新[*]

面对全球化格局的深刻变化、信息技术革命的深入影响以及社会对人才需求的重大变化，我国高等教育正在加快转型升级，于变局中开新局，全面实施新时代高等教育育人质量工程，以提升人才培养的质量。作为高等教育体系的重要组成部分，新闻传播教育在新形势下面临着新的机遇与挑战。新闻传播教育模式和人才培养体系如何更好地适应媒介技术的变革，如何培养适应新传播环境、胜任互联网舆论工作、掌握融合传播技能的卓越新闻传播人才，是摆在我们面前的重要议题。

一、时代需求：我国新闻传播教育肩负的职责与使命

在新时代，我国新闻传播教育进入一个新的发展时期。整体规模上，截至 2021 年年底，全国 719 所高校开设了新闻传播类专业，共有 1428 个专业教学点，新闻传播教育呈跨越式发展；新闻传播教育落实立德树人根本任务成效更加彰显，马克思主义新闻观教育得到显著加强，在教育教学、人才培养等各方面都取得了可喜的成绩，卓越新闻传播人才培养计划稳步推进；在新文科建设背景下，"中国新闻传播大讲堂"面向全国新闻传播院校连续推

---

[*] 本文原载于《中国高等教育》2022 年第 8 期，被《新华文摘》2022 年第 14 期全文转载，与涂凌波合作，收入本书时略有删改。

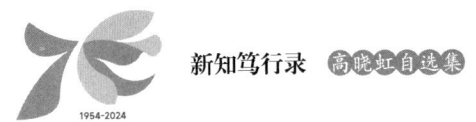

出并建立长效机制,着力开拓具有中国特色、世界水平的新闻传播人才培养路径。

培养什么人、怎样培养人、为谁培养人是教育的根本问题,也是新闻传播教育必须牢牢把握的基准点。站在第二个百年奋斗目标的新征程上,面对新形势、新挑战、新需求,我国新闻传播教育肩负着三方面的重要职责与使命。

首先,新闻传播教育要更好地为党和人民服务,主动服务国家战略,为社会主义现代化强国建设提供人才储备、人才支撑。习近平总书记强调指出,"我国高等教育发展方向要同我国发展的现实目标和未来方向紧密联系在一起,为人民服务,为中国共产党治国理政服务,为巩固和发展中国特色社会主义制度服务,为改革开放和社会主义现代化建设服务"。"四个服务"是内在统一的有机整体,凸显了中国特色社会主义教育的独特价值。新闻传播学是一门具有人文底色的社会科学,新闻传播教育则主要培养复合型、应用型、全媒型新闻传播后备人才。当前,国家对人才的需求十分强烈,中央人才工作会议强调要"深入实施新时代人才强国战略""加快建立人才资源竞争优势"。当前,加强我国国际传播能力建设同样需要适应新时代国际传播要求的专门人才队伍。无论是从民族复兴大业还是从国际格局变化、数字信息技术发展等方面来看,新闻传播教育和人才培养都十分重要。

其次,新闻传播教育要更好地符合人才成长规律,坚持以立德树人为根本任务,培养知中国、爱中国、懂中国同时具有实践能力的卓越新闻传播人才。当前,我国的新闻传播教育取得了长足的进步,但仍然存在着一定的不足,比如基于本土经验的创新性教育模式相对较少,针对全新的媒介环境尤其是互联网生态变化的教育模式还有待进一步完善等。"卓越新闻传播人才教育培养计划2.0"强调要培养造就一大批适应媒体深度融合和行业创新发展的新闻传播后备人才,《新文科建设宣言》也提出要培养适应新时代要求的应用型复合型文科人才,新闻传播人才培养是新文科建设的重要任务之一。探索更加符合当前人才培养规律的新闻传播教育模式,是一项重要的时代课题。

最后,新闻传播教育需要在理念和模式上大胆创新,回应媒介技术迭代和媒介化社会的现实需求，致力于解决传统的教育模式所存在的问题，将"知行合一"作为教育改革与人才培养的目标。如果以问题为导向来讨论新闻传播教育现状，那么还需要着力解决如下问题：①新闻传播教育与新闻业界需求之间存在距离，新闻传播后备人才的实践能力偏弱；②学生的知识、技能相较新闻工作者的能力要求还有一定的差距；③教育模式中对"实践教育"的重视程度不够，对学生的实践能力培养还需增强等。上述这些问题，制约着新闻传播教育本应发挥的作用、功能与成效。在新的传播技术快速发展的背景下，新闻传播教育既要坚守传统，也要适应时代的变化不断创新。

二、理念创新：以"实践赋能"作为新闻传播教育改革突破口

新闻传播教育理念与模式的守正创新，离不开对时代需求的回应，对现实问题的准确研判，以及在经验摸索基础上的总结与思考。中国的教育必须按照中国的特点和中国的实际来办，要扎根中国大地办教育。在建设中国特色、世界一流的新闻传播教育的道路上，中国传媒大学的经验探索可以作为典型案例加以分析，以此透视如何通过扎根中国大地办新闻传播教育，抓住"实践赋能"这一关键突破口，推动新闻传播教育理念与模式创新。

新闻传播教育理念，指的是对新闻传播教育的本质、功能、使命以及发展路径等基本问题的认识。教育实践、教育活动是教育理念的来源，教育理念一旦成型或成熟，就会对教育活动产生巨大的推动作用。在总结多年新闻传播教育活动经验的基础上，我们尝试提出"新闻教育实践观"，这与传统的新闻传播教育理念有着显著的差异，具有创新意义。

"新闻教育实践观"主张实践是新闻传播教育的根基，将实践视为新闻传播人才培养的内生性动力、贯穿性线索和引领性力量。如果说在传统的新闻传播教育中，"实践教育"只是教育教学过程中的一个环节，那么在"新闻教育实践观"这一理念下，实践的定位则十分关键：实践是新闻传播教育的起点，是新闻传播教育各环节的贯穿线，也是新闻传播教育的落脚点。总的来说，这一理念将过去狭义的"实践教育"进行整体升维，变成"全面实践"

或"大实践",新闻传播教育中的课程建设、教材建设、人才培养、教育教学管理、学生活动、专业文化建设等都要围绕"实践"展开,以教师和学生为主体,在做中学、在学中做,知与行高度合一。

从教育理念的发展来看,"新闻教育实践观"符合辩证唯物主义的认识论和方法论,是在扎根中国大地办教育的基础上形成的教育理念。习近平总书记曾深刻指出,"所有知识要转化为能力,都必须躬身实践。要坚持知行合一,注重在实践中学真知、悟真谛、加强磨练、增长本领"。在新的时代背景下,卓越新闻传播人才应当具备正确的思想理念、深厚的家国情怀、完备的知识结构、高超的专业水平以及突出的实践能力。简言之,培养知行合一的卓越新闻传播人才,是"新闻教育实践观"的重要任务,它回答了新时代新闻传播人才应该"如何培养"、新闻传播教育应该"怎么办好"这一基本问题。

从对"实践教育"的认识来看,"新闻教育实践观"中的实践指的是广义的实践,并非聚焦于一门具体的实践课程、实践环节,而是将实践作为教学活动的起点和教学活动的目的,将教学过程与认识过程统一起来,突出实践对于整个教育过程的驱动力。具体来说,实践赋能新闻传播教育,主要体现在以下三个方面。

第一,以实践为导向,引导学生正确认识理论与实践之间的关系。在传统的新闻传播教育中,学生对于业界实践的理解往往是存在隔阂的,对最新的案例也不甚了解,甚至十分陌生。正是基于案例教学在新闻传播教育中的重要性,我们连续十年建设"中国新闻传播案例库",将每年涌现出的"好记者""好新闻""好作品"打造为具有思想性、前瞻性、示范性的教学案例,引导学生向好记者学习、向好作品学习,将理论学习与案例分析很好地结合起来。

第二,以教师、学生为共同主体,在教师的指导下共同开展实践。如果仅对优秀案例进行学习,还不足以说明实践赋能的意义。在"中国新闻传播案例库"的建设中,师生团队以"文字+二维码"的形态对案例进行分析和呈现,学生动手实践,既提升了思想水平和理论素养,又提高了融合制作与传播的能力。截至2022年,该案例库已收录2939个优秀新闻案例,师生团队连续编辑出版了《中国新闻奖获奖作品新媒体展示手册》（2014—2021）、《中国广播影视大奖获奖作品新媒体展示手册》（2013—2020）、《好记者讲好故事》（2014—2021）。值得一提的是，这些案例成果，还服务了中国新闻传播教育事业，尤其为西部地区新闻传播院校的教育教学提供了丰富资料。

第三，通过实践赋能应用型、复合型、全媒型新闻传播人才培养，推动新文科建设模式创新。与以往的实践教育课程或者课后实践不同，"新闻教育实践观"理念下的实践教育，是一种高水平的实践。在中宣部、教育部和中国记协的指导下，连续两年建设"中国新闻传播大讲堂"并形成长效机制，即一种高水平实践的教育路径。截至2021年年底，"中国新闻传播大讲堂"已邀请74位政治立场坚定、新闻经验丰富、理论功底扎实的优秀记者讲解新闻工作实例。"中国新闻传播大讲堂"的建设还实现了对我国719所新闻传播院校的全覆盖，惠及20余万新闻学子，全国新闻学子共上一堂国情大课、思政大课、实践金课，有力引导新闻学子认识中国国情、增强道路自信、树立新闻理想、提升专业能力。

三、模式探索：构建"实践赋能·知行合一"的新闻传播教育模式

"新闻教育实践观"这一理念既突出了实践的赋能作用、实践在新闻传播教育中的关键角色，也立足我国新闻传播教育的实际，致力于围绕"实践"打造、构建一套新闻传播教育模式，争取将已有的经验探索固定下来，为新闻传播教育同行提供一定的参考和借鉴。前文已论述新时代我国新闻传播教育的职责与使命，接下来将从三个方面探讨这一模式的可行性，其鲜明特点可以被概括为立德树人是根本、实践赋能是动力、知行合一是目标。

（一）"双向循环"：实现理论发展与实践创新的"螺旋式上升"

"新闻教育实践观"致力于将理论与实践有机结合，推动理论与实践之间的"螺旋式上升"。所谓理论与实践的"螺旋式上升"是指不仅要用理论指导

实践,而且要在实践中检验理论、发展理论,用新的理论指导新的实践、推动新一轮的创新,形成理论与实践的双向循环、良性互动。在媒介技术快速迭代的背景下,新闻教育更不能脱离新闻实践,理论教学应与实践保持同频共振。

"二十四节气里的中华文化"系列短视频,就是"实践赋能·知行合一"的新闻传播教育模式下推出的最新实践成果,我们简要分析其如何实现理论与实践的"双向循环":创作该系列短视频的初衷是借助数字化技术,以更鲜活的方式传播中华文化、推动中华优秀传统文化的创造性传播。一开始,我们采用已有的音视频制作方式,在既有的视听传播理论框架下展开实践。然而,为了更好地适应竖屏视频特征和移动传播的需求,我们探索将音视频符号、动画元素、数据编程、短视频特效等融合在一起,最终推出了一种崭新的传播形态。进一步,我们将这一实践创新的成果命名为"融视频",目前这一概念已经被新闻传播业界所关注和使用,并在一定意义上为新闻传播理论提供了新的概念资源。这就是"新闻教育实践观"所追求的"螺旋式上升"过程。

(二)"三位一体":在实践中将价值塑造、知识传授、能力培养有机整合

围绕"应该学什么、能学到什么、学得怎么样",该模式可以将价值塑造、知识传授、能力培养有机整合起来。"价值塑造"处于首位,是指在新闻教育实践及其教育模式中,要将马克思主义新闻观贯穿始终,厚植家国情怀,培养学生的社会责任与担当。新闻教育不只是"术"的教育,更要培养心怀"国之大者"的人才。以2021年推出的104集《红色文物青年说》视频微党课为例,在教育部相关部门的指导下,由全国各高校的百名青年学子讲述百件红色文物故事,让红色文物从纪念馆中"走出来",发掘红色资源,通过新媒体形式传播红色文化。这一新闻传播教育的创新实践,达到了"传承红色基因,赓续红色血脉"的价值塑造目的。2021年7月1日,《红色文物青年说》视频微党课在央视网上线,截至同年7月9日,观看量达到1035万,产生了巨大的社会影响。

知识的传授与能力的培养是同步展开的。在"实践赋能·知行合一"的新闻传播教育模式中，这两者并不是分割的，而是通过教师指导学生开展实践，将传统的课堂知识传授与课后的动手实践拓展开来，把整个实践项目变成了一堂大课。在制作《红色文物青年说》的实践过程中，教师"手把手"带领学生团队，一边讲解视听制作与传播的专业知识，一边指导学生现场录制视频，然后引导学生将传统视听创作与新媒体手段有机结合，并创作融媒体折页、二维码海报、掌上数字书架等新媒体作品。通过这一实践过程，既将新理念、新观点融入了教学，又提升了学生们的实践力、创新力以及职业胜任力。

（三）"四创融合"：以实践带动创意、创作、创新、创业全流程贯通

实践赋能下的新闻传播教育模式，一大突破就在于打通学界与业界、人才培养与业界需求之间的隔阂。师生指导下的高水平实践作品，不再是"演练""练习""作业"，而是直接可以成为业界发表、刊播、推送的高水平作品。换言之，学生在学校的高水平实践，可以直接服务社会与行业的需求，使得过去狭义的实践教育能够走出课堂、走向社会，这是对传统新闻传播教育模式的一大创新。

同样以具体的实践案例进行分析：截至2022年，我国视力障碍人士超过1700万，更好地满足该群体的文化生活需求，为视障人群提供专业的公益服务，是近年来我们一直努力的方向。基于此，2017年推出的"光明影院"无障碍信息传播公益实践项目，致力于为视障人士修建一条"文化盲道"。在具体的实践中，经由教师指导，学生们在电影的人物对白与音响之间，插入对画面的声音讲述，描述画面内容及其背后的情感与意义，制作成可复制、可传播的无障碍电影，惠及视障群体。截至2021年年底，已为视障群体制作了416部"讲述版"电影，这些作品被推向了31个省（自治区、直辖市）和澳门特别行政区，对全国2244所特殊教育学校进行全覆盖。

学生们在公益实践中实现了"创意→创作→创新→创业（公益服务）"的全流程贯通，即通过实践教育，将学生的创意变成作品，在创作中形成创新，

进而孵化成社会认可的创意产品或公益作品。学生的作品直接服务视障人群，不仅使学生的价值信念、专业知识和实践能力得到了全方位提升，也彰显了我国高等教育的根本任务，即立德树人，促进人的全面成长，培养担当民族复兴大任的时代新人。

四、"实践赋能"新闻传播教育改革的意义与展望

在国家需求、时代使命与媒介技术变革的多重背景下，通过实践赋能新闻传播教育改革创新，重塑实践在新闻传播教育模式中的角色、定位和功能，可以推动新闻传播教育实现高质量发展。注重系统性、整体性、协同性，是深化教育改革创新的内在要求，也是推进教育改革的重要方法。本文提出的"新闻教育实践观"就是一种理念和模式上的整体转型，是对传统狭义的、单一的实践教育的"升维"，强调新闻传播教育要扎根中国大地，通过实践成果直接服务国家和社会，以培养知行合一的卓越新闻传播人才。

在"实践赋能"下，新闻传播人才培养能够更好地对接国家建设、经济社会发展和行业发展需求，有助于全面提升新闻传播人才的综合能力（包括专业能力、职业胜任力、创新力等）。在数字时代，新闻传播学科、新闻传播教育中既有的知识、经验、技能与方法，正在发生快速的迭代，不少知识与经验亟须更新，以适应快速变化的媒介技术和传媒生态。因此，我们不能因循守旧、被固定的框架所束缚，应该向实践学习，在实践中拓展新闻传播教育的知识体系，以更好地培养人、塑造人。

"实践赋能·知行合一"新闻传播教育模式的探索已经积累了较为丰富的经验，除了本文所列举的"中国新闻传播案例库""中国新闻传播大讲堂""红色文物青年说""光明影院"等实践案例外，相关的实践案例还有许多。此外，国内新闻传播教育同行的相关经验探索也十分可贵，这为我们进一步讨论实践赋能新闻传播教育改革创新提供了参照。当前，以培养应用型、复合型、全媒型人才为目标，已成为我国新闻传播教育工作者的共识，这自然离不开对"实践"问题的重视和强调。坚持实事求是的方法论原则，扎根

中国大地办新闻传播教育，弘扬经世致用的传统教育思想，突出实践赋能、学以致用、知行合一，我们可以走出一条中国特色、世界一流的新闻传播教育发展之路。

参考文献：

① 高晓虹，赵希婧.改革开放40周年：中国新闻传播教育的坚守与创新［J］.新闻与写作，2018（12）：18-24.

② 冯建军.论新时代中国特色社会主义教育理论体系［J］.清华大学教育研究，2021，42（5）：1-14.

③ 潘懋元，刘丽建，魏晓艳.潘懋元高等教育论述精要［M］.福州：福建教育出版社，2015.

④ 高晓虹，赵希婧.守正创新：我国新闻传播教育理念探索与实践转型［J］.中国出版，2020（14）：7.

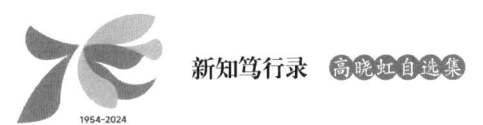

守正创新：中国特色国际新闻传播人才培养研究*

面对云谲波诡的国际舆论形势，培养讲好中国故事、传播好中国声音的国际新闻传播人才具有重要的战略意义。党的十八大以来，习近平总书记高度重视国际传播队伍建设与人才培养问题，在中央政治局第三十次集体学习时强调要"建强适应新时代国际传播需要的专门人才队伍"[①]，再一次指明，提升国际传播能力，人力是关键，人才是核心。

我国国际新闻传播教育走过了不平凡的岁月，始终致力于探索具有中国特色的国际新闻传播教育教学体系、人才培养体系，培养了一批优秀的国际新闻传播人才。回顾发展历程，我们越发清醒地认识到，开展国际新闻传播教育不能简单复制国外的经验，而是要在充分了解国际局势、认清中国与世界关系的基础上，找到适合我国的教学理念和培养路径，破解国际传播能力建设的痛点问题。

习近平总书记强调："人才培养体系必须立足于培养什么人、怎样培养人这个根本问题来建设，可以借鉴国外有益做法，但必须扎根中国大地办大学。"[②] 在今天的国际新闻传播教育中，只有努力探索具有中国特色的教育理

---

* 本文原载于《中国编辑》2022年第7期，与冷爽、赵希婧合作，收入本书时略有删改。
① 习近平在中共中央政治局第三十次集体学习时强调 加强和改进国际传播工作 展示真实立体全面的中国[N].人民日报，2021-06-02（01）.
② 习近平.在北京大学师生座谈会上的讲话[EB/OL].（2018-05-03）[2024-04-01]. https://www.gov.cn/xinwen/2018-05/03/content_5287561.html.

念与方法，使之不仅具备全球高等教育的共性，更能体现中国风格、中国气派，才能立足国际舞台，回答好中国之问、世界之问、时代之问。

一、坚持"价值引领"，服务国家国际传播战略大局

高等教育是培养"人"的工作，不仅赋予人知识与技能，更要培根铸魂、启润心智，给人以正向的价值引领。国际新闻工作者所处的意识形态环境纷繁复杂，要在国际舆论场中坚守立场、认清方向，必须树立正确的世界观、人生观、价值观、新闻观。国际新闻传播教育向来重视"价值引领"，各大高校都致力于将爱国主义教育、国情社情教育、马克思主义新闻观教育融入国际新闻传播专业课堂，从而让学生在政治上更加清醒、思想上更加成熟，对中国的历史和国情有更深刻的了解，培养胸怀祖国、立场坚定的国际新闻传播人才。

（一）加强爱党爱国教育，厚植家国情怀

爱国主义是从事一切活动的精神支撑。对于国际新闻工作者而言，拥有爱国心、满怀爱国情，才能从祖国的立场出发，描摹时代风云、书写浩然正气。[①] 但是，对于党和国家的热爱，对于家国命运、国家福祉的关切，并不是一种天然的情感，而是需要通过教育和培养才能树立的观念。所以，国际新闻传播教育不仅是"术"的教育，更需要内化于心、外化于行的政治立场教育、家国情怀教育。

首先，就教育的内容而言，要引导学生学历史、知国情，通过深读党史、新中国史、改革开放史、社会主义发展史，将今天取得的成就与未来要面对的问题都置于历史的总体脉络中，用发展的眼光看待中国特色社会主义道路，理解马克思主义中国化的历史必然，从而在内心深处坚定对马克思主义的信

---

① 高晓虹，赵希婧.改革开放40周年：中国新闻传播教育的坚守与创新［J］.新闻与写作，2018（12）：18-24.

仰、加强对中国共产党的信赖、增强对中国特色社会主义的信心,在国际传播中更好地阐释我国的发展观、文明观、安全观、人权观、生态观、国际秩序观、全球治理观。

其次,就教育的手段而言,爱党爱国教育是一项大工程,需要久久为功,其过程就好比"勘探、发掘、冶炼、加工"①:要在专业教育中"勘探"和"发掘"思政元素,通过遴选、讲解"心中有祖国,笔下有乾坤"的优秀国际报道案例,深挖专业教育中的育人内涵,引导学生树立"坚守中国立场、发出中国声音"的职业理想;要在实践创新中"冶炼"和"加工"国情大课、思政大课、专业大课,如新文科建设中的"中国新闻传播大讲堂",通过邀请一线记者讲授新闻报道的"行与思",教会学生向世界讲好中华民族大团结的故事、脱贫攻坚的故事、生态保护的故事、科技创新的故事……经过"勘探、发掘、冶炼、加工",原本"干巴巴的说教"变成了"热乎乎的教学"②,激发了学生向全世界推介中国、传播中国的雄心壮志,展现了国际新闻传播人才的拳拳报国心。

(二)开展形势政策教育,深化国情认知

古语有言:"欲人勿疑,必先自信。"国际新闻工作者要想把中国故事讲述好、中国立场阐释好、中国形象塑造好,必须先筑牢自己的思想根基,对所报道的国情社情有深刻的认知、深入的了解。因此,国情社情教育、形势政策教育是当务之急。

首先,要明确教育的目的。开展国情和形势政策教育,是为了帮助学生全面了解党和政府的方针政策、准确把握我国经济社会发展的阶段性特征,为立足世界、报道中国打好基础、做好准备。中国故事博大精深、内容丰富,我们要从一百年前的积贫积弱讲到一百年后的欣欣向荣、要从国家的"大工

---

① 叶雨婷.课程思政:把"我要告诉你"转变成"我想学什么"[N].中国青年报,2020-06-15(05).
② 叶雨婷.课程思政:把"我要告诉你"转变成"我想学什么"[N].中国青年报,2020-06-15(05).

程"讲到老百姓的"小日子",既要生动讲述改革开放以来的非凡成绩,也要客观分析当前面临的难点、痛点问题。对于国际新闻工作者而言,只有深入了解国情发展的历史走向和内在逻辑,正确认识当前的形势和政策,才有底气讲出真实、立体、全面的中国故事,才有能力塑造可信、可爱、可敬的中国形象。

其次,要优化教育的形式。从 2010 年开始,有关部委相关部门联合新闻院校、主流媒体共同探索了以"国情教育讲座"为代表的形势与政策品牌课程。在中宣部、教育部的统一部署下,来自外交部、科技部、商务部等部门的相关负责人担纲主讲,为国际新闻传播人才培养构建起了关于国家内政外交的知识框架。与传统学校的思政课不同,国情教育讲座将不同学校的学生集中在一起,共上一堂"国情大课",课堂上既有权威、专业的系统讲授,也有结合当下中国实践的案例分析,还设有专门提问、讨论环节,让国情和形势政策教育更富活力、更有效力。学生毕业后走向国际传播一线,他们回忆说:"'国情教育讲座'是'上接天气、下接地气、鼓舞心气'的课程,不仅培养了年轻人的大局观,也让年轻人更加热爱脚下的热土,更加热爱自己的国家。"

二、创新"知识传授",优化国际新闻传播教育体系

知识是人类经验理性化的成果,它来源于实践,又经过实践的检验。在国际新闻传播教育中探讨"知识传授",要面向当下的国际传播实践,进而思考如何把握"世界变局"之中的"民族复兴关键期",怎样抓住"技术革命"带来的"传媒发展新机遇",打造具有中国特色的国际新闻传播教育体系。

(一)突出"厚基础""强专业"特点,打牢国际传播业务功底

首先是"厚基础"。"厚基础"包括两个方面:一是以通识教育丰富学生从事国际传播工作的知识储备;二是通过理论教育提升学生对国际传播的认识水平与研究能力。通过这两个方面的努力,将教学和育人与国际传播主战

场的人才需求有效对接，培养有思想深度、有知识广度的国际新闻传播人才。

在丰富知识储备方面，要引导学生在学好专业的同时，广泛涉猎经济、政治、社会、现代科技等不同领域，拥有充盈的知识储备和跨学科的视野。教育家梅贻琦曾指出大学教育"应在通而不在专"，在今天的国际新闻传播教育中，大力推进通识教育已经成为各大高校的共识。例如，清华大学提出"1+1+2+N"的模块化培养逻辑，其中的"N"就是指创建复合资源平台，打破学科方向壁垒；中国人民大学将"开放性"作为国际新闻传播专业课程体系的特点之一，将"国际政治""国际经济""国际法律"等列为选修课。加强通识教育，将有利于学生在多元化的学习中培养立足国际视野的洞察力、应变力，以及运用多学科知识化解危机、解决问题的能力，使他们既能担当国际报道的"专家"，也能成为善于分析国际局势、研判国际问题的"杂家"，胜任日趋复杂的国际传播工作。

在筑牢理论根基方面，要在把握国际秩序大变局的总体规律下，用中国特色新闻传播学教书育人，引领正确方向，夯实理论基础。传播学起源于西方，西方学者在资本主义世界的诸多探索中提出了一系列传播理论和传播模式。如今，信息技术的演进将我们带入了一个意识形态多样化、价值观及其表达多元化的社会[1]，不仅传统的西方理论已经无法解释当代的媒介实践，而且西方学者所奉行的"自我中心主义"也开始被"人类命运共同体"这类基于尊重和对话的文明观所取代[2]。由此可见，今天的国际新闻传播教育早已脱离了"言必称西方"的时代。我们要有底气、有勇气探索中国自主知识体系的育人价值，引导学生将马克思主义新闻观与当代中国的国际传播实践有机结合、同中华优秀传统文化的创造性转化与创新性发展有机结合，用中国理论阐释中国实践，构建国际新闻传播教育领域的"中国学说"。

其次是"强专业"。习近平总书记对宣传思想工作队伍提出了"四力"要求。在国际新闻传播人才培养中强化专业教育，就是通过理论讲授、案例分

---

[1] 胡正荣. 新时代中国国际话语权建构的现状与进路[J]. 人民论坛，2022（3）：119-122.
[2] 胡正荣. 新时代中国国际话语权建构的现状与进路[J]. 人民论坛，2022（3）：119-122.

析、实践创新等多种方式，引导学生练就坚实的脚力、明亮的眼力、睿智的脑力、强劲的笔力。

脚力是指行动力。国际新闻传播人才担负着对外讲好中国故事、站在中国立场报道世界大事的职责和使命。要想对外讲好中国故事，就要带领学生到一线去，只有扎根中国大地，所讲述的故事才能沾泥土、冒热气、带露珠，且真实、立体而全面；要想在国际报道中阐明中国立场，就要教育学生养成第一时间深入现场的工作作风，做到先人一步、先声夺人，抢占国际舆论的话语权。

眼力是指辨别力。习近平总书记指出："新时代的中国青年，更加自信自强、富于思辨精神，同时也面临各种社会思潮的现实影响。"[1]国际新闻传播专业的教师要为学生解开民族和世界、主义和问题等思想困惑，教会他们用马克思主义的立场、观点、方法"拨开迷雾见真章"，认清西方"新闻自由"的虚伪性，时刻保持清醒的头脑，不为杂音噪声干扰，不为错误思想迷惑。

脑力是指思考力。面对当前国际传播的"重头戏"，我们要引导学生多动脑、勤思考什么是中国故事，如何讲好中国故事；带领学生将国际传播的专业知识与生动丰富的媒介实践结合起来，思考怎样把辉煌的历史、灿烂的文明，还有经济飞速发展、人民生活改善、精神文明建设等新时代的成就融入中国故事，通过故事化叙事、细节化表达，沟通情感、凝聚共识。

笔力是指传播力。国际传播能力强调的是立足国际舞台发出中国声音的"真本事"，这有赖于在大学阶段练就的国际新闻传播人才的传播力，包括夯实采访、写作、拍摄、编辑、制作等新闻传播的基本功，也包括在技术的赋能下，教会学生如何运用新媒体开展国际报道，培育一支有立场、有思想、有能力、有作为的网络生力军，成为写好新时代国际传播的"奋进之笔"。

---

[1] 习近平.庆祝中国共产主义青年团成立100周年大会在京隆重举行 习近平发表重要讲话[N].人民日报，2022-05-11（01）.

（二）发挥"多语种""跨文化"优势，培养融通中外优秀人才

语言是对外交流的工具，也是走出国门、走向国际的基础，熟练掌握外语是国际新闻传播人才的基本技能。培养融通中外的国际新闻传播人才，首先要把好语言关，提升学生的语言应用能力和跨文化传播能力。

首先，培养"多语种"的后备人才。我国国际新闻传播教育依托外语类院系起步，在此后的发展中，许多高校也将强化外语能力放在了重要位置，尤其注重培养学生的英语听说读写能力。迈入新时代，精准化、差异化传播成为国际传播的主流趋势，仅仅通过英语对外发声已经无法满足"一洲一策""一国一策"乃至"一群一策"的新需求，这一变化直接影响了国际新闻传播教育。通过调研我们发现，以北京外国语大学等高校为代表，今天的国际新闻传播专业学生不仅英语水平高，而且很多学生拥有非通用语专业的学习背景。这些多语种人才为我们贴近不同区域、不同国家、不同群体实施精准化传播，推进中国故事和中国声音的区域化表达、分众化表达奠定了基础。

其次，提升"跨文化"的传播能力。在跨文化传播的教育教学中，教师先要让学生熟悉西方世界的话语模式，比如教会他们运用思辨式的话语表达。诸多来自新闻一线的实践也在启发我们，教育要教会学生用事实说话、用思辨明理，说得清清楚楚、辩得明明白白，以适应西方世界的话语表达习惯。进而带领学生在摸清西方话语逻辑的基础上，构建立足中国的话语体系。诚然，话语体系的构建是一个由内而外的复杂过程，既需要有综合国力、文化软实力作为内力支撑，也需要教师在教书育人的过程中，探索国际传播的新概念、新范畴、新表述，从而更充分、更鲜明地展现中国故事及其背后的思想力量和精神力量，不仅向世界介绍"中国观"，也将"人类命运共同体"等源自中国的"世界观"广泛传播，为构建国际传播新秩序而努力。

三、强化"能力培养"，塑造知行合一的国际传播队伍

开展国际新闻传播教育的终极目标是提升人才的各项能力，让学生具备投身主战场、成为主力军的本领，以能力所长服务国际传播事业、助力国家

国际传播能力建设。

以前，人们把培养国际新闻传播人才比喻为变"六条腿"为"两条腿"，即把原先在国外采访时需要记者、翻译和司机三个人通力合作的工作，变成由一名既懂外语，又熟悉新闻业务，还掌握驾驶技能的国际新闻工作者独自完成，"新闻＋外语＋驾驶"是当时国际新闻传播人才培养的能力标尺。相比以往，今天的国际传播大环境发生了深刻变化，除了懂新闻、会外语、能驾驶外，还有哪些新的能力指标应该被写入国际新闻传播人才培养方案，成为高校国际新闻传播教育关注的新议题。

（一）顺应媒体发展趋势，培养融合传播力

随着技术逐步成熟、"元宇宙"美好设想落地生根、虚拟现实与现实生活一体同构，新技术不仅改变了人们的生活，也在重塑着信息传播格局，这为我国国际传播事业带来了机遇和挑战。一方面，新媒体的出现改变了原有的传播范式，西方媒体的传统优势式微，全球传媒竞争开始重新划定"起跑线"，这为我们带来了诸多发展机遇。另一方面，我们面临着将互联网这个"最大变量"转化为"最大增量"的种种挑战，需要高校不断探索如何在国际新闻传播教育中融入新媒体的理论与实践，为媒体融合时代我国国际传播能力建设的"弯道超车"培养人才、储备力量。

首先，引导学生学习信息传播新技术。正如没有印刷术，信息不能见报，缺少声光电，视听无法传播，传媒的发展离不开技术的创新。国际新闻传播教育既要夯实学生的采写编评"基本功"，也要教会他们"云端漫步"的"新本事"。基于工具理性的视角，要将媒体融合时代的新理论、新观点，融媒体环境下的新现象、新议题引入教育教学，引导学生主动融入哲学社会科学与新一轮科技革命和产业变革交叉融合的浪潮之中。基于价值理性的视角，要进一步增强国际新闻传播人才在新媒体环境中的鉴别能力、批判能力。从俄乌冲突可以看出，今天，国际关系的较量不仅是在"看得见的战场"上进行"真刀真枪"的搏杀，在"看不见的战场"上也上演着"刀光剑影"的舆论战、金融战、信息战，各种舆论信息充斥着网络空间。所以，在网络时代开

展国际新闻传播教育，必须要培养学生去伪存真的意识、发现真相的能力，教会他们辨别互联网上的观点和声音，勇于回击不实信息、敢于反驳恶意污蔑，将真实客观的情况、公平正义的声音传到"世界空域"。

其次，教会学生用好融合传播新平台。与传统媒体的单向传播不同，在网络中，人人都是传播者。[①] 这意味着，在国际传播领域，传播的主体不仅是国家和政府以及主流媒体，高校、大学生也可以借助社交媒体等平台成为中国故事的讲述者、优秀文化的弘扬者。中国传媒大学教师带领学生聚合图文声像、虚拟动画等多种元素，编创了"二十四节气中的中国文化"系列融视频（中英文）、"解码中华文化基因"系列融视频（中英文）。在这一过程中，师生不仅将抽象的文化变成了看得见、摸得着的视听形象，在专业上取得了突破，也实现了以文化人、推动中华文化"走出去"的国际传播初衷。相较于宏大叙事，融视频中的二十四节气、非物质文化遗产等软性元素更加鲜活和生动，更具温度和情感，既体现了中国特色、中国精神、中国智慧，也彰显了全人类共同向往的文化之美，唤起了情感共鸣。

（二）面向国际传播前沿，激发实践创新力

新闻传播学科是应用型学科，国际新闻传播教育的实践属性则更为突出，培养国际新闻传播人才的目标是塑造一支"召之即来、来之能战"的优秀后备人才队伍，因此必须练就学生的"真本事"。国际新闻传播教育应立足实践之基，坚持理论与实践相结合，坚持教育教学与社会实践、新闻实践相结合，引导学生投身于改造社会的积极实践中。

首先，丰富实践元素。纵观当下各高校的国际新闻传播教育，实践性是国际新闻传播人才培养的"基本色"，带领学生"在学中干，在干中学"已经成为人才培养的主要方式之一。实践的内容主要包括两个方面：一是深入基层的国情调研实践。每到寒暑假期，许多高校都会结合当年国家重大传播战略和重点宣传主题，安排学生深入基层开展国情调研与实践，让学生在社会

---

① 高晓虹，赵希婧.突发公共卫生事件中主流传播的职责与使命［J］.中国编辑，2020（2）：6.

这所大课堂中锤炼调查研究的基本功，从实践中获得真知，强化学生对国情社情民情的认识。二是进入媒体的专业实习实践。在人才培养方案中，许多高校专门设计了媒体实习环节，在"真刀真枪"的实战环境中，引导学生理论结合实践，提升专业本领。

其次，深挖实践内涵。无论是深入基层的社会实践还是置身国内外的专业实习，都是将实践作为国际新闻传播教育的一个环节，其模式和路径已经日臻成熟。今天，以实践为导向，创新国际新闻传播人才实践育人体系，需要我们将实践作为教育的驱动力，在实践教育的理念和方法上推陈出新，努力推动实践成果走出校门、走向世界。近年来，中国传媒大学构建了"实践赋能。知行合一"的国际新闻传播教育模式，将实践从教学过程中的一个环节，转变为贯穿性元素和引领性力量，具体来说就是由教师带领学生，在教学中开展实践，在实践中完成教学，以实践成果服务国家国际传播事业。例如，中国传媒大学摄制庆祝中国共产党成立100周年融媒体系列节目《我们正青春——百年大党里的年轻人》，并将其翻译成20多种语言在海外传播。另外学校基于国际传播实践项目，构建了理论与实践双向循环的育人模式，让学生在实践中求真学问、长真本领，并将学到的知识与技能转化为"生产力"，产出立足国际传播前沿的精品力作。

四、结语

"我国拥有世界上规模最大的高等教育体系，有各项事业发展的广阔舞台，完全能够源源不断培养造就大批优秀人才，完全能够培养出大师。"[①] 作为国际新闻传播专业的教育者、研究者，要坚持以马克思主义新闻观为指导，主动适应新时代的发展变化，尤其要想办法解决当下人才培养的问题，思考如何完善多层次的人才培养体系、如何建立人才培养效果评估的长效机制等。

---

① 习近平主持召开中央全面深化改革委员会第二十四次会议强调 加快建设世界一流企业 加强基础学科人才培养[N].人民日报，2022-03-01（01）．

总之，我们要站在为党和国家的国际传播事业培养合格建设者和可靠接班人的时代高度，加快构建具有中国特色的国际新闻传播教育体系，为争取国际舆论话语权、展示负责任的大国形象、推动构建人类命运共同体提供人才支撑。

增强"四力",培养卓越新闻传播人才*

2018年,习近平总书记在全国宣传思想工作会议上指出,要"不断增强脚力、眼力、脑力、笔力,努力打造一支政治过硬、本领高强、求实创新、能打胜仗的宣传思想工作队伍"。2018年12月,由中宣部、中国记协等组织的第五届"好记者讲好故事"巡讲活动在全国展开,好记者深入主流媒体和各大高校,通过一个个生动鲜活的新闻故事,讲述了如何以脚力深入基层、以眼力明辨真伪、以脑力深入思考、以笔力呈现作品,不仅在媒体行业中树立了典范,也为新闻教育提供了参考。2019年2月12日,宣传思想战线开展增强脚力、眼力、脑力、笔力教育实践工作电视电话会议召开,强调要认真学习贯彻习近平总书记关于加强宣传思想战线队伍建设的重要论述,扎实开展增强"四力"教育实践,以提高政治能力为根本,以增强专业本领为关键,以锐意创新创造为紧要,以培养优良作风为基础,推动队伍整体素质实现大提升。

2018年12月13日,由中宣部、中央网信办、国家广播电视总局、中国记协主办的第五届"好记者讲好故事"首场巡讲活动在北京举行。

当前,围绕中心、服务大局、强化本领、增强"四力"成为新闻工作者的前进目标。遵照增强"四力"要求,培养优秀新闻人才,要把用习近平新时代中国特色社会主义思想武装头脑作为首要任务,紧跟媒介前沿的发展变化,立足新平台、运用新手段,教会学生守正创新,讲好中国故事。在人

---

* 本文原载于《光明日报》2019年12月9日第7版,与赵希婧、付海钲合作,收入本书时略有删改。

才培养的过程中,新闻院校要将"四力"作为一个相互联系、相互促进的有机整体,以好记者为榜样、以好作品为案例,将训练学生的脚力、眼力、脑力、笔力,融入思想、植入教学、置于实践,教育学生以"四力"为根基,逐步成长为政治坚定、了解国情、业务精湛、作风优良的新闻工作者。

一、增强"四力"基础在练好"脚力"

"脚下有泥土,笔下见真情"是新闻工作的真实写照。"脚力"是新闻报道的力量之源,也是记者工作的根基所在。练好"脚力",才能行得远、走得快,才能践行群众路线、奔赴新闻现场,掌握来自基层和一线的鲜活素材,开展深入、生动的报道,阐释党的路线和方针。

"脚力"是"四力"之首,练好"脚力",首先要扎根基层、深入实际。"纸上得来终觉浅,绝知此事要躬行",多年来,无数好记者走向田间地头、走访基层民生。有的记者坚持5年,9次登上开山岛,记录了王继才、王仕花夫妇32年如一日守岛、护岛的先进事迹;有的记者14次登上雪域高原,9次跨越昆仑山、唐古拉山,4次沿青藏铁路全线采访,将中国铁路工人百折不挠、攻坚克难的感人故事广为传颂。练好"脚力",就要坚信"新闻是走出来的",要走出编辑室,走到群众中,让采访的脚步遍及大江南北、触及各行各业。培养未来的好记者,也要引导学生深入基层、了解国情,置身社会大课堂,采撷有温度的素材,讲出有灵魂的故事,用冒热气、沾泥土、带露珠的作品记录社会、反映民生。练好"脚力",还要奔赴现场、走向一线。在任何时代,"到现场去、到一线去"都应是新闻人的不懈追求。聆听好记者讲好故事,仿佛置身一个个激动人心的新闻现场。在记者们所讲的故事中,既有对朱日和阅兵、天舟一号发射、港珠澳大桥建设、中欧班列发车等国家工程、重要事件的现场报道,也有对"杨根思连"冲在维和一线保护难民的生动记录,更有中国记者亲赴利比亚、也门、伊拉克等战地现场的故事。总之,拥有好脚力,才能深入现场、亲赴一线,做到凡是有新闻的地方,就有记者的脚步,就有媒体的声音。培养新闻人才必须强化"现场"意识,使学生练好抵达现场的"脚力"、拥有奔赴一线的能力，在新闻发生的地方，记录历史的瞬间、见证时代的发展。

二、增强"四力"关键在练就"眼力"

记者既是新闻的报道者，也是时代的观察者、社会的瞭望者。在好故事、好作品的背后，是一双双具有发现力、辨别力、判断力、预见力的"记者之眼"。凭借"好眼力"，既要发现事实、领会要义，也要辨别真实和虚假，分清主流和支流，做到既见人之所见，亦见人之所未见。

"好眼力"就是要"看得见""看得准""看得深"。所谓"看得见"，是指善于观察、善于发现，就像"好记者"在讲述中所提到的：大学教授钟扬为调研植物分布登上世界屋脊、坚持高原作业；78岁的老人赵家和将毕生的积蓄捐给寒门学子，不留名、不声张；28岁的青年教师张莉丽在生死一瞬间选择保护学生却失去了自己的双腿。正是因为拥有"好眼力"，记者才能在普通人的工作和生活中挖掘到可歌可泣的感人事迹。培养新闻学子，也要注重训练学生观察社会生活的能力，教会他们从平凡中发现伟大、从质朴中发现崇高。所谓"看得准"，是指要从国家战略高度找准方向、做好报道。在"好记者"的讲述中，围绕党和国家的中心工作，反映新时代新议题的好故事不胜枚举。例如，有的记者聚焦国家精准扶贫战略，记录下黑龙江省乡村脱贫的努力与实践；有的记者站在庆祝改革开放40周年的宏阔视野，回顾了福建晋江的发展历程，讲述了一个县级市经过不懈努力成功申办2020年第18届世界中学生运动会的故事。做记者要站位高远、关注大局，培养新闻人才也要教会学生立足国家战略，对准时代的焦点、报道社会的热点、回应民众的关注点。所谓"看得深"，是指要以小见大，看到新闻背后所包含的深层次的意义和价值，正如记者们透过一棵树、一片林，挖掘"绿水青山就是金山银山"的时代意义，通过一件事、一家人，讲述"家是玉麦，国是中国"的家国情怀。培养好记者，就要让学生拥有深远、通透的新闻眼光，由点及面、由表及里，通过生动鲜活的新闻报道，记录国家发展、反映社会进步。

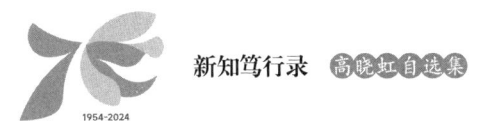

三、增强"四力"根本在提升"脑力"

新闻工作是一项复杂而系统的脑力劳动,记者的采访和发现,都要通过脑力的加工,去粗取精、去伪存真。在这一过程中,要摆正思想,也要脑力激荡,在坚守国家立场的基础上,只有多动脑、勤思考,才能破解重点难点,推出精品力作,传播正确的新闻观、价值观、世界观。

"脑力"是新闻工作的总指挥,提升"脑力",首先要立足思想高地。记者培养不只是"术"的教育,更要推进习近平总书记关于新闻舆论工作的重要论述进教材、进课堂,提高学生运用马克思主义的世界观、方法论认识世界、解决问题的能力。提升"脑力"还要做到深入思考。在互联网时代,信息传播不仅要重速度、求广度,更要体现记者思考的力度和深度,只有全面、深入的新闻报道才能更好地反映社会生活、回应百姓关切。在"好记者讲好故事"活动中,从事调查报道的记者讲述了如何对复杂的信息进行比对分析,动脑筋、想办法,探寻事实真相、厘清问题脉络。从事社会报道的记者努力寻求视角创新,不断思考怎样在深入麻风村的新闻报道中注入人文关怀、体现社会大爱。正是因为记者们勤于动脑、善于思考,才涌现出了许许多多有想法的作品、有厚度的故事。所以,培养新闻人才,也要重视学生的分析力和思考力,引导他们做有思想、有深度的记者。此外,无论媒体还是高校,凭借睿智的"脑力",都要为国家发展、社会进步提供方案、贡献智慧。主流媒体是信息传播的主要平台,新闻院校是人才培养的重要阵地,二者都是国家新型智库的组成部分。无论教育者、研究者还是实践者,都要担负起咨政启民的职责使命,聚焦中国实际、服务社会发展,着力解决新闻传播事业的新议题,为新时代党的新闻舆论工作出谋划策、提供决策参考。

四、增强"四力"紧要在优化"笔力"

"铁肩担道义,妙手著文章"是新闻工作者的孜孜追求。在信息传播高速发展的今天，记者手中的笔已经不仅仅局限于"笔杆子"，而是代表了"口头、笔头、镜头"以及各类新媒体传输终端。综合运用新闻传播的"十八般兵器"，做好舆论引导、讲好中国故事是新闻工作者的时代重任。

  在新闻工作中，优化"笔力"先要夯实基础。长久以来，口头、笔头、镜头都是新闻工作的基本功。好记者的报道之所以能够感染人心，既有赖于选题和内容，也离不开写作、编辑等新闻表达功底。好记者们用笔头、用镜头，记录下了党和政府为民谋利的故事、边防军人守卫国土的故事、老百姓们脱贫致富的故事，并通过自己的讲述，还原了新闻工作者步履不停、笔耕不辍的工作过程。在人才培养过程中，要引导学生向好记者学习，向好作品取经，夯实基本功，做笔端有力量的传媒人。优化"笔力"也要勇于创新。随着新媒体的崛起，新闻传播领域发生了深刻的变化。在"好记者讲好故事"活动中，记者们讲述了主流媒体如何利用网络平台营救落井儿童，怎样凭借有速度、有温度的短视频，让满满的正能量在指尖传播。正如记者们所说，只有不断充电补养，学习新知识，掌握新技能，才能不负肩上的责任，不负伟大的时代。当下，媒体在融合，记者在转型，新闻院校也要努力培养适应不同终端的"多面手"，跟上媒介发展的脚步。此外，优化"笔力"还要讲好中国故事，助力国际传播。今天，在好记者的队伍中，有的扎根基层、深入乡村，记录中国社会前进的脚步，有的远赴国外、沟通中西，向世界传播新时代的中国声音。置身经济全球化时代，练好"笔力"必须立足国际、国内两个大局，既要在本土社会形成影响力、引导力、公信力，也要教会学生如何立足国际舞台，讲好立体、多彩的中国故事，让"中国之声"更富生机、更有魅力。

  增强"四力"凝聚了习近平总书记对宣传思想队伍的谆谆教导、殷切期待。作为宣传思想战线的重要阵地，新闻院校要将坚持马克思主义新闻观与增强"四力"紧密结合，深刻认识"四力"在新闻传播工作中的重要作用，通过教学实践、人才培养，使新闻学子拥有坚实的脚力、明亮的眼力、睿智的脑力、深耕的笔力，引领他们坚定理想信念、厚植爱国情怀、提升专业能力，成长为政治过硬、本领高强的卓越新闻传播人才，为新时代党的新闻舆论工作谱写新篇章、贡献新力量。

改革开放 40 周年：中国新闻传播教育的坚守与创新*

2018 年是中国改革开放 40 周年。在近半个世纪的历史征程中，中国人民经历了从"站起来"到"富起来"再到"强起来"的巨大变化，不仅经济硬实力日益增长，以新闻传播为代表的文化软实力也迅速提升。今天，新闻传播已经超出"信息传递"的单一范畴。在国际环境中，它关系到国家利益、国家形象、国家战略；置身中国社会，它承担着满足人们精神文化需求的新任务、新使命。

立足新闻传播领域，回首改革开放的发展历程，媒体融合深入推进、网信事业蓬勃发展、数字创意方兴未艾、国际传播开创新局，不仅媒体业界从内容到形式、从规则到流程，都发生了历史性、革命性的巨大变化，作为与时代发展紧密结合的学科专业，新闻传播学科的教育教学、人才培养也取得了可喜的成绩，焕发了新的生机、结出了累累硕果。四十年如一日，新闻院校始终站在培养合格建设者和接班人的高度，紧跟全球化、信息化的步伐，输送了一批又一批投身国家建设、服务时代发展的有用之才，让专业知识造福社会、造福人民。

迈入新时代，如何以庆祝改革开放 40 周年为契机，总结不同时代新闻传播教育的思考与成就、发展与创新，并为新时代的新闻传播教育指明方向、提供遵循，"高等教育国家级教学成果奖"不失为一个重要的突破口。这一奖

---

* 本文原载于《新闻与写作》2018 年第 12 期，与赵希婧合作，收入本书时略有删改。

项由国务院、教育部主办，代表了我国高等院校教学工作的最高水平，是高等教育领域的品牌标杆，也是具有时代意义的重要标志。从 1983 年至今，国家级教学成果奖每四年评选一次。① 在这份厚重的获奖名单中，新闻传播学科的获奖成果从无到有，从偶尔得之到问鼎一等奖，凝聚了管理者、教育者、研究者的无数心血。

一个个获奖成果顺次展开，仿佛描摹了改革开放 40 年来新闻传播事业的发展轨迹。20 世纪 90 年代初期，电视台如雨后春笋般涌现，新闻院校开始致力于打造"中国应用电视学"②。2005 年，迈入新世纪，出现了"抓好实践教学环节培养高素质新闻人才"③"深化军事新闻教学改革全面构建舆论战课程教学体系"④"面向 21 世纪广播电视新闻专业（电视新闻方向）教学内容与课程体系改革研究"⑤ 等成果。2009 年，新媒体刚刚起步，新世纪的人才培养议题成为探讨的热点，"21 世纪传媒人才综合素质'五条线'教学体系"⑥"媒介融合趋势下新闻人才培养创新平台建设"⑦ 等成果崭露头角。2014 年，全球化的影响逐渐深入，新闻传播教育有了新的尝试、新的思考，"国际新闻传播人才培养模式研究与实践创新"⑧"依托'部校共建'机制，培养媒介融合时代新闻

---

① 黄一顺，蒋香仙.国家级教学成果奖评奖的现状与趋势研究[J].中国大学教学，2013（9）：4.
② 1992 年，"中国应用电视学（教材）"荣获高等教育国家级教学成果奖二等奖（中国传媒大学）。
③ 2005 年，"抓好实践教学环节培养高素质新闻人才"荣获高等教育国家级教学成果奖二等奖（南京大学）。
④ 2005 年，"深化军事新闻教学改革全面构建舆论战课程教学体系"荣获高等教育国家级教学成果奖二等奖（解放军南京政治学院）。
⑤ 2005 年，"面向 21 世纪广播电视新闻专业（电视新闻方向）教学内容与课程体系改革研究"荣获高等教育国家级教学成果奖二等奖（中国传媒大学）。
⑥ 2009 年，"21 世纪传媒人才综合素质'五条线'教学体系"荣获高等教育国家级教学成果奖二等奖（中国传媒大学）。
⑦ 2009 年，"媒介融合趋势下新闻人才培养创新平台建设"荣获高等教育国家级教学成果奖二等奖（中国人民大学）。
⑧ 2014 年，"国际新闻传播人才培养模式研究与实践创新"荣获高等教育国家级教学成果奖二等奖（中国传媒大学）。

传播人才"[1]"制度化推进实践教学与新闻传播人才培养创新"[2]等成果登上了获奖名单。2018年，迈入新时代，立足马克思主义新闻观、彰显中国特色成为新闻传播教育的共识所在，"实践中的马克思主义新闻观"[3]"中国特色新闻传播人才的生态型培养体系构建"[4]"马克思主义新闻观指导下新闻人才培养'六结合'模式的创建与实践"[5]"新闻评论人才培养创新体系的构建与实施"[6]等成果喜获奖项。通过梳理累累硕果，我们看到，新闻传播领域的教学成果因时而动、因势而新，始终与时代同行、与前沿同步。

在这一过程中，新闻传播教育既有坚守也有创新。首先，它以马克思主义新闻观贯穿始终，与党和国家同呼吸、共命运，立足国家战略、担负时代使命，彰显了新闻传播学科的价值和追求；其次，在新闻传播领域，教育教学的主线、人才培养的重点，又与前沿发展保持同步，既重视"采写编评"等传统教学，也主动拥抱新媒体、学习新技术，努力将媒体融合的理念与实践植入课堂、融入培养；最后，随着我国综合国力与文化软实力的不断提升，新闻传播教育也逐渐走出国门、走向国际，参与国际竞争、融入国际合作，在交流经验、提升水平、实现共赢的过程中为国际社会贡献中国智慧和中国方案。

总之，从获奖成果可见，在改革开放的历史进程中，新闻传播教育的发展轨迹清晰可见，既有对传统的秉承、对原则的坚守，也有新的思考、新的

---

[1] 2014年，"依托'部校共建'机制，培养媒介融合时代新闻传播人才"荣获高等教育国家级教学成果奖二等奖（复旦大学）。

[2] 2014年，"制度化推进实践教学与新闻传播人才培养创新"荣获高等教育国家级教学成果奖二等奖（武汉大学）。

[3] 2018年，"实践中的马克思主义新闻观"荣获高等教育国家级教学成果奖一等奖（中国传媒大学）。

[4] 2018年，"中国特色新闻传播人才的生态型培养体系构建"荣获高等教育国家级教学成果奖二等奖（中国人民大学）。

[5] 2018年，"马克思主义新闻观指导下新闻人才培养'六结合'模式的创建与实践"荣获高等教育国家级教学成果奖二等奖（暨南大学、中共广东省委宣传部、南方报业传媒集团）。

[6] 2018年，"新闻评论人才培养创新体系的构建与实施"荣获高等教育国家级教学成果奖二等奖（华中科技大学）。

经验，反映了新闻传播教育努力满足国家发展和社会转型的现实需求，主动适应行业环境与实践前沿的格局变化，在不忘初心、勇于创新的过程中凝聚新成果、开启新篇章。

一、坚定党的信仰，坚守服务国家的育人原则

新闻舆论工作关乎治国理政、定国安邦，是立足国家战略、推动社会发展的重要力量。纵观国家级教学成果奖的获奖名单，坚守"马克思主义新闻观"、开展"部校共建"、培养"中国特色新闻传播人才"是显而易见的关键词。由此可见，无论技术如何发展、媒介怎样变革，新闻的宗旨不会变，教育的本义不会变，恪守党性原则、立足国家战略、坚持马克思主义新闻观，培养立场坚定、热爱祖国、有情怀、有担当的新闻工作者，永远都是新闻院校的职责使命。

第一，立足正确的政治方向。在习近平总书记提出的"四向四做"要求中，"坚持正确的政治方向"[①]居于首位，政治过硬是新闻工作者的根本素质。纵使时代发展、媒介更新，新闻传播事业都要同党中央保持高度一致，不断强化新闻工作者的政治认同。这是发展的根基，也是创新的源泉。

对于新闻院校而言，站稳立场、摆正方向，就要将马克思主义新闻观贯穿教育教学、人才培养，提升学生的政治意识、大局意识、核心意识、看齐意识，提高学生运用马克思主义的立场、方法解决问题的能力。在这一过程中，一方面要做到传承与发展相结合。既要学习经典理论，也要植根中国土壤、直面当代实践。党的十八大以来，习近平总书记关于党的新闻舆论工作的重要论述代表了马克思主义中国化的新发展。如何以习近平总书记提出的新概念、新范畴、新表述为基础，构建富有中国特色的新闻传播教育教学体系和学术话语体系，应该成为新闻院校思考的重要议题。另一方面要做到思想

---

① 吴晶，王思北.习近平总书记会见中国记协第九届理事会全体代表和中国新闻奖、长江韬奋奖获奖代表时的重要讲话［EB/OL］.（2016-11-07）［2018-10-21］.http://www.xinhuanet.com/zgjx/2016-11/07/c_135811858.htm.

教育与专业教育相结合。在2018年全国宣传思想工作会议上，习近平总书记将意识形态工作定位为"党的一项极端重要的工作"。[①] 新闻院校是意识形态工作的重要阵地，在政治观、价值观的教育方面必须做到"守好一段渠、种好责任田"，推动马克思主义新闻观进教材、进课堂、进头脑。在专业教育中强化价值引领，在思想教育中彰显专业特色，确保学生"真学、真懂、真信、真用"，在未来的新闻报道中站稳立场、阐明大义。

第二，激发深切的爱国情怀。心中有祖国，笔下有乾坤。在新闻报道的背后，不仅有新闻信息，更有国家立场、国家形象和国家利益。对于记者而言，拥有爱国之情、强国之心，关切家国命运、国家福祉，才能从祖国的立场出发，描摹时代风云、书写浩然正气，真正做到"新闻无国界，记者有祖国"。

在任何时代，新闻传播教育都不只是"术"的教育，而是内化于心、外化于行的情怀教育。拥有大情怀，才能具备大视野、构建大格局。对于新闻院校而言，树立家国意识、强化家国认知、培养家国情怀，是一个深入浅出、循序渐进的过程，既要引领学生深入当代实践，也要让他们了解历史进程。所谓"知之深、爱之切"，只有将今天的发展置于历史的脉络，将个体的命运融入时代的洪流，学生才能明白当代中国的重大选择，激发他们与祖国共绘"同心圆"的爱国热情，理解道路自信、理论自信、制度自信、文化自信的深刻含义。在日常教学与人才培养中，意识的树立、认知的强化、情怀的培养，既见诸书本课堂，也贯穿学生成长成才的全过程，既需要旗帜鲜明的教育，也需要润物无声的引导。例如，中国传媒大学将"参观新华社社史馆"纳入"新生入学教育"，让学生从新中国新闻传播事业的发展轨迹中，看到中国共产党如何将正义的火种撒向全中国乃至全世界，见证改革开放的伟大成就，了解砥砺奋进的当代发展，点燃他们握紧笔杆谱写新篇、拿起镜头记录时代的新闻热情。

---

① 新华社论学习贯彻习近平全国宣传思想工作会议重要讲话［EB/OL］.（2018-08-25）［2018-10-21］. http://www.xinhuanet.com/nzzt/77/index.htm.

第三，肩负崇高的社会责任。当代社会被称为"信息社会"，信息传播的速度、广度和深度，代表了社会发展的文明程度。对于记者而言，如何在错综复杂的舆论生态中兼顾效率和质量，通过新闻报道等媒介产品，将高品质、正能量的信息传播给广大受众，成为彰显社会责任、体现职业担当的重要部分。

社会责任和社会担当是新闻传播事业的组成部分，也是新闻工作者职业良知的具体体现。在新闻院校，培养学生的爱心、善心、责任心、事业心，要关注时代发展、面向社会需求，将社会责任和使命教育融入专业教学、植入学生实践，凭借有创意、有温度的媒介产品，引领社会正义、弘扬社会正气，为建构更加美好的精神文化生活贡献力量。党的十八大以来，党中央、国务院提出了"精准扶贫"，其中，文化扶贫是重要组成部分。实施文化扶贫，首先要补齐文化短板。据统计，中国的视障人士超过1700万，文盲率高达43%[1]；而在普通中国百姓中，文盲者仅占4.08%[2]。如何让视障人士共享文化成果，构筑一条直抵视障人士心灵的文化盲道，是新时代文化扶贫的重要任务。为此，中国传媒大学的师生志愿者们发起了"光明工程"，创建了"光明影院"。他们发挥专业优势，为视障人士释读电影，在电影音响和对白的间隙，插入对画面信息的声音描述，生成可复制、可传播的无障碍电影作品。这不仅是专业训练，也体现了新闻传播教育"立德树人"的根本要求，弥合了视障人士文化认知的障碍，为解决社会发展的难题作出了贡献。

二、传承学科特色，打牢新闻传播的专业功底

从国家级教学成果奖的获奖成果来看，自1999年新闻传播学由二级学科变成一级学科以来，相关成果的数量与质量大幅提升。世纪之交，建立科学合理的指标体系、广泛开展质量评估是高等教育的主要任务。在这一背景下，

---

[1] 研究团队调查所得数据。
[2] 第六次全国人口普查[EB/OL].（2010-07-23）[2018-10-21]. https://www.stats.gov.cn/sj/pcsj/rkpc/6rp/indexch.htm.

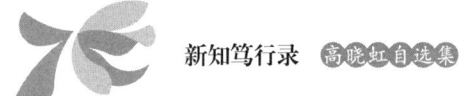

教学成果"21世纪传媒人才综合素质'五条线'教学体系"应运而生。在国家推进、优化国际传播能力的新时期，培养国际新闻传播人才备受重视。迈入新时代，传承马克思主义新闻观、建设有中国特色的新闻传播学科成为关注的重点。数十年来，尽管获奖成果反映了一定的时代特征，但教育的章法一以贯之，学科的特色始终鲜明。

第一，重视调查研究能力。"实事求是"是马克思主义的基本观点，也是新闻工作者安身立命之根本。"实事求是"的作风依托于专注、深入、持续的调查研究，要求新闻工作者深入基层、贴近百姓，增强脚力、眼力、脑力、笔力，以清晰的背景、完整的脉络、准确的事实呈现新闻报道、回应社会关切。

身在足不出户、轻点鼠标就能知晓天下大事的网络时代，信息传播的主体日渐多元，有些传播者为了"博眼球"而忽略了事实的准确度，出现了"标题党""假新闻"等问题。因此，重拾对"事实"的敬重，强化求真的意识、提升开展调查研究的能力成为新闻传播教育的重中之重。首先，要鼓励学生凭借调查研究获取一手信息。在日常教学中，要带领学生深入田野大地、扎根基层民生，在社会这所大课堂中，磨砺意志、陶冶情操，养成脚踏实地的好作风，锤炼调查研究的基本功，用冒热气、沾泥土、带露珠的优秀作品，思考表达民意的方法、反映集中民智的成效。其次，要引导学生通过调查研究破除信息迷雾。在信息技术高速发展的今天，多个舆论场之间的关系纷繁复杂，舆论信息呈现"去中心化"的趋势，甚至出现了"谣言满天飞、真相在路上"等怪象。对于新闻传播人才培养而言，必须坚持"有调查才有发言权"的专业精神，强化去伪存真的意识、鼓励伸张正义的品质，教育学生成为精于研判舆情、善于正面发声、敢于澄清事实、勇于回应关切的行家里手，为喧嚣的舆论场举旗定向。

第二，巩固采写编评基础。"铁肩担道义、妙手著文章"是新闻事业的真实写照。记者的立场和责任、采访和发现，都要通过报道和作品加以传播。在人人都是传播者的时代，专业记者更要加强基本功训练，不断提升专业水准，做业务精湛的新闻工作者，写出好新闻、拍出好作品。

长久以来,"采写编评"都是新闻传播教育的核心要素。扎实而深入的采访,高效而生动的写作,严密而流畅的编辑,有立场、见深度的评论,始终是新闻工作的必备技能。2009年,以"采写编评"为基础,中国传媒大学提出了面向21世纪的传媒人才综合素质教学体系,并将其概括成为"五条线"——理论线、创作线、观摩线、写作线、外语线。一晃十年过去了,"五条线"教学体系始终贯穿大学四年的人才培养,不仅没有过时,而且历久弥新。在发展的过程中,创作线从视听载体拓展到了多媒体平台,提升了学生面向不同终端的采写编评能力;写作线从教室延伸到了新闻发生的现场,训练了学生的现场采访能力、直播报道能力、定时成稿能力。一直以来,记者研究和作品研究都是新闻传播教育的重要内容。迈入新时代,中国传媒大学带领新闻学子关注每一年的"好记者讲好故事"活动,不仅在课堂上分享、点评优秀案例,还将它们做成新媒体作品,助力好记者、好故事的推广传播;通过向好记者看齐、向好作品取经,让学生在沉浸式的学习实践中,掌握讲好中国故事的方法,练就新闻传播工作的"十八般武艺"。

　　第三,提升传媒综合素质。新闻传播既是一门专门学科,也体现了不同知识技能的融会贯通。就学术研究而言,新闻传播学科汇集了社会学、心理学等文科精华,并且亟须大数据、人工智能等技术支撑。在业界实践中,好记者既是专家也是杂家,掌握过硬的专业本领、拥有良好的综合素质,才能胜任新时代的新要求。

　　近年来,"卓越新闻传播人才"成为新闻院校教育人、培养人的新目标。这一目标对人才培养的广度、深度、精准度、融合度提出了新的要求——既要培养传媒领域的行家里手,也要平衡知识教育与素质教育,打造有本领、高素质的卓越人才。首先,要有健康的身心。身心健康,才能踏遍时代的沃土、深入广阔的天地,去听、去看、去报道,肩负责任感和使命感,弘扬社会主义核心价值观、传播社会正能量,实现"脚下有泥、心中有光"的新闻理想。其次,要有健全的人格。既要充分自信,耐得住寂寞、经得住磨难、扛得住压力,乐观面对新闻工作的种种挑战,也要冷静自省,褪下媒体的光环、穿上记者的行装,以深入的采访了解事实,用扎实的报道赢得受众,不

信"空穴来风"、不做"无冕之王"。此外,在新闻传播教育中,有必要将洞察力、应变力以及化解危机、解决问题的能力融入人才培养。记者工作是一门与社会打交道的"学问",要善于与各处各地的百姓沟通,与各行各业的人们协作。善沟通、能协作,才能应对复杂多变的现场、捕捉事实背后的真相,为公众提供有思想、有价值、有判断、有深度的新闻事实。

三、顺应前沿趋势,打造媒体融合的教育体系

伴随信息技术的发展和应用,以互联网为核心的新媒体迅速崛起,不仅引领了传媒业界的新变革,也将新闻传播教育置于了新的空间,"融合"成为教育教学、人才培养的关键词。自2009年以来,在国家级教学成果奖中,立足融合平台、彰显融合特色的获奖成果不胜枚举,出现了"媒体融合趋势下新闻人才培养创新平台建设""依托'部校共建'机制,培养媒介融合时代新闻传播人才"等尝试和探索,较好地回应了融媒时代的新闻传播教育。

第一,学习互联网新技术。新闻传播是依靠技术驱动、凭借创新生存的学科领域。没有印刷术,信息不能见报;缺少声光电,视听无法传播。迈入新媒体时代,数据技术、算法技术、人工智能技术、虚拟仿真技术等新科技,为新闻传播打造了新的空间,使正能量的思想、有价值的内容焕发出新的生机。

置身信息化时代,学习新技术、拥抱新媒体,将新的理论和现象、新的内容和方法植入教学、融入培养,成为新闻院校的当务之急。在这一过程中,各大新闻院校既要重视技术,也不能忽视内容,要通过跨学科、跨平台的合作,以新技术促进内容生产,将正能量、高品质的媒介信息通过各类终端广泛传播。一方面要紧跟前沿、求新求变。今天,跨越了报刊时代、广电时代,"大数据"已经和笔杆、镜头一样重要,不仅是学术资源、信息资源,也是新时代的执政资源。从党管媒体到党管数据,我们要善于获取数据、分析数据、运用数据,通过数据助力教育转型升级和社会治理创新。另一方面要强基固本、不忘初心。在技术蓬勃发展的时代,我们更要认清信息传播的本质所在,

意识到新技术是支撑、新平台是载体。在专业领域中，无论时代如何发展，信息传播的核心要义不会改，"内容为王"的媒体宗旨不会变。未来，即使电视"台"不在了，电视"机"没有了，"视听传播"依然永恒。在教学科研中，苦练内功夯基础，乘势而为求突破，让技术发展服务于思想引领、内容呈现，才是应对新媒体时代新闻传播教育的关键所在。

第二，建设新型教学平台。近几年，在新闻传播业界，从论坛、社交媒体到网络直播、短视频分享，打造终端多样、覆盖广泛的融合平台已经成为媒介共识。培养符合国家需要、紧跟业界发展的新闻人才，就要在教学平台上与业界前沿对接，让教育教学顺应媒体融合的新趋势，使人才培养助力行业发展的新方向。

2.0 版的卓越新闻传播人才教育培养计划突出强调了"案例式、现场式、任务型"教学的意义和价值，鼓励立足多元化的平台、使用多样化的手段，培养新闻传播人才。[1] 落实到日常教学与人才培养中，平台与手段的创新大有可为。例如，以教材创新为突破，教材是学习的范本，在新媒体环境下，引入新技术和新方法，拓展传统教材的二维空间，为知识分享提供更广阔、更便捷的平台，是新闻传播教育发展创新的重要基础。中国传媒大学关注中国新闻奖，并用新媒体的编辑方式呈现中国新闻奖的获奖作品，将"大部头"的新闻案例变成"掌中宝""囊中物"，强化了优秀成果的辐射力和影响力。再如，以实验室建设为主体，从图片实验室、视听实验室到融合传播实验室，新闻传播学科的实验室功能始终与业界前沿保持同步。当下，"建设 50 个新闻传播国家虚拟仿真实验教学项目"成为卓越新闻传播人才培养的重要内容。[2] 依托虚拟仿真技术，模拟新闻发生现场、营造信息传播场景，将打

---

[1] 教育部 中共中央宣传部关于提高高校新闻传播人才培养能力 实施卓越新闻传播人才教育培养计划 2.0 的意见［EB/OL］.（2018-10-08）［2018-10-21］. http://www.moe.gov.cn/srcsite/A08/s7056/201810/t20181017_351893.html.

[2] 教育部 中共中央宣传部关于提高高校新闻传播人才培养能力 实施卓越新闻传播人才教育培养计划 2.0 的意见［EB/OL］.（2018-10-08）［2018-10-21］. http://www.moe.gov.cn/srcsite/A08/s7056/201810/t20181017_351893.html.

破时空限制，实现专业教学的信息化、场景化、互动化，引领新闻传播教育迈上新的台阶。

第三，开展融合传播实践。第 42 次《中国互联网络发展状况统计报告》显示，截至 2018 年 6 月 30 日，我国网民规模达 8.02 亿，手机网民规模达 7.88 亿，网民中使用手机上网的人群占比达 98.3%。① 面对庞大的用户群，优化网络信息、创新网络产品，才能占领主流舆论阵地，把握舆论引导的主导权。

正如习近平总书记指出的"互联网是年轻人的事业"②，青年一代被称为"网络原住民"，与互联网所涉及的各个领域有着天然的缘分、高度的融合。高校是青年人才的摇篮。以教学实践为平台，以大学生为主体，发挥青年人的想象力和创造力，打造优秀网络作品，营造健康清朗环境，是新闻传播教育的重要内容。首先，要坚持正确导向，服务国家重大战略。例如，中国传媒大学将新媒体创作与重大主题宣传有机结合，制作了"民族团结一家亲""长征路上小红军"等微表情，打造互联网上的主题主线传播。其次，要优化网络作品，弘扬优秀传统文化。在全球化环境下，传统文化的价值更加凸显，不仅代表了中国特色、中国风格、中国气派，也阐释了许许多多全球共通的价值理念。立足网络空间，建设文化中国，通过网络贺卡等互联网载体，将中国的邀请、中国的问候传递到"一带一路"共建国家，成为我们开展新闻传播教育的新尝试。一系列网络传播实践，其目的在于培育一支有立场、有思想、有能力、有作为的网络生力军，让人才培养的累累硕果服务于国家发展、服务于互联网环境下的新时代。

---

① 中国互联网络信息中心.第 42 次《中国互联网络发展状况统计报告》[EB/OL].（2018-08-20）[2018-10-21]. https://www.cnnic.net.cn/gywm/xwzx/rdxw/20172017_7047/201808/t20180823_70499.htm.

② 习近平总书记在网络安全和信息化工作座谈会上的重要讲话[EB/OL].（2018-04-21）[2018-10-21]. http://www.xinhuanet.com/politics/2018-04/21/c_1122720324.htm.

四、立足国际舞台，构建国际一流的培养模式

改革开放40多年，中国的国际传播能力不断增强，以更加开放的姿态屹立于世界东方。从2009年开始，中宣部、教育部在清华大学、中国人民大学、中国传媒大学部署国际新闻传播硕士培养工程。2014年，"国际新闻传播人才培养模式研究与实践创新"荣获国家级教学成果奖二等奖，对于新闻传播教育走向国际化具有里程碑式的意义。随着我国综合国力的不断提升，国际传播事业既要在传播主体、传播路径上下功夫，也要壮大后备人才力量，让"中国之声"更加响亮。

第一，拓展国际传播视野。国际新闻传播工作者担负着向世界传播中国、站在中国立场报道世界大事的任务，既要熟悉国情，更要了解国际。只有拓展国际视野，准确把握对象国的受众心理，构建融通中外的话语体系，才能讲好中国故事，使其深入人心、暖人心田，唤起各国人民的情感共鸣。

在国际传播中，视野决定了新闻传播工作者思想的深度和创作内容的广度。依循改革开放40年的发展轨迹，我国新闻传播教育拓展国际视野、走上国际舞台，经历了若干发展阶段，体现了历史的必然。首先，要做到知己知彼。"国际新闻"是连接不同国家、地域、民族之间的纽带。在教育教学的起步阶段，要勇于走出国门，了解对象国的情况和特点，提升国际交流能力，掌握开展国际新闻传播的手段和方法。其次，要体现大国外交。党的十八大以来，在习近平外交思想的指导下，我国逐渐走出了一条具有中国特色的大国外交之路。怎样让7亿多人口实现脱贫，如何让绿水青山变成金山银山，在对外交流与合作中，党和政府将一个真实的中国娓娓道来，赢得了世界的尊重。具体到新闻传播教育领域，我们要鼓励师生立足国际舞台，敢于亮相、善于发声，一方面，依托教学科研的最新成果，发出中国学者的声音，展示中国成就、阐释中国观点。另一方面，努力将中国方案推向世界，在理论研讨和行业实践中分享中国经验，为全球信息传播的共享共治贡献中国智慧，践行构建人类命运共同体的中国主张。

第二，增强后备人才力量。古语道："得人者兴，失人者崩。"习近平总书记也说过，媒体竞争关键是人才竞争，媒体优势核心是人才优势。[①] 国际传播事业的发展壮大需要源源不断的人才支持。坚持人才战略、提升人才质量，提升国际传播队伍的素质与能力，是讲好中国故事、传播中国声音的根本保证。

在新闻院校，培养新时代国际新闻传播的"预备队"和"后备军"，要主动服务于国家改革开放战略和"一带一路"倡议，强化国情教育，拓展国际视野，建立并完善"全媒体+国际+外语"的课程体系，全面提升国际新闻传播人才的培养质量。首先，要以"国情教育"为导向，树立大局观念。开展国际新闻传播教育，既要适应国际化趋势，更要坚守中国立场，引导学生做中国观点的传播者、中国立场的阐释者。其次，要以"外语学习"为突破口，夯实语言基础。今天，新闻工作者不仅要会讲"外语"，还要深谙文化背景、讲求语言艺术、掌握沟通技巧，通过对象国易于理解的话语表达，将中国观点讲得清楚明白。再次，要以"媒体融合"为抓手，提升传播能力。国际传播舞台既是不同观点的较量平台，也是业务能力的比拼平台，拥有跨界传播思维、掌握现代传播技术、学会多种传播技巧，才能胜任多终端、跨平台的国际传播工作。最后，要以"交叉学科"为基础，打造新型人才。国际问题纷繁复杂，涉及政治、外交等诸多方面。培养国际新闻传播人才，既要强化专业教育，也要为学生建立内政外交的知识框架，打造全媒型、专家型国际新闻工作者，在国际报道中发挥"一专多能"的职业优势。

第三，吸引优秀海外人才。随着综合国力和国际地位的提升，中国国际传播的视野更加宽广、责任更加重大。今天，我国国际新闻传播人才培养不再是"单边突围"，而是开始拓展"双向思维"，既要培养来自本土的优秀人才，也要以更加开放和自信的姿态，欢迎来自海外的优秀人才走进中国、了解中国、传播中国。

早在十年前，开设全英文课程、招收国际留学生成为新闻院校的创新尝

[①] 习近平总书记在党的新闻舆论工作座谈会上的重要讲话［EB/OL］.（2018-02-19）［2018-10-21］. http://www.xinhuanet.com/politics/xjpzymtdy/index.htm.

试,以此培养了一批了解中国国情、理解中国道路,对中国民众怀有深厚感情的优秀人才,与我们的队伍一起传播中国、报道中国,成为沟通中外的友好使者。今天,培养优秀海外人才已经成为我国新闻传播教育的重要组成部分,形成了一套富有特色的培养理念与方式方法。就理念而言,一方面,人才培养要与国际接轨,尊重不同国家、不同地域的思想信仰,用他们听得懂、易接受的话语方式,讲解中国的制度、政策和文化,让中国故事、中国特色深入人心;另一方面,教育教学要立足中国,让国际学生身处中国、了解中国,通过多层次、多渠道的沟通与交流,向他们介绍一个立体多彩、可亲可爱的中国,促进理解、增强互信。就方法而言,"加强文化交流,赢得文化尊重"讲究潜移默化、润物无声。在面对国际学生时,要将生硬的说教、刻板的讲述转化为多走、多看、多观察的体验式教学,带领学生深入基层大地、走进百姓人家,近距离了解中国国情和百姓民生,使他们在未来的报道中自觉、自愿、自主、自信地讲好中国故事。

在改革开放40多年的发展中,全球化进程逐步加快,信息技术飞速发展,媒体行业深刻变革,新闻传播学科的格局更加开放,环境更加多元。从锤炼专业基本功,到顺应媒体融合、走向国际化,从传承马克思主义新闻观到学习、贯彻习近平新时代中国特色社会主义思想,国家级教学成果奖的获奖成果记录了学科发展的轨迹、梳理了教育教学的思路、总结了人才培养的规律。在这其中,既有对立场和原则的坚守,也有对理念和方法的创新,凝聚了新闻传播教育领域的中国智慧、中国经验。迈入新时代,新闻传播教育要把学科建设与党和国家的工作重点相结合,把人才培养与时代发展相结合,把教育教学与国际前沿、社会需求相结合,坚守马克思主义新闻观,探索全媒化、复合型、专家型的人才培养体系,打造适应媒体深度融合、能够讲好中国故事、传播中国声音的优秀人才。为学科发展积聚力量、为教育教学积累成果、为新闻战线积蓄人才,是我们的任务,也是时代赋予我们的使命,更是中国新闻传播事业走向未来的力量根基。

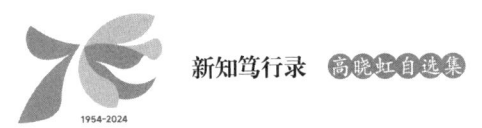

马克思主义新闻观与新时期新闻传播高等教育*

2016年5月17日，习近平总书记主持召开哲学社会科学工作座谈会并作了重要讲话，强调要充分发挥马克思主义对哲学社会科学的指导作用，对当前工作提出了新期待和新要求。进一步加强哲学社会科学工作，对高校具有特殊而重要的意义。具体到新闻传播领域，在第17个记者节上，习近平总书记进一步指出，新闻传播队伍要坚持正确的政治方向、坚持正确的舆论导向、坚持正确的新闻志向、坚持正确的工作取向，强调做好党的新闻舆论工作始终是治国理政、定国安邦的大事，为当代新闻传播队伍贯彻马克思主义新闻观指明了方向，也对新闻传播高等教育影响深远。对于新闻院校而言，践行马克思主义新闻观，必须结合中国国情和媒介发展，深化、引领面向马克思主义新闻观的教育实践活动，推动、发展立足马克思主义新闻观的教学培养工作，为提高新闻传播事业的引导力、影响力和公信力提供强有力的人才支撑。

一、理解马克思主义新闻观的理论精髓

长久以来，以马克思主义新闻观统领新闻传播教育，是我国新闻院校的共识。要想正确运用马克思主义新闻观指导新闻院校，必须深入理解马克思

---

* 本文原载于《中国大学教学》2016年第12期，与赵希婧合作，收入本书时略有删改。

主义新闻观的重大意义和深刻内涵,将理论精髓贯穿亲身参与的教学、研究及人才培养中,立足教育实践不断丰富马克思主义新闻观的时代意义。

第一,党性原则。马克思主义新闻观认为,新闻舆论工作具有鲜明的意识形态属性。党性原则是政党的政治主张、思想意识和组织原则在新闻活动中的集中体现,也是马克思主义新闻观的核心思想。在中国的新闻实践中,没有脱离人民性的党性,也没有脱离党性的人民性,党性与人民性相统一,是马克思主义新闻观中国化的具体体现。在新闻院校培养学生的党性原则,首先要树立与党中央高度一致的政治立场,牢记"新闻无国界,记者有祖国",立足新闻课堂,引导学生做讲党性、有原则的新闻人。其次要深入理解人民性,通过开展走出校园、走向基层的实践活动,带领学生在山村田野中寻找源泉,在与人民的互动中汲取养分,真正做到将党性寓于人民性,理解"民之所望,施政所向"的深刻内涵。

第二,实事求是。"用事实说话"是马克思主义新闻观的基本观点,也是新闻人的安身立命之本。"聂树斌案改判无罪"之所以成为热门新闻,是因为其回应了老百姓长久以来的心理疑虑。基于事实作出判断、忠于事实开展报道,"说实话、办实事"始终是党和国家的行事原则。在多平台、多渠道、多媒介的新时期,新闻院校更应秉承"实事求是"原则,并将其融入教学和科研,做到以科学为支撑、用事实说话。今天,依托数据技术、研究舆情走向,代表了数据时代新闻传播教育服务国家发展战略的新方向。基于数据的新闻传播研究,将改变以往"观念先行、案例补充"的传统做法,以数据为基础,揭示信息传播的形成原因、内在联系和发展趋向,发出舆情预警,做出科学决策,这将创新研究方法、丰富研究路径,彰显"求真"的原则性,体现"实事求是"的当代意义。

第三,理论与实践相结合。立足马克思主义新闻观的教育事业,是从实践中追根溯源、厘清本质、把握规律的理论建构过程,也是基于马克思主义新闻理论的育人实践活动。作为理论与实践相结合的典型代表,新闻传播学科更要勇于探索、敢于创新,学有所为、学以致用,坚持实践出真知,以实践经验检验理论发展。在纪念红军长征胜利 80 周年之际,中国传媒大学的师生团队创作了一系列视听作品。6集文献纪录片《长征纪事》将纪录片研究与创作实践相结合，以客观性叙述、国际化视角赢得了观众口碑、获得了市场认可。此外，由学生团队设计的"长征路上小红军"表情包则是新媒体教学的实践产物，通过基于微信平台的人际传播，弘扬长征精神，倡导主流价值，掀起了多轮转发与分享热潮。在这一实践中，90后的大学生们成为宣传马克思主义新闻观的主力军。

二、完善马克思主义新闻观的教学体系

如今，基于马克思主义新闻观的教学体系初具规模，各大新闻院校都积极将马克思主义的立场、观点、方法贯穿教学研究，结合当代媒介现实，教导学生坚定政治信念、强化理论基础、掌握科学方法、面向前沿实践，练就了坚实的"立学之本"。

立足马克思主义新闻观开展新闻传播教育，关键要从"解释理论"上升到"按照理论本质去分析和处理问题"，将其落实到教学体系的各个环节，在教育教学中践行马克思主义新闻观的基本观点，防止出现"空心化"倾向。

第一，基于国情教育，强化巩固马克思主义新闻观。传播学起源于西方，国外的理论与经验进入中国传播学界，相关研究成果也成为我国新闻院校的教学参考。因此，如何基于中国国情，嫁接东西方理论与方法，在教学实践中实现马克思主义新闻观的中国化，成为马克思主义新闻观教育的重要任务。习近平总书记在庆祝中国共产党成立95周年大会上强调指出，中国共产党人要坚定"四个自信"，即"道路自信、理论自信、制度自信、文化自信"，这是对中国特色马克思主义新闻观的具体阐释。在我国的新闻传播教育中，强化马克思主义新闻观的统领地位，就要以"四个自信"为纲，基于中国国情和当代实践，不仅要将马克思主义新闻观作为新闻课堂的主要内容，也要将其贯穿新闻专业实习和学生实践活动的各个环节，传承具有中国特色的马克思主义新闻思想。

第二，基于调查实践，系统贯彻马克思主义新闻观。长期以来，新闻理

论类课程为马克思主义新闻观教育奠定了理论基础，与此同时，有必要将与新闻专业紧密结合的调查实践打造成培育、践行马克思主义新闻思想的主阵地，贯穿大学四年的教学体系。我们先后带领学生赴革命老区组织开展"新闻学子走基层"主题采访，深入边远山区调研国家精准扶贫与新农村建设，结合新媒体报道，探访G20杭州城市发展与公共服务等。总之，新闻传播教育要引导学生贴近实际、贴近生活、贴近群众，点燃他们研究社会的志趣，训练他们认识社会的能力，使学生真正理解中国为什么要将四项基本原则作为立国之本、将改革开放作为强国之路、将以经济建设为中心作为兴国之要、将社会主义核心价值体系作为兴国之魂，保有对马克思主义新闻观的历史尊重与时代思考。

第三，基于"双向互聘"，不断发展马克思主义新闻观。新闻传播学是富有创新精神、具有创新传统的学科领域，新闻院校也要开辟新平台，创造性地开展马克思主义新闻观教育活动。近年来，按照中宣部有关高校与新闻单位人员实施"双向互聘"的具体要求，新闻院校纷纷邀请优秀新闻工作者进课堂、上讲台。一线记者结合"带露珠""冒热气"的新闻作品，深入介绍主流媒体如何践行十八届六中全会精神，将"四个全面"战略布局和"全面从严治党"的重要部署讲解好、宣传好、落实好，带领学生共同思考新闻传播事业"为了谁、依靠谁、我是谁"的根本问题。对于新闻传播教育而言，这不仅是一堂堂生动而深刻的马克思主义新闻观教育课，也让学生有机会吸收来自业界前沿的理念、知识和灵感，点燃他们为国家发声、为人民服务的新闻理想。

三、推进马克思主义新闻观的教材建设

教材是知识的载体。作为课堂教学的基本要件，教材既是学生获取专业知识的主要渠道，也具有重要的思想引导作用，因此，教材建设必须注重导向意识。对于新闻传播专业而言，只有在马克思主义新闻观的指导下，教材内容才能立足本土、结合现实，运用正确的理论和恰当的方法，指导学生基

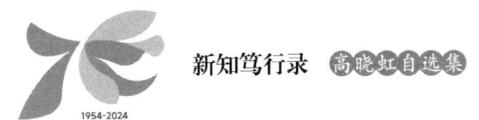

于中国国情和媒介发展，思考新闻传播专业问题。

2004年4月，中央正式启动"马克思主义理论研究和建设工程"（以下简称"马工程"）。"马工程"的重要建设目标之一，是有目的、有组织、有计划地编写150种左右的教材，形成反映当代中国马克思主义理论建设的教材体系。近年来，教育部又指定了一批"马工程"教材，充分汇集了马克思主义新闻观的研究成果，并用于新闻传播专业课堂教学。此外，就教材品质而言，新一批"马工程"教材更加讲究规范性和系统性，尤其是结合新媒体的案例教材和数字教材，展示了具有媒介融合传播特色的新内容与新形式，引起了社会广泛关注。

第一，注重理论教材的本土意义。理论教材承担着夯实思想根基、指导业务实践的重要任务。但是，如何将经典理论中国化、突出中国特色、解决中国问题，始终是编者和学者面临的问题。作为普及知识、介绍原理的理论教材，只有从思想根基和理论根源上结合中国实际、贴合中国国情，才能使教材尽其所用，让学生学以致用。由此可见，好的经典理论教材，不是西方知识的搬运工，也不是理论本身的翻译者，而是要将马克思主义普遍原理运用到本土新闻改革与发展的经验上，使学生透过马克思主义经典理论，理解当代中国的新闻传播现象。总之，要站在中国立场面向中国社会，丰富马克思主义新闻观的理论宝藏。

第二，突出案例教材的示范意义。在高校实施马克思主义新闻观教育，既要介绍基本理论、传播重要观点，也要借用形象生动的新闻案例，将理论学习与创作实践相结合，引发学生的兴趣和热情，培育学生的忠诚度和黏着度。2015年年初，中宣部、教育部组织编写的《实践中的马克思主义新闻观》案例教材由高等教育出版社出版发行。这部教材由中宣部、教育部共同编写，集聚了全国十几所高校新闻传播院系的知名学者、业界资深专家的智慧和经验，精心选取了近60个新闻报道案例，深入浅出地阐释了马克思主义新闻观的基本内涵和主要观点。案例教材内容丰富、形式多元，不仅囊括了大量文字介绍和点评分析，还配有丰富的网络及新媒体链接资源，用以展示案例作品的音视频内容，受到高校师生的广泛认可。

第三，打造数字教材的创新意义。马克思主义新闻观的教材建设是一项系统工程，既要遵从经典理论，也要面向前沿发展。在新媒体环境下，引入新技术和新方法，拓展传统教材的二维空间，策划和编写介绍马克思主义新闻观的数字教材具有创新意义。例如，《2015年度"中国新闻奖"获奖作品新媒体展示手册》和《中国广播影视大奖2013—2014年度广播电视节目奖获奖作品新媒体展示手册》旨在深入实践一线、集纳优秀创作，以文字内容结合二维码的新媒体编辑方式呈现每个案例，读者拿起手机扫描二维码，即可链接到获奖作品的音视频内容和H5简介，有效压缩了传统书本空间，通过新媒体与传统媒体相结合的方式，将践行马克思主义新闻观的精品力作引入课堂、推向社会，强化了优秀成果的辐射力和影响力。

四、培育传播马克思主义新闻观的优秀人才

习近平总书记指出，媒体竞争的关键是人才竞争，媒体优势的核心是人才优势，面对新形势、新任务，必须加快培养造就一支政治坚定、业务精湛、作风优良、党和人民放心的新闻舆论工作队伍。从长远来看，不仅要抓好行业人才的教育与引导，更要在新闻传播领域培养一批坚守马克思主义新闻观、适应全球传播的优秀后备人才。

后备人才的培养工作是新闻院校的重中之重，也是一项长期性、系统化的战略部署。既要把传承和发扬马克思主义新闻观作为出发点和落脚点，秉承传统、突出特色，也要着眼未来、放眼国际，加强面向前沿的教学与实践训练，为人才培养提供根本保障。

第一，培养立足全球舞台的国际化人才。国际化信息格局使新闻从业人员担负着向国际社会报道中国、站在中国立场传播世界大事的重要职责，是中国观点的传播者、中国立场的阐释者、中国形象的塑造者和中国利益的维护者。2009年，为加强中国国际传播能力建设，中宣部、教育部在三所院校启动"国际新闻传播后备人才培养"专项工程。2010年12月，中央领导同志来到中国传媒大学，对国际新闻传播后备人才培养工作进行专项调研。七

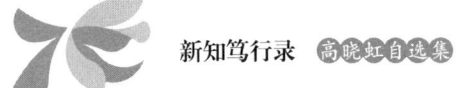

年来,中国传媒大学以"坚守国家立场、发出中国声音"作为人才培养目标,把马克思主义新闻观教育贯穿学生在校学习的全过程,向国家输送了500多名国际新闻传播人才。立足国家平台,培养国际化的新闻传播人才,是打造一流媒体、掌握国际话语权、维护意识形态安全的基础保证,也是马克思主义新闻观教育的重要成果。

第二,培养适应融合发展的多媒体人才。如今,新技术和新平台已经改变了传统意义的媒介格局,新理念、新事物层出不穷,基于马克思主义新闻观的人才培养必须结合新媒体和新样态,延伸、优化传统教育体系和教学内容。例如,结合无人机航拍技术,将新闻摄影的空间从"地面"升到"空中",用航拍记录新闻景观;利用H5传播平台,将新闻采编从"编辑室"移到"手机端",把传统意义上的电视报道转化为手机新闻推送,将移动平台打造成新的视听空间。这些具有创新意义的专业训练,都旨在将媒介实践置于新媒体环境,使学生拥有跨界传播思维、掌握现代传播技术、学会多种传播技巧,锻炼他们使用不同传播媒介挖掘、思考、分析并形成观点的能力,培养立足融合报道平台,传承马克思主义新闻观、记录中国前进发展的现代化传播人才。

第三,培养面向未来传播的复合型人才。面对社会转型、传播革命和传媒行业频频洗牌的现状,媒介竞争不再局限于传统意义上的采集与发布,既懂新闻又懂管理、既懂传播又懂技术、既懂媒体又懂市场的复合型人才,逐渐成为新闻传播人才市场的稀缺人才。只有善于内容整合、掌握创新技术、具备版权意识、谙知市场规律的媒体人,才能提高信息传播的品质与效率,产出符合社会需求、具有时代口碑的媒介产品。新的媒介环境对新闻传播教育提出了"一专多能"的要求,"新闻+"的人才理念呼之欲出。今天,学新闻的学生不仅要掌握新闻学、传播学的基础知识,精通采写编评的核心业务,具备职业新闻人的媒介素养,还要会技术、懂法律、能策划、擅经营,只有这样才能在多平台、跨领域的传播语境下,胜任宣传马克思主义新闻观、弘扬核心价值的新任务。

结合中国国情和媒介实践的马克思主义新闻观教育开创了有别于西方的

新闻传播学教育模式，今天，新的时代赋予了马克思主义新闻观教育新的意义。在融合传播语境下，新闻院校必须继续坚持马克思主义新闻观的统领地位，深入理解马克思主义新闻思想的理论精髓，只有这样才能立足服务国家传播战略的重要阵地，完善顺应新媒体传播格局的教学体系，造就满足当代、面向未来的新闻传播专业人才。这关系到马克思主义新闻观的传承与发展，也是建设中国特色新闻传播学科的时代使命。

参考文献：

① 刘晓程，曾哲扬.深入研究科学统领创新教育：马克思主义新闻观教学与研究高峰论坛综述［J］.新闻战线，2016（7）：105-106.

② 本书编写组.实践中的马克思主义新闻观：新闻报道经典案例评析［M］.北京：高等教育出版社，2015.

③ 高晓虹，赵晨，赵希婧.中国特色国际新闻传播人才培养模式与创新［J］.对外传播，2015（6）：48-51.

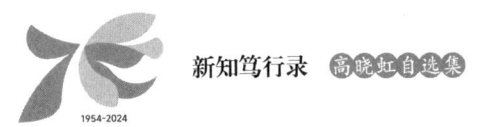

后　记

落笔之时，正是甲辰龙年的新年钟声敲响之际。2024年是新中国成立75周年，是全面贯彻党的二十大精神的关键之年，是实施教育强国建设规划纲要的开局之年，也是中国传媒大学的70年华诞。

在这个重要的时间节点，收到学校的"约稿通知"，我倍感荣幸。

回顾数十载的从教历程，作为学科发展的见证者、科学研究的参与者、教学一线的奋斗者，我一直想沉下心来，写下从事新闻传播教育、研究新闻传播问题、深耕新闻传播事业的思考与感悟，记录下对教书育人、科研创新的孜孜追求，对母校的感恩和眷恋，对后备力量的期冀和祝福……于是，这本小小的文集应运而生。

本书收录了我近十年来的研究成果，凝聚着为党育人、为国育才和为学校学科建设、科学研究、人才培养努力奋斗的责任感和使命感。

本书聚焦了新闻传播领域的五个方面：

关注党的新闻舆论工作前沿，研究如何从党的百年新闻实践中汲取理论自信，把握好新形势下党的新闻舆论工作基点，在坚守与创新中，巩固壮大主流思想舆论、凝聚团结奋斗磅礴力量。

思考怎样植根中国大地开展新闻传播研究，提出了建构中国新闻传播学知识体系的思想方法与基本路径，以"马克思主义新闻观"为指导，探讨中国新闻传播学的范式创新与理论追求。

瞄准国际化、智能化的传播发展趋势，在讲好中国故事，提升中华文明传播力、影响力的新背景下，研究融合时代中国新闻传播事业发展，思考新型主流媒体建设的着力点与创新点。

聚焦新闻传播教育，探索知行合一、实践赋能视野下中国新闻传播教育的新理念与新模式，立足中国式现代化的时代背景，对具有开创意义、示范意义的育人新举措展开研讨。

立足新闻传播领域，拓展交叉学科、探索前沿方向，研究如何以融合传播铸牢中华民族共同体意识，为建设中华民族现代文明注入传播动能；将视听传播与无障碍环境建设、人权保障及文化共享相结合，致力于为全球人权事业、无障碍信息传播事业提供中国观点、中国方案。

点亮灯火、翻开书页，看到这一篇篇跃然纸上的文章，就像"过电影"一样，仿佛看到了自己站在三尺讲台娓娓道来、伏案灯下奋笔疾书的日日夜夜……既没有惊天动地的大事，也没有豪言壮语，却在一个又一个平凡的日子里，与中国传媒大学相伴成长，见证了学校因广播而起、因电视而兴、因网络而盛、即将因 AI 而强的辉煌历程。

峥嵘过往已成宝贵历史，璀璨当下正在不断延伸。站在 2024 年的新起点，期待以这本文集作基石，激励我和我的团队锐意进取、奋勇开拓，在建校 70 周年的赓续传承中，谱写新篇章、创造新辉煌。

高晓虹

2024 年 2 月于北京